LEXIQUE DE LA PSYCHOLOGIE

DU DÉVELOPPEMENT

DE JEAN PIAGET

Marie-Françoise Legendre-Bergeron
avec la collaboration de Dany Laveault

LEXIQUE DE LA PSYCHOLOGIE

DU DÉVELOPPEMENT

DE JEAN PIAGET

gaëtan morin
éditeur

gaëtan morin éditeur

C.P. 180, BOUCHERVILLE, QUÉBEC, CANADA
J4B 5E6   TÉL. : (514) 449-2369   TÉLÉC. : (514) 449-1096

ISBN 2-89105-052-5

Dépôt légal 4e trimestre 1980
Bibliothèque nationale du Québec
Bibliothèque nationale du Canada

Lexique de la psychologie du développement
de Jean Piaget
© gaëtan morin éditeur ltée, 1980
TOUS DROITS RÉSERVÉS

4 5 6 7 8 9 0 1 2 3   G M E 8 0   1 0 9 8 7 6 5 4 3 2

En hommage à Jean Piaget
1896-1980

TABLE DES MATIÈRES

PRÉFACE

L'oeuvre de Jean Piaget s'est imposée aujourd'hui, tant par la quantité impressionnante d'observations et de recherches qu'elle constitue, que par la charpente théorique qu'il a su donner à cette abondance de faits empiriques.

Aussi, son étude n'est-elle pas facile et une certaine familiarité avec un style et un vocabulaire propres est-elle nécessaire pour comprendre l'oeuvre.

Au contraire de nombreuses ''Introductions'' à la théorie de Jean Piaget, Marie-Françoise Legendre-Bergeron a voulu constituer un lexique, portant sur les principaux termes piagétiens définis en mots simples et illustrés d'exemples typiques. La connaissance approfondie qu'a l'auteur de l'oeuvre de Jean Piaget, lui a permis d'articuler ces termes autour de thèmes principaux, en effectuant de nombreux renvois qui permettent de comprendre les liens entre les notions diverses. Une présentation alphabétique des termes en assure la recherche rapide.

Nous ne saurions trop recommander cet outil très utile pour comprendre une oeuvre immense, celle de Jean Piaget, oeuvre dont le caractère systématique et très cohérent apparaîtra cependant à celui qui fait un effort initial pour en saisir les grandes articulations. Ce lexique vise surtout à éveiller la curiosité du lecteur et ainsi l'inciter à consulter les textes originaux.

Gérald Noelting
professeur
psychologie du développement
École de psychologie
Université Laval

AVANT-PROPOS

L'idée de ce lexique est née d'une réflexion théorique sur la conceptualisation piagétienne du développement de l'intelligence telle qu'elle apparaît dans l'ouvrage de Piaget sur l'**Équilibration des structures cognitives**, paru en 1975. Cet ouvrage fait la synthèse des principaux concepts théoriques qui forment le modèle piagétien du développement et autour desquels viennent se greffer les autres notions. C'est donc à la lumière des concepts les plus récents de la théorie que nous avons tenté de définir les ''notions clés'' que Piaget utilise pour expliquer la genèse des opérations de l'intelligence.

Piaget n'a pas seulement imposé un modèle de l'évolution de l'intelligence et des connaissances, mais aussi un vocabulaire apte à traduire une approche éminemment interdisciplinaire. Il a, en effet, emprunté différents termes à de nombreuses disciplines telles que la biologie, la psychologie, l'épistémologie, les mathématiques, la logique, la cybernétique, etc. Il les a intégrés à son modèle en leur donnant une signification nouvelle, relative à sa propre problématique. Le langage piagétien, reflet d'une vision essentiellement pluridisciplinaire du problème de l'intelligence et des connaissances, est donc extrêmement riche. Nous avons cependant constaté, en enseignant la théorie de Piaget, qu'une telle richesse de vocabulaire pouvait constituer un obstacle pour le lecteur non initié qui aborde l'un ou l'autre aspect de l'oeuvre immense de Jean Piaget. En fait, cet obstacle devient beaucoup plus facile à surmonter dès que l'on fait l'effort de bien maîtriser les quelques concepts clés autour desquels s'articulent les autres notions de la théorie. Une fois cet effort accompli, on retrouve aisément, derrière la diversité des concepts et des interprétations théoriques, l'étonnante cohérence interne de l'oeuvre.

Le but de ce lexique est donc de fournir à l'étudiant un outil de lecture lui permettant de saisir les principales articulations de l'oeuvre de Jean Piaget. Les notions y sont présentées par ordre alphabétique. Chaque notion définie fait l'objet d'un article plus ou moins long visant non seulement à en préciser la signification mais à la situer dans le contexte général de la théorie. C'est pourquoi les termes définis renvoient à d'autres notions qui leur sont étroitement liées [1]. Les exemples et citations servent à la fois à illustrer les différentes notions et à initier au style d'écriture propre à Piaget. Enfin, le chapitre d'introduction a pour but d'aider le

---

[1] Les mots qui apparaissent en italique dans le texte correspondent aux notions présentées dans le lexique.

lecteur à voir les liens qui existent entre les principaux concepts piagétiens et à utiliser efficacement le système de renvoi.

Nous espérons ainsi que cet outil de lecture sera utile autant à l'enseignant qu'à l'étudiant en psychologie, en philosophie et en psychopédagogie.

Grâce à la collaboration de Dany Laveault, lors de l'étape de la relecture du texte et du choix des citations et des exemples les plus pertinents, nous avons pu faire ressortir quelques-unes des implications psychopédagogiques les plus importantes de la théorie piagétienne.

Nous tenons à remercier le Service de pédagogie universitaire ainsi que l'Institut supérieur des sciences humaines de l'Université Laval qui ont rendu possible l'élaboration de ce travail.

Marie-Françoise Legendre-Bergeron
École de psychologie
Université Laval

INTRODUCTION

GUIDE POUR L'UTILISATION DU

LEXIQUE DE LA PSYCHOLOGIE

DU DÉVELOPPEMENT DE

JEAN PIAGET

Afin de faciliter l'utilisation de ce lexique de la psychologie du développement, nous proposons au lecteur une présentation schématique des principales notions piagétiennes, fondée sur leur articulation au sein de la théorie. Car ce lexique n'a pas été conçu comme un simple dictionnaire. L'ordre de présentation alphabétique des principales notions et des principaux concepts piagétiens ne peut s'avérer utile que si l'on y joint une présentation logique permettant d'en effectuer une lecture intelligente et compréhensible.

Piaget est biologiste de formation, psychologue par méthode mais ses visées sont d'abord et avant tout épistémologiques. La question essentielle qui fonde la théorie piagétienne du *développement* de *l'intelligence* est en effet la suivante: comment la connaissance est-elle possible et comment s'accroissent les connaissances?

C'est de cette problématique fondamentale que découle toute la psychologie du développement. En effet, Piaget considère que la *connaissance* constitue un processus, non un état, d'où la nécessité d'envisager le problème sous l'angle du *développement*.

> «... si toute connaissance, dit Piaget, est toujours en devenir et consiste à passer d'une moindre connaissance à un état plus complet et plus efficace, il est clair qu'il s'agit de connaître ce devenir et de l'analyser le plus exactement possible. Or ce devenir ne se déroule pas au hasard mais constitue un développement...»
>
> Piaget, P. et E. p. 13-14

C'est donc à cette notion centrale de *développement* — *développe-*

3

ment de *l'intelligence* et des *connaissances* — que se rattachent toutes les autres notions piagétiennes définies dans ce lexique. Leur articulation autour de cette notion fondamentale permettra de répondre à ces quelques questions essentielles qui résument la théorie piagétienne.

I - Qu'est-ce qui se développe, c'est-à-dire en quoi consiste le développement?

II - Comment s'effectue le développement?

III - Quels sont les différents facteurs qui y contribuent?

IV - Quelles en sont les principales étapes?

I- QU'EST-CE QUI SE DÉVELOPPE?

Piaget envisage simultanément le problème du *développement* de *l'intelligence* et celui de l'accroissement des *connaissances*. *Intelligence* et *connaissances* sont solidaires. Elles constituent essentiellement une forme *d'adaptation* du sujet à son milieu, prolongeant l'*adaptation* biologique de l'organisme à son environnement.

En quoi consiste le *développement*, selon Piaget? Ce n'est pas une simple accumulation d'informations tirées des objets ou du milieu. Ce n'est pas non plus l'expression d'un déroulement purement endogène, dirigé par une programmation héréditaire innée, sans aucune influence de l'environnement. La notion de *développement*, chez Piaget, repose sur une conception interactionniste et constructiviste de *l'intelligence* et des *connaissances*. Piaget explique en effet leur évolution progressive en fonction d'une interaction continuelle entre un sujet structuré, c'est-à-dire en possession de conduites présentant une certaine *organisation*, et un milieu également structuré auquel le sujet doit sans cesse s'adapter ou se réadapter.

La *connaissance* présente donc deux aspects indissociables liés à cette interaction sujet-milieu:

- l'un est davantage lié au pôle du sujet: ce sont les *instruments de la connaissance* dont l'évolution progressive n'est pas autre chose que le *développement* des *structures de l'intelligence;*

- l'autre est lié au pôle de l'objet ou du milieu: ce sont les contenus de la *connaissance*, c'est-à-dire la compréhension et l'explication du réel, soustendues par les *structures* ou *instruments de connaissance* dont dispose le sujet aux différents niveaux du *développement* de *l'intelligence*.

4

À la question «qu'est-ce qui se développe?», on répondra donc que ce sont à la fois

- les *structures de l'intelligence* et

- les contenus de la *connaissance*

et que leur évolution est entièrement solidaire.

FIGURE 1

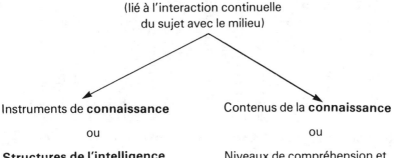

DÉVELOPPEMENT

(lié à l'interaction continuelle
du sujet avec le milieu)

Instruments de **connaissance**   Contenus de la **connaissance**

ou   ou

Structures de l'intelligence   Niveaux de compréhension et
d'explication du réel

En quoi consiste ce développement, ou si l'on préfère, quelles en sont les principales manifestations?

Le *développement* de *l'intelligence* consiste essentiellement en la formation de nouveaux *instruments de connaissance* à partir des premiers *schèmes* de l'action (schèmes réflexes) et de leurs interactions adaptatives variées avec le milieu. C'est l'élaboration de ces nouveaux instruments de *connaissance (structures de l'intelligence)* qui permet au sujet d'avoir une *connaissance* de plus en plus précise et vaste de la réalité. Le *développement* se manifeste donc à la fois par:

- Une modification progressive dans *l'organisation* des conduites (*développement* des instruments de *connaissance)* se traduisant par:

o   l'élaboration progressive d'une *logique* de l'action,

o   le passage de l'activité purement sensori-motrice à la *représentation* symbolique et imagée de la réalité,

o   l'élaboration d'une *logique* de la *pensée* consistant à passer de la *représentation* imagée, fondée sur le *symbole* et l'image, à une *représentation* logique et déductive fondée sur l'emploi *d'opérations* réversibles d'abord concrètes puis formelles.

FIGURE II

Shèmes d'assimilation

Développement

Instruments de la connaissance ou Structures de l'intelligence	Contenus de la connaissance ou Compréhension et explication du réel
Le sujet ne dispose d'abord que de quelques actions dont les pouvoirs demeurent limités: ce sont les *schèmes réflexes*. La différenciation et la coordination de ces premiers *schèmes*, au contact du milieu, entraînent la formation de *conduites* nouvelles, plus complexes, plus élaborées et mieux adaptées.	Le sujet accroît progressivement son pouvoir d'action sur les choses ce qui lui permet d'acquérir une *connaissance* pratique des objets, de l'espace, etc., qui l'entourent. Il apprend à différencier ce qui provient de sa propre activité et ce qui est dû à des modifications provenant du milieu.
Le sujet passe de la simple activité sensori-motrice à la *représentation* symbolique. D'où la *formation de nouveaux instruments de connaissance*: les *schèmes symboliques et intuitifs* qui permettent l'évocation ou l'anticipation d'objets ou de situations non actuellement perçus. Il devient également capable d'utiliser le *langage* verbal.	Grâce à la *représentation*, l'enfant accède à une *connaissance* de la réalité qui cesse d'être exclusivement pratique (i.e. liée à l'action immédiate) pour devenir peu à peu imagée et réfléchie. L'enfant ne se contente plus de percevoir et d'agir mais il évoque ses actions et ses perceptions. Grâce au *langage*, il parvient à communiquer ses pensées. Il acquiert ainsi une *connaissance* intuitive de la réalité.

Connaissance pratique de la réalité sous-tendue par les schèmes sensori-moteurs.

Connaissance représentative ou imagée de la réalité, sous-tendue par les schèmes symboliques et intuitifs.

(FIGURE II, suite)

Connaissance logique (niveau concret) de la réalité, sous-tendue par les schèmes opératoires concrets.

Le sujet, en intériorisant progressivement ses actions, grâce à la *représentation*, en vient à développer de nouveaux instruments de *connaissance* logiques et mathématiques: les *opérations*. Il devient ainsi apte à agir symboliquement sur la réalité au lieu de simplement l'évoquer.

Il est capable de raisonner logiquement. →

Le sujet accède à une *connaissance logique et mathématique* de la réalité.

L'emploi d'*opérations* logiques lui permet de structurer adéquatement les données d'un problème ou d'une situation, de comprendre certains phénomènes qui étaient auparavant inintelligibles.

Il passe d'une *connaissance subjective* de la réalité à une *connaissance* de plus en plus objective.

Connaissance logique (niveau formel) de la réalité, sous-tendue par les schèmes opératoires formels.

Le sujet accède à une pensée hypothético-déductive (*pensée formelle*). Au lieu de ne raisonner logiquement qu'en présence d'objets ou de situations concrètes, il parvient à raisonner sur des propositions ou des hypothèses, grâce à l'élaboration de nouveaux *instruments de connaissance*: les *opérations formelles*. →

Le sujet acquiert une *connaissance* parfaitement objective de la réalité. Il est capable d'expérimenter sur elle, de découvrir de nouveaux phénomènes, grâce à l'emploi d'une méthode hypothético-déductive. Il est également capable de concevoir des choses qui sont logiquement possibles quoique non effectivement réalisées.

- Une *adaptation* de plus en plus grande au milieu ou à la réalité (*développement* des contenus de *connaissances*) qui consiste en la conquête de l'*objectivité*, assurant la réussite pratique (au niveau de l'action), la compréhension et l'explication objectives de la réalité (au niveau de la pensée).

Cette adaptation graduelle résultera d'une *décentration* croissante de l'action et de la pensée, conduisant d'une *centration* sur l'activité propre et la perception subjective du réel, à une objectivation complète de l'univers tant pratique (ou sensori-moteur) que représentatif.

II- COMMENT S'EFFECTUE CE DÉVELOPPEMENT?

1° Les invariants fonctionnels du développement

Piaget définit un certain nombre de mécanismes constamment à l'oeuvre tout au long du *développement*. C'est ce qu'il appelle les invariants fonctionnels du *développement*. Ces processus définissent l'interaction adaptative du sujet avec le milieu, source du *développement* de *l'intelligence* et des *connaissances*. Ce sont:

- l'*assimilation* qui désigne l'action du sujet sur les choses; elle consiste à intégrer à une *structure* préalable (*schèmes d'assimilation* ou conduites du sujet) certaines parties, situations ou objets, etc., du milieu;

- l'*accommodation* qui désigne les modifications que le milieu impose en retour à l'activité des *schèmes* pour les rendre adaptés au milieu sur lequel ils s'exercent.

Ces processus complémentaires de l'*assimilation* et de l'*accomodation* jouent un rôle essentiel à deux niveaux du processus de la *connaissance*:

- celui de l'*adaptation* du sujet (*schèmes*) au milieu (objets);

- celui de l'*organisation* des conduites (*assimilations* et *accommodations réciproques* entre *schèmes*) puisque ce sont ces processus qui sous-tendent la cohérence interne ou *adaptation* réciproque des conduites du sujet.

Cela signifie que les conduites nouvelles qui se développent ne se substituent pas vraiment aux *conduites* antérieures mais les intègrent en les modifiant, grâce à des *assimilations* et *accommodations réciproques* qui différencient les *schèmes* et les coordonnent.

Ainsi, le sujet doit à la fois s'adapter au milieu et conserver la cohérence interne de son *organisation* de départ (i.e. concilier les conduites nouvelles avec les conduites anciennes).

Un autre invariant fonctionnel du *développement* est le processus de *l'équilibration* qui a précisément pour fonction de concilier les processus *d'adaptation* et *d'organisation*. C'est lui qui assure le passage d'un niveau *d'organisation* (ou état *d'équilibre*) à un autre plus élaboré, d'une *adaptation* plus ou moins restreinte à une adaptabilité croissante des conduites du sujet.

On peut dire que *l'équilibration* est le processus qui fait correspondre à un type *d'adaptation* sujet-milieu un certain mode *d'organisation* des conduites chez le sujet. Ou si l'on préfère, il fait correspondre à un certain degré d'élaboration du savoir, certaines *structures de l'intelligence* (ou *instruments de connaissances*).

Ainsi, par exemple, à une *connaissance* exclusivement pratique de la réalité correspondent des *instruments de connaissance* constitués par *l'organisation* des actions et perceptions du sujet (*schèmes sensori-moteurs*).

À une *connaissance* subjective et imagée de la réalité, correspond l'emploi de *schèmes symboliques* et *intuitifs*.

Enfin, la *connaissance* objective repose sur la capacité d'utiliser des instruments logiques et mathématiques: les *opérations,* d'abord simplement concrètes puis formelles.

En résumé, les principaux invariants fonctionnels du *développement* sont:

- *l'assimilation*

- *l'accommodation*

- *l'adaptation*

- *l'organisation*

- *l'équilibration.*

Ils s'articulent deux à deux, de la façon suivante:

- *l'assimilation* avec *l'accommodation*

- *l'adaptation* avec *l'organisation*.

Quant à *l'équilibration*, elle réalise la synthèse de ces différents processus et à ce titre, elle s'identifie au *développement*.

FIGURE III

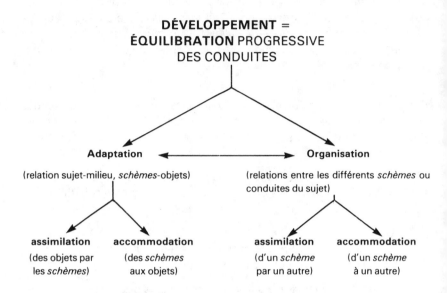

**DÉVELOPPEMENT =
ÉQUILIBRATION** PROGRESSIVE
DES CONDUITES

Adaptation ←————————→ **Organisation**

(relation sujet-milieu, *schèmes*-objets)   (relations entre les différents *schèmes* ou
conduites du sujet)

assimilation   **accommodation**   **assimilation**   **accommodation**
(des objets par   (des *schèmes*   (d'un *schème*   (d'un *schème*
les *schèmes*)   aux objets)   par un autre)   à un autre)

Cela signifie que *l'équilibration* progressive des conduites du sujet (ou *développement*) est liée à une *adaptation* continuelle du sujet à son milieu qui entraîne une modification progressive dans *l'organisation* de ses conduites. Ainsi, le sujet accroît son pouvoir d'action sur les choses, sa compréhension du réel, en développant de nouvelles conduites, modifiant par conséquent *l'organisation (structures)* dont il disposait à l'origine.

Ces modifications, tant au niveau de *l'adaptation* qu'à celui de *l'organisation* sont solidaires de continuelles *assimilations* et *accommodations* qui différencient les conduites (*schèmes*) et les mettent en relation ou les coordonnent, pour mieux les adapter à la réalité.

C'est ainsi qu'au contact du milieu (interactions *schèmes*-objets) le sujet est amené à raffiner les conduites dont il disposait à l'origine, et à en élaborer de plus complexes, devenant de mieux en mieux adapté ou adaptable à la diversité du réel.

2° Les mécanismes du développement mental

On vient de voir (1°) que le *développement* de *l'intelligence* et des *connaissances* est lié à une interaction adaptative continuelle entre le sujet et les objets. Cette interaction, qui se manifeste par l'alternance des processus *d'assimilation* (action du sujet sur les choses) et *d'accommodation* (action du milieu sur les *schèmes*), conduit à un ajustement progressif des conduites du sujet, en fonction de leurs applications antérieures à l'objet. En d'autres termes, le sujet est amené à modifier peu à peu ses conduites en les exerçant. Or, c'est précisément cet ajustement progressif des conduites en fonction de leurs interactions adaptatives avec le milieu qui constitue les mécanismes du *développement* mental. Ceux-ci sont représentés par ce que Piaget appelle les *régulations* de l'action et de la *pensée*. En quoi consistent-elles? Les *régulations* ne sont pas autre chose que les mécanismes dont use le sujet pour régler ses conduites, au fur et à mesure qu'il les exerce. Elles consistent essentiellement dans le passage de l'*égocentrisme* et de la *centration* à l'*objectivité*, grâce à une *décentration* croissante de l'action et de la pensée. Ce sont elles qui assurent le passage de l'*assimilation* déformante à l'*assimilation* opératoire, source d'*objectivité*.

Les *régulations* interviennent à deux niveaux:

- celui de l'action (*intelligence pratique ou sensori-motrice*);

- celui de la *pensée* (*intelligence* verbale et réfléchie).

a) Les régulations au niveau de l'action

À un premier niveau (activité pratique) le progrès des *régulations*, c'est-à-dire l'ajustement progressif des conduites, mène à l'élaboration d'une *logique de l'action*. Le sujet passe de l'*égocentrisme* (*centration* sur l'activité propre) à la *décentration* (alternance de *centrations* sur l'activité propre et sur les effets produits dans le milieu) et de la *décentration* à l'objectivation de ses relations avec les objets et le milieu sur lesquels il agit.

Ainsi, le jeune bébé qui exerce ses *schèmes réflexes* n'est conscient ni de lui-même ni du monde extérieur. Il ne connaît pas son pouvoir d'action sur les choses. Son activité, d'abord purement réflexe, obéit à des besoins internes. Toutefois, il va peu à peu modifier ses conduites en les exerçant, grâce à l'intervention de *régulations* qui auront pour effet d'ajuster les conduites du sujet en fonction de leurs applications antérieures à l'objet. Les *régulations* au niveau de l'action sont représentées par les *réactions circulaires* (primaires, secondaires et tertiaires) qui donnent lieu au *développement* et à l'*apprentissage* de nouvelles conduites.

L'activité de l'enfant, d'abord tâtonnante et procédant par essais et erreurs, conduit à des *anticipations* de plus en plus précises. Le sujet devient apte à prévoir comment il doit ajuster ses *conduites* pour les appliquer avec succès à tel objet ou à telle situation particulière.

Dans ces *régulations* progressives de l'action, il intervient donc une part d'*expérience* (contact avec les objets) et d'*apprentissage* (répétition de l'action) qui contribuent à l'élaboration d'une *logique* de l'action, consistant à appliquer avec succès ses actions à des objets et situations variés.

b) Les régulations au niveau de la pensée

À un second niveau (activité représentative) le progrès des *régulations*, ou ajustement progressif des conduites, entraîne la formation d'une *logique opératoire*.

Le sujet passe de l'*égocentrisme* de la pensée (*centration* sur les intérêts et le point de vue propre ainsi que sur la perception subjective des choses) à une *décentration* croissante (capacité d'envisager alternativement plusieurs aspects d'un problème ou plusieurs points de vue différents). C'est cette *décentration* qui conduit à *l'opération* fondée sur la *réversibilité*, c'est-à-dire sur la capacité d'envisager simultanément, donc de mettre en relation, les divers aspects d'un problème ou d'une situation.

On retrouve au niveau de l'activité représentative le même phénomène qu'au niveau de l'activité sensori-motrice, à savoir: le passage de *l'égocentrisme* et de la subjectivité, à *l'objectivité* et à la *logique.*

Dans les deux cas, l'activité tant représentative que sensori-motrice du sujet commence par s'ajuster par des tâtonnements, des essais et des erreurs, pour accéder enfin à un contrôle beaucoup plus direct et efficace de ses actions.

Lorsque le sujet atteint le niveau opératoire, d'abord concret puis formel, il entre en possession d'un système de *régulations* internes qui lui permet de s'ajuster à différents problèmes ou à différentes situations, sans avoir besoin de vérifier à chaque fois l'efficacité ou l'adéquation de ses *schèmes*. Il est donc de moins en moins dépendant des tâtonnements de *l'expérience*, puisqu'il est de plus en plus apte à prévoir, à anticiper, etc.

Le progrès des *régulations*, qui constituent précisément les mécanismes du *développement* mental, se manifeste de la manière suivante: au début, le sujet ne peut connaître l'adéquation ou l'efficacité de son action, dans telle ou telle situation particulière, qu'en l'exerçant. Ce n'est donc qu'après avoir reproduit ses conduites plusieurs fois et dans des situations diversifiées qu'il peut reconnaître à la fois leurs pouvoirs et leurs limites et les ajuster correctement en fonction des objets ou situations du milieu sur lesquels elles s'exercent. Mais au fur et à mesure que le sujet, grâce à la *représentation*, intériorise ses actions et les traduit symboliquement sous forme *d'opérations logiques*, il acquiert la capacité de prévoir à quel type de résultats conduit telle ou telle action particulière. Il saura par exemple, que tel résultat est logiquement impossible, sans avoir besoin d'en faire *l'expérience*. Il lui suffira d'avoir recours à la déduction logique. Il aura la capacité de déduire que telle action ou telle *opération*, combinée avec telle autre, donne nécessairement tel résultat et non un autre. Le progrès des *régulations*, qui assure ainsi au sujet des pouvoirs *d'adaptation* accrus, consiste donc à passer d'une *connaissance* d'abord purement empirique de la réalité, tant au niveau de l'action qu'à celui de la *représentation*, à une *connaissance* logique et déductive.

Au contrôle externe exercé par le milieu sur l'activité des *schèmes*, selon qu'ils se sont avérés adéquats ou non, va donc se substituer peu à peu un contrôle purement interne exercé d'abord par l'action puis par la *pensée* elle-même. Ce contrôle est assuré par une *logique* permettant de relier entre elles de façon cohérente et nécessaire les actions et *opérations* du sujet.

III- LES FACTEURS DU DÉVELOPPEMENT (voir développement)

Ce sont les divers processus évolutifs qui participent au *développement* de *l'intelligence*, c'est-à-dire à l'élaboration des *structures* cognitives et à la conquête de *l'objectivité* dans la compréhension et l'explication du réel.

Piaget distingue essentiellement:

- la maturation organique et neuropsychique;

- *l'expérience*

  o   logico-mathématique,
  o   physique ou empirique;

- l'influence de l'environnement physique et de la transmission sociale qui fait intervenir un *apprentissage* au contact du milieu;

- *l'équilibration* qui représente le facteur intégratif des précédents dans la mesure où il réalise la synthèse des processus *d'adaptation* et *d'organisation*.

Chacun de ces différents facteurs joue, selon Piaget, un rôle nécessaire mais non suffisant, dans la mesure où seule leur interaction ou combinaison (se traduisant par une *équilibration* graduelle des conduites) permet de rendre compte de la formation des *structures de l'intelligence*.

IV- LES ÉTAPES DU DÉVELOPPEMENT DE L'INTELLIGENCE ET DES CONNAISSANCES

Piaget distingue un certain nombre de *périodes* et de *stades* dans le *développement* de *l'intelligence* et des *connaissances* (voir *stades*). Ils correspondent à un découpage au sein de l'évolution psychogénétique, découpage qui obéit à des critères précis.

Les *périodes* et *stades* du *développement* ne se caractérisent pas simplement par une conduite dominante mais par certaines caractéristiques communes aux conduites d'un même niveau, et notamment par le fait qu'elles présentent toutes la même *structure.*

Les différentes étapes du *développement* de *l'intelligence* ainsi que les principales caractéristiques des conduites propres à chacune d'elles sont les suivantes:

1° - **L'intelligence sensori-motrice** dont les principales manifestations sont:

- le *développement* des conduites de *préhension* en relation avec la vision (coordination vision — préhension);

- l'élaboration de la *permanence de l'objet* et du *groupe des déplacements* qui représentent *l'organisation* de l'espace sensori-moteur lié à la différenciation et à la coordination des divers *schèmes sensori-moteurs* (vision — audition — succion — motilité, etc.);

- les *réactions circulaires* (primaires, secondaires et tertiaires) qui définissent les conduites assimilatrices et accommodatrices du sujet aux différents *stades* sensori-moteurs;

- les *raisonnements pratiques ou téléologiques* correspondant aux relations que l'enfant parvient à effectuer entre ces *schèmes* perceptifs et moteurs ainsi qu'entre les objets sur lesquels ils s'exercent;

- les conduites sensori-motrices de *jeu* et *d'imitation*;

- les conduites manifestant les formes primitives de la *causalité.*

2° - **La pensée symbolique ou préconceptuelle** qui marque les débuts de la *représentation* ou *fonction symbolique*, caractérisée par

- les débuts du *langage* avec l'apparition des premiers *schèmes verbaux*;

- *l'égocentrisme* caractérisant la *pensée* enfantine à ce *stade* et qui se manifeste notamment:

   o dans les conduites *d'imitation* et de *jeu*,

   o dans les représentations *animistes*, *artificialistes* et *réalistes* que les enfants de cet âge se font des phénomènes tant physiques que psychiques;

- les *préconcepts* caractérisant les *significations* rattachées par l'enfant au *langage* (mots) dont il dispose;

- les *raisonnements transductifs* résultant de la mise en relation des *préconcepts* et manifestant un mode de *pensée* par participation;

- sur le plan *logique*, l'enfant demeure inapte à effectuer une *classification* (*stade* des *collections figurales*) et une *sériation* logiques. Il est également incapable de conserver le *nombre* (voir *nombre*) c'est-à-dire de différencier la place occupée par les éléments (par exemple: la longueur d'une rangée de jetons plus ou moins espacés) et le nombre d'éléments;

- ce *stade* est donc caractérisé par:

o l'absence *d'opérations logiques*,

o *l'assimilation égocentrique* (i.e. fondée sur un point de vue particulier du sujet) des objets aux *schèmes* et

o *l'accommodation* phénoméniste (i.e. fondée sur l'apparence ou l'état momentané de l'objet) du *schème* à l'objet.

3° - La pensée intuitive ou prélogique qui manifeste un déclin de l'*animisme*, de *l'artificialisme* et du *réalisme* et un progrès au niveau de la *logique*. Elle préfigure le *stade* des *opérations*.

- Cette étape du *développement* se caractérise par un déclin de *l'égocentrisme* au profit d'une *décentration* croissante de la *pensée*, se manifestant notamment dans les conduites d'*imitation* et de *jeu*.

- Sur le plan *logique*, le sujet se montre capable d'effectuer certaines mises en relation en passant d'une *centration* à une autre *(décentration)*. Il y a passage des *collections figurales* aux *collections non figurales*, de l'absence de *sériation* à un début de sériation tâtonnante, et de la non-*conservation* du *nombre* à un début de compréhension du *nombre* se manifestant par la capacité d'effectuer une correspondance terme à terme.

- Le sujet demeure encore inapte à manipuler des *opérations* faute de *réversibilité opératoire* mais il est davantage capable de prendre conscience de ses contradictions (i.e. affirmations contradictoires) et parvient à un début de raisonnement logique, encore fondé sur *l'intuition*, c'est-à-dire limité au domaine des *représentations* imagées.

4° - La pensée opératoire concrète caractérisée par:

- l'apparition des premières *opérations* (de *classes*, de *relations* et de *nombres*) solidaires de l'élaboration d'une *structure d'ensemble*, les *groupements logiques et infralogiques*, et de la *réversibilité opératoire*;

- la capacité d'effectuer des *classifications* (voir aussi *classes, inclu-*

sion) et des *sériations* logiques (voir *schèmes opératoires concrets*);

- la capacité de comprendre que certains aspects de l'objet (exemple: substance, poids, volume, etc.) demeurent invariants lorsqu'on modifie certaines de ses caractéristiques (ex: forme, position dans l'espace) (voir: *nombre — conservation*);

- une *décentration* complète de la *pensée* se traduisant par la *réversibilité opératoire* qui manifeste *l'équilibre* de *l'assimilation* et de *l'accommodation*.

5° - **La pensée opératoire formelle** caractérisée par l'emploi d'une méthode hypothético-déductive. Elle marque un progrès au plan de la *conceptualisation* et de *l'abstraction* par rapport à la *pensée opératoire concrète*. Elle se traduit par:

- l'usage d'une *combinatoire* (voir *schèmes opératoires formels*) permettant d'envisager toutes les possibilités compatibles avec les données du problème;

- la capacité de relier les deux formes de *réversibilité opératoire*, par inversion et par réciprocité, grâce à la *structure* de *groupe INRC* qui relie entre elles les *opérations* combinatoires et propositionnelles propres à la *pensée formelle*;

- la capacité de raisonner sur de simples hypothèses ou propositions, sans avoir besoin du support des objets concrets et de leur manipulation.

On voit donc que les périodes et *stades* du *développement* de *l'intelligence* représentent, dans la perspective piagétienne, les étapes de l'élaboration d'une *logique* de l'action puis d'une *logique* de la *pensée* prolongeant tout en la dépassant, tant par ses pouvoirs d'*adaptation* que par la complexité de son *organisation*, celle de l'action.

Cette genèse progressive de *l'intelligence* et des *connaissances*, Piaget la fait débuter avec l'exercice des premiers *schèmes réflexes* dont dispose le nourrisson à sa naissance. Il en marque l'achèvement par la constitution d'une *logique* formelle (c'est-à-dire hypothético-déductive) qui permet au sujet de raisonner sur de purs symboles (propositions ou hypothèses) sans avoir besoin d'un contact direct avec les objets ou la réalité. À ce niveau, les *structures de l'intelligence*, ou instruments de *connaissance* du sujet, ont acquis une autonomie complète par rapport aux contenus de *connaisance* sur lesquels elles peuvent s'appliquer. C'est ce que Piaget appelle la dissociation complète des formes de la *connaissance* par rapport à leurs contenus. Cela signifie que les *structures* dont dispose désormais le sujet pour appréhender la réalité ne sont plus limitées, dans

TABLEAU 1

Tableau récapitulatif des principales acquisitions propres aux différentes périodes du développement

Étapes du développement	Développement de conduites spécifiques	Développement de conduites non spécifiques
Intelligence sensori-motrice	*Développement* des conduites de *préhension* en relation avec le *schème* de vision Élaboration - de la *permanence de l'objet* - du *groupe des déplacements* Progrès au niveau des *régulations:* - *réactions circulaires primaires* - *réactions circulaires secondaires* - *réactions circulaires tertiaires* *Raisonnements téléologiques ou pratiques.*	*Développement* des conduites de *jeu* et *d'imitation* - évolution des *jeux d'exercice* - *imitation* de plus en plus précise en présence du modèle *Développement* de la *causalité* - passage de la *causalité* magico-phénoméniste à une objectivation complète sur le plan pratique, des relations sujets-objets et des relations entre objets.
Pensée symbolique ou préconceptuelle	Utilisation de: - *schèmes verbaux* - *préconcepts* - *raisonnements transductifs* Mode de *pensée* égocentrique se manifestant dans: - les conduites de *jeu* - les conduites *d'imitation* - la *représentation* animiste, artificialiste et réaliste des phénomènes *Stade:* - des *collections figurales* - de l'incapacité d'effectuer une *sériation* - de l'incapacité de comprendre la *conservation* à cause d'un phénomème de *centration* de la *pensée*.	Apparition et premières étapes du *développement* du *langage* Développement des conduites de *jeu* et *d'imitation:* - *jeux symboliques* - *imitation* intériorisée et différée (en l'absence de modèle) Développement de la *causalité:* - *pensée* par participation - *animisme* - *réalisme* - *artificialisme.*

Pensée intuitive	Passage de l'*égocentrisme* et de la *centration* à la *décentration* *Stade*: - des *collections non figurales* - de la *sériation* tâtonnante - d'un début de compréhension du *nombre* et de la *conservation* grâce à des *régulations* plus poussées se manifestant par ○ le passage d'*intuitions simples* à des *intuitions articulées* ○ des *anticipations* et des *rétroactions* ○ le passage du *raisonnement transductif* fondé sur le *préconcept* à un début de raisonnement *logique* fondé sur *l'intuition* (i.e. *représentation* imagée).	Évolution du *langage* *Développement* des conduites *d'imitation* et de *jeu* - *jeux* faisant intervenir un début de socialisation - *imitation* plus précise du réel Développement de la *causalité* - début d'objectivation du réel se manifestant par le déclin - de *l'animisme* - de *l'artificialisme* - du *réalisme*.
Pensée opératoire concrète	Apparition des *opérations logiques* reliées sous forme de *groupements* et fondées sur la *réversibilité opératoire* Capacité de - classer - sérier - dénombrer - comprendre la *conservation* - manipuler correctement les données d'une situation concrète.	Déclin des *conduites d'imitation* et de *jeu* au profit de *l'intelligence* adaptée (*équilibre de l'assimilation* et de *l'accommodation*) - passage du *jeu symbolique* et du *jeu d'imitation* aux *jeux de règles* - *imitation* avec un souci croissant de copier le réel *Développement* de la *causalité* - le sujet parvient à comprendre les relations causales entre certains objets ou certains phénomènes en leur attribuant ses propres *opérations* (i.e. en établissant entre les objets des relations sur le modèle de ses propres *opérations*).

Pensée opératoire formelle		

	Progrès au niveau de
	
	- la *conceptualisation*
	- *l'abstraction*
	  le sujet ayant de moins en moins
	  besoin du support des objets ou
	  de situations concrètes pour
	  raisonner logiquement
	
	Apparition *d'opérations formelles*
	(i.e. propositionnelles et hypo-
	tico-déductives)
	Le sujet raisonne sur de simples
	hypothèses
	
	Développement de *schèmes
	formels* tels que
	- la combinatoire
	- la proportion
	  qui servent d'instrument logique
	  à la compréhension et à l'expli-
	  cation des phénomènes
	
	Apparition du *groupe INRC* reliant
	les deux formes de *réversibilité*
	(par inversion et par réciprocité)
	ce qui permet d'élaborer de nou-
	velles *opérations* et d'établir entre
	elles des relations plus nom-
	breuses et plus variées.
		Les conduites de *jeux*
		(jeux de règles) et *d'imitation*
		sont entièrement intégrées à
		l'*intelligence*, c'est-à-dire qu'elles
		s'appuient sur elle ou encore
		qu'elles lui sont subordonnées.
		
		Développement de la *causalité*
		
		- le sujet parvient à envisager
		  les causes possibles d'un phé-
		  nomène grâce à l'emploi d'un
		  raisonnement hypothético-déduc-
		  tif et d'une *combinatoire*.
		  Il comprend donc davantage de
		  relations causales entre les
		  choses que le sujet de niveau
		  concret car les *opérations*
		  qu'il attribue aux objets sont
		  plus complexes et plus élaborées.
		  Au lieu de ne raisonner que sur
		  les données réelles, il est ca-
		  pable de raisonner sur des
		  données hypothétiques.

leur application, à tel ou tel domaine de *connaissance* particulier, mais permettent de structurer tous les aspects de la réalité.

Est-ce à dire, pour Piaget, que le *développement* est maintenant
complètement terminé et que nous avons acquis une *connaissance*
exhaustive de la réalité? Il n'en est rien. Il convient d'abord de se rappeler
que Piaget considère la *connaissance* comme un processus et non comme
un état. Par conséquent, il ne saurait y avoir d'état final ou terminal des
connaissances. Envisager l'état des *connaissances* à tel ou tel niveau du
développement, c'est tout simplement appréhender un processus continu
sous une forme discontinue pour mieux l'analyser et le comprendre. Pour
ce qui est maintenant de la genèse de nos *instruments de connaissance*,
c'est-à-dire de leur point de départ et de leur évolution ultérieure, Piaget
ne l'envisage nullement comme étant absolue.

«Quant à la nécessité de remonter à la genèse, comme l'indique le terme d'"'épistémologie génétique'', il convient de dissiper dès le départ un malentendu possible et qui serait d'une certaine gravité s'il venait à opposer la genèse aux autres phases de la construction continue des connaissances. En d'autres termes, il faut dire, soit que tout est genèse y compris la construction d'une théorie nouvelle dans l'état actuel des sciences, soit que la genèse recule indéfiniment, car les phases psychogénétiques sont elles-mêmes précédées par des phases en quelque sorte organogénétiques, etc. Affirmer la nécessité de remonter à une genèse ne signifie donc nullement accorder un privilège à telle ou telle phase considérée comme première absolument parlant: c'est par contre rappeler l'existence d'une construction indéfinie et surtout insister sur le fait que, pour en comprendre les raisons ou le mécanisme, il faut en connaître toutes les phases ou du moins le maximum possible.» E.G.7*

Il faut donc concevoir le *développement* progressif de l'*intelligence* et des *connaissances* comme se prolongeant en deçà des premiers *schèmes réflexes*, dans l'évolution de l'organisme qui en est à l'origine, et au-delà de la *pensée formelle*, dans l'évolution phylogénétique de la *connaissance* scientifique. Les début et terme du *développement* étudié par Piaget doivent donc être considérés comme relatifs à l'échelle (psychogénétique) des phénomènes considérés et non comme absolus.

La *pensée formelle* ne représente donc l'*équilibre* terminal qu'au sein du *développement psychogénétique* et non au sein de l'évolution de la *connaissance* en général.

En effet, alors que les formes d'*équilibre* caractérisant les *structures* des niveaux antérieurs (sensori-moteur, préopératoire et opératoire concret) ne sont que des approximations de l'état d'*équilibre* stable vers lequel tend le *développement* des *structures de l'intelligence*, puisqu'elles ne sont adaptables que dans certaines limites ("extension" ou domaine d'application corrélatif à la "compréhension" de la structure), les *structures* opératoires formelles, au contraire, ne connaissent pas de limites extensionnelles.

Dire que les *structures* opératoires formelles représentent l'*équilibre* terminal des *opérations* de la *pensée*, c'est donc supposer, dans la perspective piagétienne, que l'ensemble des *opérations* hypothético-déductives constitutives des *structures* propres à la *pensée formelle*, sont entièrement accommodables à toute réalité qu'elles tenteront d'assimiler. De sorte que si le sujet de niveau formel n'est jamais d'emblée adapté à la réalité, puisque toute *adaptation* nécessite de multiples interactions avec le milieu, il accède à son maximum d'adaptabilité au niveau de son *développement* ontogénétique (i.e. individuel). Cela signifie que les *instruments de connaissance (structures* logico-mathématiques) dont il dispose désormais lui donnent accès à une infinité de contenus de *connaissance* (physiques ou empiriques).

Définie ainsi, la *pensée formelle* apparaît essentiellement comme une potentialité à résoudre les problèmes de la réalité, mais sans préjuger en rien du degré d'utilisation qu'en fait le sujet. Elle constitue donc une condition nécessaire, quoique non suffisante, à l'acquisition de *connaissances* nouvelles. Car, si la *pensée formelle* atteint un *équilibre* terminal, cela ne signifie certes pas, dans la perspective piagétienne, que les *connaissances* du sujet vont cesser d'évoluer à partir de ce niveau. Cela veut tout simplement dire que l'évolution de la connaissance ne se situera plus au niveau de ses *instruments* logico-mathématiques mais à celui de ses *contenus* (physiques ou empiriques).

A

● ABSTRACTION

Piaget appelle *abstraction* le mécanisme qui sous-tend l'acquisition des *connaissances* nouvelles. Il distingue en outre deux (2) types *d'abstraction* selon qu'il s'agit de *connaissances exogènes*, c'est-à-dire d'informations tirées des objets ou du milieu, ou de *connaissances endogènes*, c'est-à-dire de l'information que le sujet tire de ses propres actions sur les objets.

Le premier type, que Piaget nomme *abstraction simple ou empirique*, est celui qui intervient dans la formation des *connaissances physiques ou empiriques*.

Le second type, *abstraction réfléchissante*, est celui qui sous-tend la formation des *connaissances logico-mathématiques*, issues des coordinations générales de l'action du sujet. Celles-ci représentent pour Piaget les instruments de la *connaissance* (par exemple, les actions de réunir, ordonner, mettre en correspondance, etc.) et donnent lieu à des *abstractions logico-mathématiques*.

L'abstraction empirique n'intervient jamais à elle seule, à quelque niveau que ce soit puisque toute information tirée des objets ou du milieu suppose l'intervention d'"'instruments d'enregistrement" qui seuls permettent la "lecture de l'expérience". Or ces instruments, conditions préalables à la prise de *connaissance* de l'objet, sont constitués par les *schèmes* ou "coordinations de l'action" dont dispose le sujet à chaque *stade* du *développement*. Leur évolution progressive relève précisément du processus de l'*abstraction réfléchissante*. La solidarité de ces deux types d'*abstraction* signifie que c'est en agissant sur les objets que le sujet parvient à les connaître.

Piaget utilise le terme d'*abstraction pseudo-empirique* pour caractériser l'*abstraction réfléchissante* sous ses formes élémentaires. Elle consiste à abstraire des objets les propriétés que le sujet leur a conférées par ses propres actions. Par exemple, l'enfant a regroupé sous forme de *classes* un certain nombre d'objets disparates en "mettant ensemble ceux qui allaient bien ensemble" (i.e. ronds rouges, carrés rouges, ronds bleus, triangles bleus, etc.). Lorsqu'il constate qu'un triangle appartient à la *classe* des bleus, il y a bien lecture sur l'objet d'une propriété (appartenance à la *classe* des objets bleus) qui ne lui est pas inhérente mais qui a été introduite par l'activité même du sujet, laquelle a consisté à classer les objets selon certains critères (ici, la couleur).

L'évolution des *structures* de la *pensée*, au cours du *développement* psychogénétique, aboutit à une *abstraction réfléchissante* qui, contrairement à l'*abstraction empirique*, peut fonctionner à l'état pur, c'est-à-dire sans plus avoir besoin d'utiliser comme support des objets concrets et réels. Le sujet a alors atteint une *pensée formelle*, de type hypothético-déductif. Il est capable d'effectuer des *opérations* sur de purs *symboles*.

Exemples

abstraction empirique: abstraire des qualités d'un objet telles que sa forme, sa couleur, sa dimension, etc.

abstraction réfléchissante: abstraire des propriétés de l'action; par exemple, lorsque je transforme en boudin une balle de pâte à modeler, je constate que j'effectue, en sens inverse, la même action que lorsque je transforme en balle un boudin de pâte à modeler (voir conservation).

Abstraction liée à la connaissance

«*Toute connaissance nouvelle suppose une abstraction, car malgré la part de réorganisation qu'elle comporte, elle ne constitue jamais un commencement absolu et elle tire ses éléments de quelque réalité antérieure. On peut alors distinguer deux sortes d'abstractions selon leurs sources exogènes ou endogènes... Il existe tout d'abord un type d'abstraction que nous appellerons "empirique"... car elle tire son information des objets eux-mêmes... Mais en plus de cette première forme..., il en existe une seconde qui est fondamentale car elle recouvre tous les cas d'abstractions logico-mathématiques: nous l'appellerons l'abstraction réfléchissante.*» A.V.P.I 81-82

Abstraction empirique

«*... l'abstraction empirique n'intervient jamais à elle seule à quelque niveau que ce soit... tout un ensemble d'instruments sont nécessaires à la lecture même de l'expérience, ... ces instruments d'enregistrement rendant seuls possible une abstraction empirique, ne sont pas tirés de l'objet, puisqu'ils constituent les conditions préalables de sa prise de connaissance: ils sont donc dus à des activités du sujet et comme tels, issus d'abstractions réfléchissantes antérieures.*» A.V.P.I 82

24

Abstraction réfléchissante

«Le propre... de l'abstraction réfléchissante qui caractérise la pensée logico-mathématique est d'être tirée non pas des objets, mais des actions que l'on peut exercer sur eux et essentiellement des coordinations les plus générales de ces actions telles que réunir, ordonner, mettre en correspondance, etc.» S. 18

Voir aussi:

Connaissance (s)
Développement
Expérience

● ACCOMMODATION

L'*accommodation* est une notion fonctionnelle. Elle désigne toute modification des *schèmes d'assimilation* sous l'influence des objets ou situations extérieures auxquelles ils s'appliquent. Elle exprime la nécessité pour tout *schème d'assimilation*, de s'adapter aux particularités de l'objet qu'il assimile.

Ainsi, lorsqu'un *schème* — celui de la *préhension* par exemple — s'applique à un objet quelconque du milieu, il doit s'adapter aux particularités de cet objet (telles que sa forme, sa distance, sa position dans l'espace ainsi que sa position par rapport au sujet). C'est donc cette *adaptation* du *schème* général (en l'occurrence, celui de la *préhension*) aux particularités de l'objet assimilé que Piaget appelle *accommodation*.

L'*accommodation* conduit le *schème* à se différencier au contact du milieu. C'est elle, en effet, qui permet à un seul *schème*, à l'origine global et peu différencié, de se spécifier en fonction de la diversité des objets ou situations du milieu avec lequel il interagit.

La notion d'*accommodation* est entièrement solidaire de celle d'*assimilation* puisqu'il s'agit toujours de l'*accommodation* d'un *schème* d'*assimilation*. Alors que l'*assimilation* se réfère essentiellement au pôle du sujet puisqu'elle désigne les modifications que le sujet introduit dans le milieu par son activité, l'*accommodation* se réfère plutôt au pôle de l'objet et désigne les modifications que le milieu impose en retour à l'activité assimilatrice des *schèmes* par les résistances qu'il leur oppose. La complémentarité de ces deux notions est l'expression de l'interaction sujet-milieu, *schèmes*-objets.

Piaget appelle *accommodation réciproque* l'*accommodation* d'un *schème* à un autre *schème*, dans le cas par exemple où deux activités distinctes — la vision et la *préhension* — doivent se coordonner et par conséquent s'accommoder l'une à l'autre pour pouvoir s'appliquer simultanément à un seul et même objet (*préhension* des objets regardés). *L'accommodation différenciatrice* caractérise le fait que des *schèmes* distincts, intégrés à une seule et même *structure d'ensemble*, conservent néanmoins leurs caractères spécifiques. Par exemple: l'intégration des différents *schèmes* perceptifs et moteurs — vision, audition, *préhension*, etc. — à l'intérieur de la *structure d'ensemble* sensori-motrice signifie que chacun de ces différents *schèmes* peut aussi bien fonctionner à l'état isolé ou différencié que coordonné à d'autres *schèmes*.

Les différentes *réactions circulaires primaires, secondaires* et *tertiaires*, décrites par Piaget à la période sensori-motrice, constituent toutes des formes d'*apprentissage* liées à l'*accommodation* des *schèmes* sensori-moteurs aux données de l'expérience et du milieu.

C'est cette *accommodation*, inhérente à tous les *schèmes d'assimilation*, qui conduit à les différencier et à les coordonner pour aboutir enfin à la constitution d'une *structure d'ensemble*.

Accommodation

«*Nous appellerons accommodation... toute modification des schèmes d'assimilation sous l'influence des situations extérieures (milieu) auxquelles ils s'appliquent. Mais de même qu'il n'y a pas d'assimilation sans accommodations (antérieures ou actuelles) de même, il n'y a pas d'accommodation sans assimilation: cela signifie que le milieu ne provoque pas simplement l'enregistrement d'empreintes ou la formation de copies, mais qu'il déclenche des ajustements actifs et c'est pourquoi nous ne parlons que d'accommodation en sous-entendant accommodation de schèmes d'assimilation.*»
B.C. 25

Accommodation et assimilation

«*... l'assimilation et l'accommodation ne sont pas deux fonctions séparées mais ce sont les deux pôles fonctionnels opposés l'un à l'autre de toute **adaptation**.*»
B.C. 244-245

Exemple d'accommodation sensori-motrice au 3e stade (ou stade des *réactions circulaires secondaires*)

«*Laurent, dès 0; 4 (19) ... sait frapper intentionnellement de la main les objets suspendus. Or, à 0; 4 (22) il tient un bâton, dont il ne sait que faire et qu'il passe lentement d'une main à l'autre. Le bâton en vient alors par hasard à heurter un hochet pendant du toit: Laurent, aussitôt intéressé par cet effet inattendu, garde le bâton dressé dans la position qu'il venait d'occuper puis le rapproche visiblement du hochet. Il le heurte ainsi une seconde fois. Il recule ensuite le bâton, mais en l'éloignant le moins possible comme pour chercher de nouveau à conserver la position favorable, puis il le rapproche du hochet, et ainsi de suite de plus en plus rapidement.»*   N.I. 156

Voir aussi:

Adaptation
Assimilation
Équilibration
Équilibre
Régulation (s)

● ACTIVITÉ LUDIQUE

Voir:

Jeu

● ADAPTATION

L'*adaptation* constitue, dans la perspective piagétienne, une fonction générale commune à *l'intelligence* et à la vie. Elle reflète la nécessité pour l'organisme (au niveau biologique) ou le sujet (au niveau cognitif) de subir un certain nombre de modifications internes de façon à demeurer en accord, en harmonie avec le milieu ou les objets avec lesquels ils sont en interaction.

Piaget distingue deux (2) types d'*adaptation*:

1- L'adaptation-survie, inhérente aux fonctions propres à l'organisme biologique qui met en jeu des mécanismes de sélection (acceptation ou refus par le milieu des modifications endogènes de l'organisme que sont les mutations).

2- L'adaptation praxique ou cognitive caractérisant aussi bien les *conduites* intellectuelles évoluées que les comportements plus élémentaires dont elles dérivent. Ce second type d'*adaptation*, qui vise essentiellement la réussite pratique et la compréhension intellectuelle, repose sur une structuration du milieu par le sujet, c'est-à-dire sur l'incorporation d'objets ou de situations du milieu à des *schèmes d'assimilation* préalables.

Piaget définit également l'*adaptation* comme un *équilibre* entre l'*assimilation* et l'*accommodation*. Cela signifie que toute *adaptation* sujet-milieu nécessite qu'il y ait un accord, une cohérence entre les modifications imposées par le sujet au milieu (*assimilation*) et les modifications que le milieu, en retour, fait subir au sujet (*accommodation*).

Lorsque l'*adaptation* fait défaut, il y a déséquilibre et le sujet doit effectuer des *compensations* de façon à pouvoir se rééquilibrer par rapport au milieu.

Par exemple: dans l'*épreuve des Concentrations de Noelting et al.* (voir bibliographie) où l'on demande aux sujets d'évaluer le goût en jus d'un mélange jus-eau, le sujet de niveau *préopératoire* ne tient compte que de la quantité de jus. Si on lui présente: (1 jus + 1 eau) vs (2 jus + 1 eau), il y a une *adaptation* du *schème* à l'objet. Par contre, si on lui présente: (1 jus + 1 eau) vs (2 jus + 2 eau), il y a *déséquilibre* entre l'*assimilation* et l'*accommodation* et partant un défaut d'*adaptation*. Car l'enfant qui ne tient compte que de la quantité de jus pour évaluer le goût en jus du mélange jus + eau, assimile le tout (mélange) mais ne s'accommode qu'à une partie (le jus) et néglige la partie inverse et complémentaire (l'eau).

L'*adaptation* est indissociable de l'*organisation* puisqu'il s'agit toujours d'une *adaptation* entre les *schèmes* du sujet (i.e. l'*organisation* de ses conduites) et la structure du milieu (i.e. l'*organisation* des objets).

Adaptation

«Il y a adaptation lorsque l'organisme se transforme en fonction du milieu et que cette variation a pour effet un accroissement des échanges entre le milieu et lui favorables à sa conservation.»   N.I. 11

«On peut définir l'adaptation… comme un équilibre entre l'assimilation et l'accommodation… La raison en est que sans assimilation il n'y a pas d'adaptation au sens biologique du terme.»   B.C. 243-244

Adaptation intellectuelle

«… l'adaptation intellectuelle, comme toute autre est une mise en équilibre progressive entre un mécanisme assimilateur et une accommodation complémentaire. L'esprit ne peut se trouver adapté à une réalité que s'il y a parfaite accommodation, c'est-à-dire si plus rien dans cette réalité ne vient modifier les schèmes du sujet.»
N.I. 13

Adaptation et organisation

«Du point de vue biologique, l'organisation est inséparable de l'adaptation: ce sont les deux processus complémentaires d'un mécanisme unique, le premier étant l'aspect interne du cycle dont l'adaptation constitue l'aspect extérieur. Or, en ce qui concerne l'intelligence, sous sa forme réfléchie aussi bien que pratique, on retrouve ce double phénomène… L'accord de la pensée avec les choses et l'"accord de la pensée avec elle-même" expriment ce

double invariant fonctionnel de l'adaptation et de l'organisation. Or ces deux aspects de la pensée sont indissociables: c'est en s'adaptant aux choses que la pensée s'organise et c'est en s'organisant elle-même qu'elle structure les choses.» N.I. 13-14

Voir aussi:

Accommodation
Assimilation
Développement
Équilibration
Équilibre
Intelligence
Organisation
Pensée

● ANIMISME

L'*animisme* résulte d'une *assimilation* des mouvements physiques à l'activité intentionnelle. L'enfant de niveau préopératoire (de 2 à 7 ans environ) a tendance à croire que les objets matériels sont doués d'une âme, d'un esprit, de sentiments, de volonté et d'une moralité propres. En somme, il leur attribue des caractères subjectifs.

L'*animisme* constitue avec l'*artificialisme* l'une des principales manifestations du caractère égocentrique et préconceptuel de la *pensée* enfantine. L'enfant de cet âge, confondant son point de vue propre avec celui d'autrui, son expérience subjective des phénomènes avec la réalité objective, etc., ne parvient pas à se faire une *représentation* adéquate du monde. Incapable encore de raisonner à l'aide de concepts, il raisonne en s'appuyant sur des *symboles*, des *images*, des analogies avec ses expériences subjectives.

L'*animisme* est donc l'expression d'un défaut de différenciation entre l'activité consciente et le mouvement matériel. Il est le reflet d'une *pensée par participation*, établissant des relations de cause à effet entre des objets ou des phénomènes complètement dissociés dans la réalité. Il relève donc d'une *pensée* précausale (voir *causalité*).

L'*animisme* enfantin est aussi étroitement relié à la *pensée* magique et aux comportements superstitieux de l'enfant. Ces comportements ont tendance à disparaître avec l'avènement de la *pensée conceptuelle*. Il en subsiste toutefois quelques traces chez l'adulte, en particulier dans les situations qui sont fortement investies sur le plan affectif.

Animisme

> «Si l'enfant ne distingue pas le monde psychique du monde physique, si même aux débuts de son évolution, il n'observe pas de limites précises entre son moi et le monde extérieur, il faut s'attendre à ce qu'il considère comme vivants et conscients un grand nombre de corps qui, pour nous, sont inertes. C'est ce phénomène... que nous désignerons par le terme courant d'animisme.» R.M. 143

Exemples

Obs. 120 - L., après une série de propos, entre 2; 6 et 3; 4, analogues à ceux de J. et aux mêmes âges (p. ex. «le soleil se couche parce qu'il a du chagrin», etc.) commence à 3; 4 (3), comme J. à 3; 5 (29) à poser des questions explicites sur la vie des corps. Elle regarde un nuage qui se déplace: «C'est une bête, le nuage? - Une bête? - Mais oui, il avance.» À 3;7 (14), nous manquons un train: «Est-ce que le train ne sait pas que nous ne sommes pas avec?» Le même jour: «Il est vilain l'escalier, il m'a tapé.» À 4; 3 elle croit que les pierres poussent (voir obs. 118). À 4; 3 (18), en voyant la lune sortir derrière le Salève: «Je crois qu'elle a des petites pattes qu'on ne voit pas.» De même à 4; 3 (22): «Oh, il se déplace, il se déplace le soleil. Il marche comme nous. Oui, il a des petites pattes et on ne les voit pas.» - Il marche où? - «Mais sur le ciel. C'est dur le ciel. C'est en nuages.» (voir la suite obs. 130). Puis elle découvre qu'il nous suit: «Il fait ça pour s'amuser, pour nous faire des farces, comme toi quand tu fumes la pipe et que tu fais des farces. - Pourquoi comme moi? - Comme les grandes personnes. - Pas comme les enfants? - Non, il s'amuse comme les grandes personnes. - Mais il sait qu'on est là? - Oh! c'est bien sûr: il nous voit!»

À 4; 3 (23), alors que l'automobile fait des contours difficiles dans un troupeau de vaches: «Elle sait ce qu'il faut faire, l'auto bleue. Elle sait tout faire maintenant. Avant elle savait pas. On lui a appris.» Et, après une fausse manoeuvre à un croisement: «Tu vois, elle t'aide, l'auto.»

À 4; 4 (26): «Ils bougent tout seuls, les nuages, parce qu'ils sont vivants.» À 4; 10 (0): «Les nuages bougent parce qu'il fait froid. - Comment ça? - Tout seuls. Ils viennent quand il fait froid. Quand il y a du soleil, ils sont pas là. Quand il fait froid ils reviennent. - Comment ça? - Ils savent.» F.S. p. 266

Obs. 121 - À ces réactions animistes, il faut rattacher les notions de causalité et de forces calquées sur l'activité propre, physique, psychique et même morale. À 1; 10 (21) J. p. ex. dit indifféremment "lourd", "difficile" et "pas permis" pour désigner les résistances physiques qu'elle éprouve en remuant une table, en tirant un tapis, etc. même lorsqu'il n'y a jamais eu de défense à leur sujet. Pour déboutonner un bouton qui tient bon, elle dit: "Trop lourd". À 2; 11 (9) elle dit de même pour deux grands objets légers (brosse et tapette) mais qui l'encombrent: «Voilà, j'apporte des choses très fortes.»

De même, L. à 3; 6 (12), devant l'Arve: «Tu vois, l'eau coule très fort. - ... - C'est parce qu'il y a les pierres. Les pierres, ça fait bouger l'eau. Ça fait couler le lac (= l'Arve). - Comment ça? - Oui, les pierres ça lui aide. Tu vois l'eau sort de ce trou (un tourbillon derrière la pierre). Alors ça va très vite.» On reconnaît là la théorie des deux moteurs, que nous avions jadis signalée chez l'enfant (causalité physique, p. 105) et dont un autre exemple est l'explication de la flottaison sur l'eau ou dans l'air; à 4; 5 (1), p. ex. L. est en petit bateau et nous sommes immobiles depuis quelques minutes: «Rame, papa, rame vite, le bateau va tomber. - Pourquoi? - Parce que quand on rame pas, il tombe au fond. - Et ce bateau-là (devant nous, immobile)? - Parce que c'est un bateau sur le lac. Ils doivent (!) flotter les bateaux. - Et le nôtre alors? - Il ne tombe pas à cause des rames. On peut rester un moment à cause des rames (source d'élan).» Puis L. presse des pieds contre le fond du bateau: «Je mets mon pied pour que ça ne tombe pas.» Et à 5; 0 (0): «Le bateau reste sur l'eau parce que l'homme rame. - Et quand il n'y a pas d'homme? - Il va au fond. - Et ceux-là? - Mais ils ne sont pas neufs. Les bateaux neufs ils vont au fond et, quand l'homme est monté dedans, ils ne vont plus au fond parce que l'homme donne la direction. - Et quand l'homme sort? - La direction est restée dans le bateau. - Mais où? - Au fond; on peut pas la voir. C'est l'homme qui la donne, mais on peut pas la voir.»   F.S. p. 266-267

Voir aussi:

Artificialisme
Causalité
Égocentrisme
Pensée intuitive
Pensée symbolique
Précausalité
Réalisme

● **ANTICIPATION (S)**

Voir:

Régulations

● **APPRENTISSAGE**

De même que Piaget distingue deux (2) types d'*expérience* — l'*expérience logico-mathématique* et l'*expérience physique ou empirique* — et deux (2) types de *connaissances* — les unes relatives aux actions du sujet et les autres, aux objets sur lesquels portent ces actions — il distingue deux types d'*apprentissage.*

1- L'**apprentissage** au sens strict correspond à l'acquisition de *connaissances* nouvelles en fonction de *l'expérience* et porte essentiellement sur les contenus de la *connaissance.*

2- L'**apprentissage** au sens large s'identifie au *développement*, c'est-à-dire à l'élaboration de nouveaux *instruments de connaissance*. Il porte donc sur la formation des nouveaux *schèmes* ou des nouvelles *structures* de la *connaissance.*

Pour Piaget, cette seconde forme *d'apprentissage* englobe la première mais comporte en plus un facteur d'*équilibration*, combinant l'influence des facteurs externes tels que l'*expérience*, l'*apprentissage*, le rôle du milieu physique et social, avec le jeu de facteurs d'organisation interne, non héréditaires, constitués par la *structure des* conduites ou coordination générale des actions, aux divers niveaux du *développement*. Il fait intervenir notamment l'interaction continuelle des mécanismes d'*assimilation* et d'*accommodation.*

En fait, cette distinction vise principalement à différencier:

- l'*apprentissage* des contenus physiques ou empiriques de la *connaissance*
et
- l'*apprentissage* des instruments ou *structures logico-mathématiques* qui sous-tendent leur acquisition.

Or, Piaget considère que toute *connaissance physique ou empirique* fait intervenir l'utilisation d'*instruments de connaissance* de type logico-mathématique et que, de la même façon, il n'existe pas d'*expérience physique* qui n'englobe dès le départ des éléments d'interprétation de nature logico-mathématique.

Aussi, insiste-t-il beaucoup sur le fait que l'*apprentissage* est constamment subordonné au *développement* et non l'inverse.

Cette conception piagétienne de l'*apprentissage* signifie essentiellement deux choses:

a) d'une part, pour acquérir certains contenus de *connaissances physiques ou empiriques* (*apprentissage* au sens strict) le sujet doit posséder les instruments de *connaissance* nécessaires à leur acquisition. Autrement dit, l'*apprentissage* au sens strict ne se réduit pas à la mémorisation ou à une cumulation d'informations issues du milieu extérieur mais fait intervenir une *assimilation* active des objets par les *schèmes*, ce qui suppose leur compréhension;

b) d'autre part, si l'*apprentissage* constitue un facteur du *développement*, en ce sens qu'il contribue à l'élaboration des *structures* de la *pensée,* il ne suffit pas. Cela signifie que l'*apprentissage* au sens strict ne peut, à lui seul, accélérer le *développement* des *structures de l'intelligence* au-delà de certaines limites. Par exemple, on ne peut amener un enfant de 3-4 ans à raisonner à un niveau opératoire concret. Les *opérations* de l'*intelligence* ne s'apprennent pas, elles se construisent. Et s'il intervient, dans cette construction, une part d'*apprentissage* en fonction de l'*expérience,* il intervient aussi et de façon prédominante, un ensemble de *régulations* cognitives liées à l'alternance continuelle des processus d'*assimilation* et d'*accommodation*.

En fait, on peut dire que l'*apprentissage* au sens strict s'identifie à l'*accommodation* ou *adaptation* des *schèmes* du sujet aux données de l'*expérience* et du milieu. Or, toute *accommodation* est solidaire de *schèmes d'assimilation,* ou si l'on préfère, toute *adaptation* est solidaire d'une *organisation* préalable chez le sujet.

Quant à l'*apprentissage* au sens large ou *développement,* il englobe les mécanismes complémentaires de l'*assimilation* (liée à l'*organisation* du sujet) et de l'*accommodation* (liée aux exigences adaptatives du milieu), puisqu'il consiste en une modification progressive de l'*organisation* (*schèmes* ou *conduites* du sujet) en fonction des contraintes d'*adaptation* que le milieu impose à l'activité assimilatrice du sujet.

Dire que l'*apprentissage* est subordonné au *développement,* c'est affirmer, une fois de plus, que l'*accommodation*, source d'*adaptation*, est subordonnée à des *schèmes d'assimilation*, c'est-à-dire à une *organisation* préalable chez le sujet, sans laquelle aucune *accommodation* n'est possible.

Les implications pédagogiques que comporte une telle définition de l'*apprentissage* sont les suivantes:

1- On ne fait pas apprendre n'importe quoi à n'importe qui. En d'autres termes, le problème de l'*apprentissage* n'est pas simplement une question de méthodes plus ou moins efficaces, mais de contenus et de méthodes adaptés au niveau de *développement* du sujet, c'est-à-dire aux instruments de compréhension (*schèmes d'assimilation* ou *organisation*) dont il dispose pour assimiler le contenu de l'*apprentissage.* C'est ainsi, par exemple, que l'enseignement des fractions[1] à l'école devrait tenir compte des étapes spontanées de l'élaboration du raisonnement proportionnel chez l'enfant.

2- Les étapes de l'*apprentissage* doivent donc se conformer aux *stades* du *développement* des *structures de l'intelligence*, dans la mesure, précisément, où l'*apprentissage* est subordonné au *développement*. Il existe en effet une ''logique'', et par conséquent une hiérarchie des *apprentissages,* reliée au *développement* des *opérations* logiques. Si l'on veut qu'un enfant progresse, qu'il bénéficie d'un *apprentissage,* il faut:

a)   connaître à quel niveau il se situe, c'est-à-dire quels sont les instruments d'*assimilation* à sa disposition et quelle est l'étape du *développement* immédiatement subséquente;

b)   adapter non seulement le contenu de l'*apprentissage* (par exemple des fractions avec numérateurs et dénominateurs multiples l'un de l'autre ou fractions équivalentes, telles que 1/2 vs 2/4 conviennent mieux aux sujets opératoires concrets que les fractions telles que 3/5 et 7/8), mais aussi sa forme (on peut représenter les fractions à l'aide d'un matériel concret ou à l'aide de symboles abstraits; on peut demander aux sujets une manipulation concrète ou le faire raisonner sur de simples données numériques, etc.).

Si l'on distingue, dans le *développement,* deux aspects:

1)   l'un, en compréhension, correspondant à une modification de l'*organisation* chez le sujet, c'est-à-dire au passage d'*opérations* plus simples à des *opérations* plus complexes,

2)   l'autre, en extension, exprimant la généralisation des conduites ou *opérations* d'un niveau donné à des contenus variés,
il va de soi que l'*apprentissage* au sens strict est susceptible de jouer un rôle particulièrement important dans le *développement* en extension et que c'est même par l'intermédiaire de ce dernier qu'il est susceptible de favoriser le *développement* en compréhension. D'où l'intérêt de faire exercer par l'enfant les *schèmes* dont il dispose en le confrontant à des situations diversifiées, plutôt que de tenter de lui faire apprendre des *schèmes* ou conduites qu'il n'est pas encore apte à maîtriser, faute d'une *organisation* cognitive suffisamment élaborée pour lui permettre d'intégrer ces nouvelles *conduites* ou *schèmes*.

34

Voir aussi:

Accommodation
Adaptation
Assimilation
Connaissance (s)
Développement
Expérience
Organisation

● **ARTIFICIALISME**

L'*artificialisme* est une *assimilation* de la nature à l'activité propre ou humaine. Il se manifeste par la croyance, chez le jeune enfant, que le monde a été fabriqué de toutes pièces par et pour l'homme. Ce mode de *pensée* se retrouve dans les nombreuses questions que posent les enfants de 2 à 6 ans pour savoir «comment c'est fait?» «qui l'a fait?», «pourquoi c'est fait comme ça?»

Il se traduit également par le caractère finaliste, utilitaire et anthropocentrique de la mentalité enfantine. L'enfant croit ainsi que toutes les choses ont une raison d'être, qu'elles poursuivent un but, un objectif. Il pose sans cesse à ses parents la question "pourquoi?". «Pourquoi les nuages ne tombent pas?» «Pourquoi on mange avec une cuillère?» «Pourquoi elle parle la radio?»

Lorsqu'on lui pose la question: «Qu'est-ce que c'est?» par exemple «Qu'est-ce qu'un lac?» «Qu'est-ce qu'une montagne?» «Qu'est-ce qu'un pays?» etc., l'enfant donne des définitions par l'usage. Il répondra qu'un «lac est fait pour patiner» ou «pour les poissons» ou encore «pour nager», qu'«un pays c'est pour voyager» et que «les nuages c'est pour pleuvoir».

L'*artificialisme* est lié au caractère symbolique, préconceptuel et égocentrique de la *pensée* enfantine. L'enfant de niveau préopératoire (2 à 7 ans) demeure centré sur son point de vue propre et ses expériences personnelles. S'il se différencie des objets extérieurs à lui, au niveau de l'activité pratique ou sensori-motrice, ce n'est pas encore le cas au niveau de l'activité représentative. L'*artificialisme* est donc l'une des principales manifestations de cette confusion du subjectif et de l'objectif propre à la *pensée* enfantine.

Artificialisme

«... dans la construction artificialisme, il y a avant tout une assimilation continue des processus naturels à l'activité humaine. Mais cette assimilation procède à la manière de celle du préconcept, c'est-à-dire par participation directe et sans classes générales,

35

d'où la continuité possible avec le symbole ludique dont le type d'assimilation est le même à un moindre degré d'accommodation.» F.S. 264

Exemple

Obs. 116 — À 3:3 (10) J. pose sa première question d'origine, sous forme d'une question sur la provenance de L. (qui a 1;8): «Papa, où est-ce que tu as trouvé le petit bébé dans un berceau? — Quel bébé? — Nonette (= L)». Je réponds simplement que maman et papa lui ont donné une petite soeur. À 3;6 (13) elle demande à sa grand-maman, en lui touchant les yeux, le nez, etc.: «C'est comme ça que c'est fait, les grand-mamans? Est-ce que tu t'es faite toi-même?» Et après: «Est-ce qu'elle s'est faite elle-même? Qu'est-ce qui t'a faite?» Le soir du même jour, devant L.: «Mais pourquoi ils ont des petites mains, des petites dents, des petits yeux, une petite bouche, les bébés?», et deux jours après: «Comment c'est fait les pruneaux?» puis «... les cerises?» À 3;7 (18): «D'où ce qu'il vient ce petit bébé-là (= L.)? - Qu'est-ce que tu crois? - J'sais pas. De la forêt (émue). Avant, il n'y avait pas de petit bébé.» Le lendemain: «Elle vient de la forêt. Très loin, très loin dans les arbres. C'est maman qui l'a apportée dans (= de? ou dans?) la forêt.» À 3;8 (1) alors que nous sommes dans la forêt et croisons une dame avec deux petits: «Elle a cherché des petits bébés.» À 3;11 (12): «On l'a acheté le petit bébé-là (= toujours L.), on l'a trouvé dans un magasin et on l'a acheté. Avant elle était dans la forêt. Et avant dans un magasin. J'sais pas tout le reste.» À 4;1 (0): «elle vient "de la forêt" et "d'un magasin"». À 4;3 (2): «C'est papa qui a été la chercher. Il l'a trouvée au bord de l'eau dans la forêt.» À 4;10 (18): «Les bébés viennent de la clinique. Il y a une maman dans la clinique. Tous les bébés de la clinique ont la même maman, et après ils changent de maman. Elle les prépare cette maman, et après ils poussent. On leur plante des dents et une langue.» À 5;3 (0) J. découvre de petits chats derrière les fagots: «Mais comment ils sont arrivés? — Qu'est-ce que tu crois? - Je crois que la maman est allée les chercher.» À 5;3 (21): «On les a achetés dans une fabrique, les bébés.» À 5;3 (23), à propos des cobayes qu'on vient de lui donner pour faciliter la découverte de la solution vraie: «D'où ils viennent les petits cobayes? - Qu'est-ce que tu crois? - D'une fabrique.» À 5;4 (17): «Qu'est-ce qu'on est, avant qu'on est né? - Tu sais? - Une fourmi. Des quantités de petites fourmis (rit).» À 5;4 (19): «Est-ce qu'on est une poussière, avant qu'on est né? On n'est rien du tout, on est en air?» À 5;5 (7) les petits cobayes issus du cou-

ple offert à J. sont nés pendant la nuit, dans une caisse à l'intérieur d'un petit poulailler bien fermé et ne contenant pas d'autres animaux: «La maman cobaye est allée les chercher. - Par où elle a passé? - Ah le poulailler est fermé! Alors elle les a faits! - Mais oui, c'est ça. - Mais où ils étaient avant? - C'est facile à trouver. - Dans la maman cobaye! Dans son ventre! Dans son estomac! À 5;5 (8): «Est-ce qu'ils étaient dans le ventre de leur maman, les petits cobayes? Je crois que oui.» Mais le surlendemain: «Ils viennent de la fabrique.» Sa mère lui répond: «Tu sais bien que non.» Alors J. répond aussitôt: «D'où ils viennent les bébés? - Qu'est-ce que tu crois? - De dedans toi!» À 5;6 (20): «Comment ça se fabrique, les bébés? - ... - C'est une bulle d'air. C'est tout petit, tout petit. Ça devient toujours plus grand. Quand c'est assez grand, ça sort du ventre de la maman.» À 5;6 (22): «N'est-ce pas, les bébés, c'est d'abord de l'air. C'est tellement petit. Alors c'est d'abord de l'air. Il y a quand même quelque chose, dans l'air des bébés: un tout petit peu comme ça (montre de la poussière).»   F.S. p. 261

Voir aussi:

Animisme
Égocentrisme
Pensée symbolique
Pensée intuitive
Précausalité
Réalisme

● ASSIMILATION

L'*assimilation* désigne l'intégration ou incorporation par le *schème* de données qui lui sont extérieures, c'est-à-dire son application à des objets ou situations du milieu; par exemple: saisir un objet — classer des objets — sérier des baguettes — établir la proportion en jus dans un mélange composé de jus et d'eau — etc.

Le *schème* désigne les coordinations d'actions impliquées dans l'acte de *préhension* (niveau sensori-moteur), dans les activités opératoires que sont la *classification*, la *sériation*, la formation de proportion, etc. L'objet saisi, objet auquel le *schème* de *préhension* est appliqué, est alors assimilé par le *schème*. Il en est de même des objets classés ou sériés qui sont assimilés aux *schèmes* de *classification* et de *sériation*.

L'*assimilation* désigne en quelque sorte la modification du milieu (objet(s)) par le *schème*. C'est ainsi que l'objet saisi est déplacé dans l'espace, les objets classés sont regroupés selon certains critères (formes, couleurs, tailles, etc.).

Par son activité assimilatrice, un *schème* confère une *signification* aux objets auxquels il s'applique: objets saisis — objets regardés — objets classés, etc. Ceci revient à dire que l'objet n'acquiert de *signification* pour le sujet qu'en fonction de l'action qu'il exerce sur lui.

Cette activité assimilatrice pouvant être aussi bien intellectuelle que pratique, Piaget parlera d'*assimilation* par *schèmes* conceptuels (ou *concepts*) ou d'*assimilation* par *schèmes* d'action (ou *schèmes* pratiques).

L'*assimilation* peut se présenter sous trois (3) formes, liées à l'interaction des *schèmes* avec le milieu.

1) Piaget appelle **assimilation reproductrice** la tendance du *schème*, en tant qu'activité, à se répéter.

2) Il appelle **assimilation récognitive** la reconnaissance progressive par le *schème* des particularités propres à chacun des objets qu'il peut assimiler.

3) L'**assimilation généralisatrice** désigne la tendance du *schème* à étendre son ''champ d'application'' en s'exerçant (ou s'appliquant) sur un nombre croissant d'objets, de situations ou d'éléments distincts du milieu.

Outre ces trois (3) formes d'*assimilation* qui représentent trois aspects de l'interaction entre le sujet et le milieu, les *schèmes* et les objets, Piaget distingue d'autres types d'*assimilation* ayant trait aux relations des *schèmes* entre eux ou avec la *structure* d'ensemble qui les englobe. Il s'agit alors d'*assimilation* intervenant à un niveau interne, c'est-à-dire au sein même de l'*organisation* des *conduites* pratiques ou conceptuelles du sujet.

4) L'**assimilation réciproque** désigne ainsi l'*assimilation* d'un *schème* par un autre *schème*. Par exemple: l'*assimilation* d'un *schème* sonore par un *schème* visuel consiste à tourner les yeux dans la direction du son entendu. Il va de soi que cette *assimilation réciproque* entre *schèmes* distincts s'effectue par le biais de leurs interactions avec les objets. Dans l'exemple cité, l'*assimilation réciproque* des *schèmes* visuel et sonore résulte du fait qu'un seul et même objet peut être à la fois ''objet à regarder'' et ''objet à écouter''.

5) L'**assimilation intégrative** désigne l'intégration en une même *structure d'ensemble* (par exemple la *structure* des *conduites* sensori-motrices) de *schèmes* distincts mais de même nature (par exemple: la vision — la *préhension* — l'audition — la succion — etc), c'est-à-dire portant sur un même univers de contenus (en l'occurrence celui de l'activité pratique ou sensori-motrice).

Dans la théorie piagétienne, la notion d'*assimilation* est indissociable de celle d'*accommodation* qui en constitue le complément fonctionnel, puisqu'elles représentent, l'une et l'autre, les deux pôles de l'*adaptation* du sujet à son milieu.

Assimilation

> *«L'importance de la notion d'assimilation est double. D'une part, elle implique... celle de signification, ce qui est essentiel puisque toute connaissance porte sur des significations... D'autre part, elle exprime ce fait fondamental que toute connaissance est liée à une action et que connaître un objet ou un événement, c'est les utiliser en les assimilant à des schèmes d'action.»* B.C. 21-22

Assimilation (formes d')

> *«L'assimilation... est une fonction générale se présentant sous trois formes indissociables: assimilation fonctionnelle ou reproductrice consistant à répéter une action et à la consolider par cela même; assimilation récognitive consistant à discriminer les objets assimilables à un schème donné; et assimilation généralisatrice consistant à étendre le domaine de ce schème. L'assimilation n'est ainsi que le prolongement, sur le plan du comportement, de l'assimilation biologique au sens large, toute réaction de l'organisme au milieu, consistant à assimiler celui-ci aux structures de celui-là...»* P.P.G. 74

Assimilation réciproque

> *«... on peut parler d'assimilation réciproque lorsque deux schèmes ou deux sous-systèmes s'appliqueront aux mêmes objets (par exemple regarder et saisir) ou se coordonneront sans plus avoir besoin de contenu actuel.»* E.S.C. 12

Assimilation et accommodation (rôle de)

> *«... par le fait même que l'assimilation et l'accommodation vont toujours de pair, le monde extérieur ni le moi ne sont jamais connus indépendamment l'un de l'autre. En d'autres termes, c'est par une construction progressive que les notions du monde physique et du moi intérieur vont s'élaborer en fonction l'une de l'autre et les processus d'assimilation et d'accommodation ne sont que les instruments de cette construction, sans jamais en représenter le résultat lui-même.»* N.I. 124-125

- **AUTORÉGULATION**

C

● **CAUSALITÉ**

Piaget définit la *causalité* comme le résultat d'une attribution par le sujet de ses propres actions ou *opérations* aux objets. Cela veut dire que les mises en relation causale effectuées par le sujet entre les objets procèdent, tout comme les *opérations logico-mathématiques*, des coordinations les plus générales de l'action telles que réunir, mettre en correspondance, sérier, etc.

L'élaboration de la *causalité* résulte d'une dissociation progressive du sujet et de l'objet et d'une objectivation des relations entre objets qui consiste à leur conférer une *causalité* indépendante de l'action propre. Étant relative aux objets, la *causalité* relève bien de la *connaissance expérimentale.* Cependant, celle-ci n'est jamais indépendante des *instruments de connaissance* (i.e. les *structures de l'intelligence*) dont dispose le sujet pour comprendre et interpréter la réalité, puisqu'il n'existe pas, selon Piaget, de *connaissance physique ''pure'',* c'est-à-dire indépendante de l'activité *structurante* du sujet. La constitution de relations causales entre les objets fait donc simultanément intervenir une *abstraction réfléchissante* à partir des actions ou *opérations* du sujet, source de nos *instruments de connaissance* logico-mathématiques, et une *abstraction empirique* à partir des objets eux-mêmes, source de *connaissances physiques ou expérimentales.* En d'autres termes, c'est grâce au support de ses instruments opératoires que le sujet est capable d'interpréter, sous forme de *causalité*, les relations entre objets.

Par exemple: Piaget considère que c'est la transitivité opératoire — c'est-à-dire la capacité de déduire à partir des relations A>B et B>C, la relation A>C — qui permet aux sujets du niveau opératoire concret de comprendre la transmission du mouvement. En effet, dans ce cas, le sujet attribue aux relations entre les objets (mouvement de la boule A qui frappe la boule B, puis mouvement de B qui vient à son tour frapper C) des liaisons causales (ici la transmission du mouvement) sur le modèle de ses propres *opérations* (en l'occurrence, la transivité opératoire).

Alors que l'implication logique traduit les liaisons entre les *opérations* du sujet (par ex.: si A>B et si B>C, ceci implique que A>C), la *causalité* exprime les transformations du réel et les effets qui en résultent (par ex.: si A provoque le mouvement de B et B celui de C, alors le sujet en conclura que c'est le mouvement de A qui est cause du mouvement de C).

Causalité et opérations se développent donc conjointement et solidairement, à partir de l'interaction initiale schèmes-objets dans laquelle sujet et milieu sont relativement peu différenciés. C'est la différenciation progressive du sujet et du milieu, des schèmes et des objets, bref de l'assimilation et de l'accomodation qui engendre à la fois les opérations et la causalité. Tandis que l'opération naît de la coordination des actions, c'est la coordination des objets eux-mêmes qui engendre la causalité.

Tout comme l'objet, l'espace, le temps, etc., la causalité va s'élaborer à deux grands niveaux.

1) Celui de l'activité pratique ou sensori-motrice.
2) Celui de l'activité représentative qui n'est pas autre chose qu'une reconstruction au plan de la représentation des relations établies au plan de l'action.

L'élaboration de la causalité sensori-motrice procède d'une phase d'indifférenciation initiale du sujet et de l'objet, où l'enfant ressent son propre effort comme cause de tout phénomène. Il s'agit d'une "causalité par simple efficace", sans que l'enfant ne parvienne à dissocier ce qui provient de lui et ce qui provient du milieu. Cette première forme de causalité est liée au fait qu'à certaines réactions de l'enfant (pleurs, mouvements du regard, réactions tonico-posturales, etc.) sont associés des stimuli dans le milieu (nourriture, objets, etc.).

Peu à peu, avec le progrès des réactions circulaires et avec la dissociation croissante du sujet et de l'objet, la causalité va se spatialiser et s'objectiver: les objets seront conçus comme source de causalité, indépendamment de l'action propre.

Piaget appelle causalité magico-phénoméniste, la causalité en jeu dans les réactions circulaires secondaires propres au 3e stade de l'intelligence sensori-motrice.

Cette forme de causalité est particulièrement manifeste dans les procédés qu'utilise l'enfant pour faire durer un spectacle intéressant. Remarquant une coïncidence entre les mouvements de son corps et certains résultats produits dans le milieu, l'enfant reproduit ses mouvements dans le but de retrouver le résultat intéressant qu'il avait observé (par ex.: agiter les bras et les jambes pour faire bouger des objets). Il y a magie dans la mesure où il y a causalité à distance, c'est-à-dire sans intermédiaire entre les mouvements effectués par le sujet et les résultats produits dans le milieu. Il y a phénoménisme parce que l'efficacité du geste n'est pas véritablement dissociée du phénomène produit.

Le 4e *stade* marque un progrès dans l'objectivation de la *causalité*, qui va de pair avec un progrès dans l'intentionnalité des *conduites*. L'enfant différencie de mieux en mieux ce qui est cause et ce qui est effet. Il parvient ainsi à discriminer les mouvements qui sont efficaces de ceux qui ne le sont pas. Mais la *causalité* demeure encore relativement dépendante de l'action propre.

Au cours du 5e *stade*, qui se caractérise par le *développement* des *conduites* instrumentales et des *réactions circulaires tertiaires* ou ''expériences pour voir'', on assiste à une spatialisation progressive des relations causales entre les objets. L'enfant devient capable d'utiliser des intermédiaires entre lui et l'objet à atteindre, conférant ainsi aux objets une *causalité* propre. Il commence à établir, pour la première fois, des relations de cause à effet entre un objet extérieur et un autre objet extérieur. Mais la *causalité* propre à ce *stade*, bien qu'objectivée, c'est-à-dire conçue comme indépendante de l'action, ne dépasse pas le niveau de la simple spatialisation des données perçues. Ce n'est qu'avec l'avènement de la *représentation* (6e *stade*) qu'apparaît l'objectivation complète de la *causalité*. Grâce à la *représentation*, l'enfant acquiert la capacité de reconstituer l'effet non perceptible à partir de la cause observée et inversement. Il sera capable de contourner le lit pour aller chercher la balle qui a roulé sous lui, bien que cette balle ne soit pas actuellement perceptible. Il y a alors déduction de l'effet à partir de la cause et non plus simplement perception des relations causales entre objets.

Cette objectivation progressive de la *causalité*, liée à une *décentration* par rapport à l'activité propre et à une coordination plus poussée des relations sujet-objet et des relations entre objets, devra s'élaborer de nouveau au niveau de l'activité représentative.

C'est ainsi que les premières formes de *causalité* représentative, que Piaget qualifie de précausales, correspondent à la *causalité magico-phénoméniste* des premiers *stades* de l'*intelligence sensori-motrice*. Elles présentent en effet le même caractère d'*égocentrisme* et de phénoménisme. Les explications animistes et artificialistes, qui sous-tendent la *représentation* que l'enfant de 2 1/2 à 7 ans se fait du monde, sont l'une des principales manifestations de cette *précausalité* caractéristique du niveau préopératoire.

A partir du niveau opératoire concret (7-8 ans), le sujet dispose des *instruments de connaissance* (les *opérations concrètes*) nécessaires à une compréhension adéquate des relations causales entre les objets. En attribuant ses propres *opérations* aux objets eux-mêmes, il parvient à une explication correcte de certains phénomènes. La *conservation* de la substance, du poids, etc., la transmission du mouvement, la compréhension des notions de temps, de vitesse, etc. en sont un exemple.

L'accession au niveau opératoire formel (11-12 ans), caractérisé par l'emploi d'*opérations* propositionnelles et hypothético-déductives, conduit le sujet à faire des hypothèses sur les "causes possibles" d'un phénomène, grâce à l'emploi d'une *combinatoire*, permettant d'effectuer en pensée les combinaisons possibles qui peuvent être faites à partir des données du problème. C'est le principe de la démarche expérimentale consistant à chercher la cause (ou les causes) d'un phénomène par l'emploi d'une méthode hypothético-déductive.

Causalité magico-phénoméniste

«... *une telle causalité ne saurait s'expliquer que par l'union de l'efficace et du phénoménisme. D'une part, l'enfant confère une efficace à son geste comme tel, indépendamment de tout contact physique ou spatial. Mais d'autre part, c'est toujours à propos d'une coïncidence entre ce geste et un effet intérieur que le sujet confère à sa propre action une valeur efficace.*» C.R. 208

«... *la coïncidence entre une attitude de contentement du bébé (se cambrer) et les spectacles tels qu'une soucoupe que je balance ou une toiture qui oscille suffit à donner à l'enfant l'impression que son geste est efficace.*» C.R. 209

Causalité sensori-motrice (élaboration de la)

«*La construction des schèmes d'ordre causal est entièrement solidaire de celle de l'espace, des objets et des séries temporelles. Si l'enfant parvient, en effet, à constituer des séries causales indépendantes du moi, au sein desquelles le corps propre intervient au même titre que les autres causes et sans privilège d'aucune sorte, c'est que s'organise par ailleurs un champ spatio-temporel et que les tableaux perçus acquièrent la permanence des objets. Dans la mesure, au contraire, où la causalité reste liée à l'activité du moi, l'espace, le temps et les objets demeurent dans la même situation.*» C.R. 269

Précausalité (au niveau préopératoire)

«... *la précausalité dont témoignent les questions et principalement les "pourquoi" enfantins, entre 3 et 7 ans, est l'une des attaches les plus solides entre l'animisme et le reste de la pensée de l'enfant. En effet, la précausalité suppose une indifférenciation entre le psychi-*

que et le physique telle que la véritable cause d'un phénomène n'est jamais à chercher dans le comment de sa réalisation physique, mais dans l'intention qui est à son point de départ. Mais ces intentions sont aussi bien d'ordre artificialiste que d'ordre animiste. Or, pour mieux dire, l'enfant commence par voir partout des intentions, et c'est secondairement seulement qu'il s'occupe de les classer en intention des choses elles-mêmes (animisme) et en intentions des fabricateurs des choses (artificialisme).» R.M.301-302

Voir aussi:

Centration (s)
Connaissance (s)
Décentration (s)
Expérience
Intelligence sensori-motrice
Opération (s)
Représentation

● **CENTRATION (S)**

Piaget définit la *centration* comme une *assimilation* déformante. Elle conduit en effet à des jugements ou *raisonnements* centrés sur un aspect privilégié d'un problème ou d'une situation, au détriment des autres aspects. Se centrer, c'est assimiler la totalité du problème en ne s'accommodant qu'à une partie, faute des instruments opératoires qui permettent de relier entre elles des constatations successives, sous une forme simultanée.

Il existe plusieurs formes de *centrations*, selon le type d'éléments centrés par le sujet.

L'*égocentrisme* est une *centration* sur le moi, c'est-à-dire sur le point de vue propre, et il résulte d'une indifférenciation entre le moi et le monde extérieur.

Dans la *pensée intuitive*, il y a essentiellement *centration* sur les états ou configurations au détriment des transformations ou relations entre ces états. C'est ce qui explique les erreurs commises par les enfants de 5-6 ans dans les épreuves de *conservation*.

Prenons quelques exemples:

1) Soit l'épreuve de la *conservation* de la substance, dans laquelle on présente à l'enfant deux boules de pâte à modeler identiques (i.e. même forme et même grosseur), puis on transforme l'une d'entre elles en boudin. Lorsque à la question «est-ce qu'il y a la même quantité de pâte à modeler des deux côtés ou s'il y en a plus d'un côté?» le jeune enfant répond «il y en a plus ici» (boudin), c'est qu'il se centre sur l'une des dimensions en jeu (la longueur) au détriment de l'autre (l'épaisseur). Le ''raisonnement centré'' consiste donc à assimiler la totalité (le boudin vs la boule) en ne s'accommodant qu'à une seule dimension (la longueur) et en négligeant l'autre (l'épaisseur).

2) Soit l'épreuve de l'*inclusion logique* de la sous-classe dans la *classe* totale: on présente à l'enfant 8 animaux dont 5 chiens, 2 moutons et 1 chèvre et on lui demande: «Il y a plus d'animaux ou plus de chiens?» Le jeune enfant de niveau préopératoire répond: «Il y a plus de chiens» parce qu'il se centre sur l'une des 2 sous-classes et ne parvient pas à les réunir simultanément en une *classe* totale (celle des animaux). Là encore, il y a *assimilation* du tout (animaux) et *accommodation* à une partie seulement (chiens).

3) Enfin un dernier exemple, relatif à l'*intuition* préopératoire de la vitesse, illustre bien le phénomène de la *centration.* En effet, pour l'enfant de 5-6 ans , deux mobiles vont se déplacer à des vitesses différentes si les points d'arrivée ne sont pas les mêmes quels que soient les points de départ, autrement dit lorsqu'il y a dépassement. C'est la mise en relation ou coordination des *centrations* successives, source de *décentration* qui conduira peu à peu aux *opérations.*

Voir aussi:

Décentration
Egocentrisme
Pensée intuitive
Pensée symbolique

Pour les exemples, voir:

Classification (s)
Conservation
Sériation (s)

● **CLASSE (S)**

Une *classe* est un ensemble d'éléments ou d'individus présentant entre eux des caractéristiques communes. Elle est définie simultanément par sa compréhension et par son extension. La compréhension d'une *classe* est l'ensemble des qualités communes aux éléments de la *classe;* l'extension est l'ensemble des individus dont les qualités communes permettent de définir la *classe* en compréhension; par exemple: l'ensemble des enfants aux yeux bleus et aux cheveux blonds.

La constitution de la *classe* est, pour Piaget, une acquisition fondamentale du *stade* opératoire concret, puisqu'elle repose sur les *opérations* de *classification logique* rendant seules possibles la différenciation et la coordination des caractéristiques de compréhension et d'extension inhérentes à la *classe*.

Piaget distingue trois (3) principales étapes dans l'élaboration progressive de la *classification opératoire:*

1- le **stade** des **collections figurales** (niveau symbolique)
2- le **stade** des **collections non figurales** (niveau intuitif)
3- enfin le **stade** de la **classification** proprement opératoire dont le critère est l'*inclusion logique* des parties dans le tout.

Les *collections figurales* et *non figurales* caractérisant les deux premiers *stades*, de niveau préopératoire, préfigurent la *classification opératoire* (niveau concret). Mais elles demeurent prélogiques, faute d'une différenciation et d'une coordination précises de la compréhension et de l'extension.

Classe

> *«Une classe est une réunion d'individus présentant en commun la même qualité.»*   G.N. 225

Classes

> *«... nous les caractériserons à la fois par leur ''compréhension'' et par leur ''extension''... Nous dirons donc qu'on peut parler de classes à partir du moment (et seulement à partir du moment) où le sujet est capable (1) de les définir en compréhension par le genre et la différence spécifique; et (2) de les manipuler en extension selon des relations d'inclusion ou d'appartenance inclusive supposant un réglage des quantificateurs intensifs ''tous'', ''quelques'', ''un'' et ''aucun''.»*   G.S.L.E. 15

Classes (construction des)

> *«... le problème essentiel de la construction des classes (est) la coordination de l'extension et de la compréhension.»*   G.S.L.E. 64

Classe (compréhension et extension de la)

> ***Compréhension.*** *«Etant donné un système de classes A, A' et B telles que B = A + A' et A × A' = 0 (A' étant donc la complémen-*

taire de A sous B puisque A et A' sont disjointes), nous appellerons "compréhension" de ces classes l'ensemble des qualités communes aux individus de chacune de ces classes et l'ensemble des différences distinguant les membres de l'une des classes de ceux de l'autre.»

G.S.L.E. 16

Extension. «Nous appellerons "extension" l'ensemble des membres (ou individus) d'une classe, définie par sa compréhension.»

G.S.L.E. 16

Classe (critère de constitution de la)

«Le critère de l'apparition de la classe, par opposition à la simple collection, est l'abstraction de la qualité commune, en compréhension, avec quantification par le mot "tous", en extension.»

G.S.L.E. 84

Voir aussi:

Classification
Collections figurales
Collections non figurales
Groupements
Opérations
Schèmes opératoires concrets

● CLASSIFICATION (S)

Les *opérations* de *classification* constituent, avec les *opérations* de *sériation*, les principaux *schèmes opératoires* propres à la *pensée concrète*. Leur acquisition est liée à la constitution de *groupements, structures* permettant de relier entre elles les *opérations* du sujet sous une forme réversible (voir *réversibilité*). Leur constitution repose sur la différenciation et la coordination de la compréhension (i.e. ensemble des qualités communes aux individus appartenant à une même *classe*) et de l'extension (i.e. ensemble des individus dont la réunion définit la *classe*) ainsi que sur l'*inclusion logique* des parties dans le tout (voir *classes*). Celle-ci suppose la *conservation* de la *classe* totale, c'est-à-dire une quantification exacte des relations entre la *classe* totale et les sous-classes qui la composent, soit: si $B = A + A' \lozenge A = B - A'$; A' $< B$ et A' $< B$. D'où le recours nécessaire à des *opérations réversibles*: $B > A \Leftrightarrow A < B$:

Piaget distingue essentiellement deux (2) grands types de *classifications* correspondant aux *groupements* additifs et multiplicatifs de *classes*:

1- les **classifications additives**

a) asymétriques: elles sont représentées par les emboîtements simples tels que: caniches inclus dans chiens inclus dans animaux inclus dans êtres vivants.

b) symétriques: elles correspondent aux "vicariances". Par exemple: les Français plus tous les étrangers à la France = les Belges + tous les étrangers à la Belgique.

2- les classifications multiplicatives

a) biunivoques: elles correspondent aux tables à deux ou n entrées qui représentent une *classification* d'objets selon plusieurs critères simultanément. Par exemple, des objets que l'on classe selon la taille (plus ou moins grosse) et selon la teinte (plus ou moins foncée).

b) co-univoques: ce sont les *classifications* multiplicatives correspondant à des arbres généalogiques, l'une des dimensions étant celle de l'ancêtre, de ses fils et petits-fils et l'autre dimension étant celle des frères, cousins germains, etc.

Classifications multiplicatives

«... les classifications multiplicatives posent un problème psychologique intéressant... tandis qu'une classification additive est... d'autant meilleure que le sujet parvient à se libérer des collections figurales... une classification multiplicative paraît faire corps avec un certain mode de présentation spatiale (matrice à deux ou plusieurs dimensions), comme si cette disposition, évidemment symbolique à partir d'un certain niveau, constituait une collection figurale, mais cette fois correspondant de façon plus intrisèque à la structure logique du système.» G.S.L.E. 153

«... les classifications multiplicatives sont logiquement plus complexes que les classifications additives, mais d'autre part, elles s'appuient sur des modes figuratifs de présentation correspondant avec des tendances psychologiquement plus primitives.» G.S.L.E. 153

«...il est clair que la classification multiplicative, consistant à répartir tous les objets selon deux critères à la fois, ne saurait être découverte sans l'intention préalable de réunir en un seul tout, les dichotomies distinctes établies auparavant.» G.S.L.E. 177

Multiplication simple

«Nous parlerons... de "multiplication simple" lorsque deux classes quelconques A_1 et A_2 n'ont qu'une partie commune $A_1 A_2$ et que

chacune d'elle présente une partie non commune avec l'autre, soit $A_1 A'_2$ et $A'_1 A_2$. La multiplication simple est donc une opération partielle, intervenant dans la multiplication complète, mais telle que A_1 et A'_1 ne soit pas réunies en B_1 ni A_2 et A'_2 en B_2 et qu'il manque l'association $A'_1 A'_2$.»   G.S.L.E. 179

Schème additif et multiplicatif

«... *il est exclu de considérer les structures multiplicatives comme directement issues des configurations correspondantes... les classifications multiplicatives procèdent pas à pas à partir des collections figurales et de la même manière que les classifications additives.»*   G.S.L.E. 197

«...*les structures additives et multiplicatives de classes constituent une même grande organisation opératoire, malgré les différences figurales et les différences apparentes de complexité.»*   G.S.L.E. 198

Voir aussi:

Classe (s)
Groupement (s)
Opération (s)
Pensée opératoire concrète
Schème (s) opératoire (s) concret (s)
Sériation (s)

● COLLECTION (S) FIGURALE (S)

Piaget appelle *collections figurales* les ensembles ou regroupements d'objets effectués par les sujets de niveau préopératoire (2 à 4 ans environ) auxquels on donne la consigne de mettre ensemble les objets qui vont bien ensemble.

Par exemple: on présente à l'enfant des figures géométriques de différentes couleurs telles que des cercles, des triangles, des carrés rouges, jaunes, verts et bleus.

Durant la première étape de l'*intelligence représentative* (*pensée préconceptuelle ou symbolique*), le sujet ne parvient pas à classer tous les objets qu'on lui a donnés. Il se contente de construire quelques *collections* d'objets non exhaustives et sans rapports entre elles. Il alignera ainsi tous les cercles en négligeant les autres figures, ou encore il choisira un carré et un triangle pour faire une maison. Il ne parvient donc pas à classer simultanément tous les objets en fonction de critères précis tels que la forme et la couleur, par exemple: tous les cercles rouges, tous les cercles bleus, tous les cercles jaunes, etc., tous les carrés rouges, tous les carrés bleus, etc., jusqu'à épuisement de toutes les figures.

Les *collections figurales* sont donc caractérisées par le fait que:

(1) le sujet ne parvient pas à regrouper tous les objets en *classes* distinctes (les cercles, les carrés, les rouges, les bleus, etc.) et donc à utiliser correctement des critères de *classification*;

(2) les critères utilisés pour constituer les *collections* ne sont pas objectifs (formes, couleurs) mais s'appuient sur des relations de convenance ou d'affinité reliées à une configuration spatiale particulière (par ex.: une maison, un train, une figure géométrique formée de 2 cercles avec un carré au centre);

(3) lorsque le sujet parvient à utiliser des critères tels que la forme, la couleur ou la dimension, il les utilise de façon successive et non simultanée, ayant recours à une seul critère à la fois. Il alignera ainsi les objets en changeant de critères au fur et à mesure de sa construction et en établissant ses critères de proche en proche (d'abord tous les jaunes: cercles, triangles, carrés; puis tous les carrés, jaunes, verts et rouges, puis tous les rouges, etc.).

Piaget considère que les *collections figurales* construites par les sujets, à ce niveau, témoignent d'une indifférenciation et partant d'un défaut de complémentarité entre les caractéristiques de compréhension (i.e. ensemble des qualités communes aux individus appartenant à une même *classe*) et d'extension (i.e. ensemble des individus appartenant à une *classe* donnée) inhérentes à toute *classification*.

Elles manifestent également une confusion entre deux types de *structures*: les *structures logiques* portant sur des objets ou éléments discrets (ex.: carrés rouges, ronds bleus, ronds verts, etc.) et les *structures infralogiques* ou spatio-temporelles portant sur des parties ou éléments d'objets continus (tels qu'une maison formée d'un carré et d'un triangle ou un train formé de rectangles et de cercles).

C'est pourquoi, au lieu d'établir une *classification opératoire* de tous les éléments (carrés bleus, carrés rouges, cercles bleus, cercles rouges, triangles bleus, triangles rouges, etc.), les sujets se contentent de sélectionner quelques éléments leur permettant de constituer une *collection figurale*.

Les *collections figurales* peuvent se présenter sous forme d'alignements discontinus ou d'objets complexes formés d'éléments hétérogènes à convenance empirique auxquels le sujet confère une signification. Elles marquent pour Piaget, une première étape vers la *classification* proprement opératoire qui apparaît vers 7-8 ans. Celle-ci est liée à la constitution d'*opérations concrètes* reliées sous forme de *groupement* qui permettront: 1) de différencier et de coordonner les caractéristiques de compréhension et d'extension de la *classe* et 2) de dissocier les *structures logiques* et les *structures infralogiques* ou spatio-temporelles.

Collections figurales

> «*... le propre des collections figurales est... de substituer aux ressemblances générales un mélange de ressemblances locales (par assimilations de proche en proche) et de "convenances" à signification spatiale ou empirique.*»   G.S.L.E. 240

> «*... (le) phénomène spécifique qui nous paraît constitutif des collections figurales (est que) cherchant à construire la collection correspondant à ses assimilations successives, mais ne possédant pas encore les instruments opératoires qui lui permettent de traduire celles-ci en des "tous" et "quelques" assurant le réglage des extensions correspondantes, le sujet procède tantôt de la compréhension à l'extension, et tantôt de l'extension à la compréhension et non pas selon un principe de correspondance univoque mais par simple indifférenciation... En effet, tantôt l'enfant met les mêmes avec les mêmes, et ici la compréhension détermine l'extension comme ce sera le cas sur le terrain des classifications logiques ultérieures; mais tantôt, il ajoute un élément pour compléter la collection ébauchée dans le sens de sa forme d'ensemble, c'est-à-dire de son extension naissante, et en ce cas c'est bien l'extension qui détermine la compréhension.*»   G.S.L.E. 51

> «*En un mot, la collection figurale constituerait une figure en vertu même des liaisons entre ses éléments comme tels, tandis que les collections non figurales et les classes seraient indépendantes de toute figure, y compris les cas où elles sont symbolisées par des figures et malgré le fait qu'elles peuvent ainsi donner lieu à des isomorphismes avec les structures topologiques.*»   G.S.L.E. 22

Voir aussi:

Classification (s)
Groupement (s)
Opération (s)
Pensée opératoire concrète

● **COLLECTION (S) NON FIGURALE (S)**

Les *collections non figurales* représentent une étape intermédiaire entre les *collections figurales*, premières ébauches de *classification* et la *classification* proprement opératoire qui nécessite, pour se constituer, l'emploi d'*opérations concrètes*.

Le niveau des *collections non figurales* correspond à la *pensée intuitive ou prélogique* que manifestent les enfants de 5-7 ans. Il est donc caractérisé par le recours à des *régulations intuitives* ou *décentrations*, qui conduiront peu à peu à l'*opération*. A ce *stade*, les enfants parviennent à effectuer de petites *collections*, mais les critères choisis au départ ne leur permettent pas toujours d'épuiser tous les éléments. Ils commencent leur *classification* sans plan d'ensemble, procédant de proche en proche, par tâtonnements empiriques. Mais contrairement aux sujets du niveau précédent (*collections figurales*), ils sont capables de *régulations*. En effet, lorsqu'ils classent les différents éléments, ils ont recours à des corrections successives et à des remaniements partiels.

Les *collections figurales* témoignent donc d'une meilleure différenciation entre les *structures logiques* (i.e. portant sur des éléments discrets) et les *structures infralogiques* ou spatio-temporelles (i.e. portant sur des parties ou éléments d'objets continus). Elles marquent également un progrès dans l'ajustement réciproque de la compréhension (i.e. ensemble des qualités communes aux individus appartenant à une classe) et de l'extension (i.e. ensemble des individus appartenant à la *classe*). Toutefois, on ne saurait encore parler de *classification opératoire*, car les sujets de ce niveau ignorent l'*inclusion* hiérarchique des parties dans le tout.

Par exemple, lorsqu'on lui présente 5 chiens et 3 moutons et qu'on lui pose la question: «Y-a-t-il plus d'animaux ou plus de chiens?» l'enfant de ce niveau répond: «il y a plus de chiens parce qu'il y a juste 3 animaux (= moutons)».

Piaget attribue cette non-*conservation* du tout B = A + A' (animaux = chiens + moutons) qui empêche l'*inclusion logique*, à un défaut de *réversibilité opératoire*, c'est-à-dire à une absence de coordination entre deux *opérations* dont l'une est l'inverse de l'autre: si B = A + A' alors A = B − A' et A' = B − A. C'est ainsi que pour l'enfant de 5-6 ans, le tout B (animaux) disparaît lorsqu'on dissocie l'une de ses sous-classes pour la comparer à la *classe* totale.

Les *collections non figurales* s'apparentent donc aux *classifications opératoires* mais elles s'en distinguent par:

(1) un défaut d'*anticipation* des critères de la *classification* qui contraint le sujet à des tâtonnements et à des remaniements successifs de ses collections;

(2)   une absence d'*inclusion logique* des parties dans le tout (A < B car B = A + A') si bien que la différenciation entre la compréhension et l'extension demeure incomplète;

(3)   un défaut de réglage du "tous" et du "quelques" servant à quantifier les relations parties-tout.

Ainsi, les sujets de ce *stade,* tout en parvenant, grâce à une suite de tâtonnements empiriques et de remaniements partiels, à classer les objets qu'on leur présente, ne parviennent pas à une quantification correcte des relations hiérarchiques parties-tout. Piaget attribue cette absence d'*inclusion logique* de la sous-classe dans la *classe* totale à un défaut de réglage du "tous" (représentant la *classe* totale) et du "quelques" (désignant les éléments constitutifs d'une sous-classe). Or, ce réglage des notions de "tous" et de "quelques" implique leur relativisation, et par conséquent, le recours à des *opérations* logiques.

Soit une classe totale B formée de figures géométriques: ronds bleus — carrés bleus — carrés rouges, etc., constituant des sous-classes. L'enfant de ce niveau a de la difficulté à comprendre que si A est une sous-classe de B, alors, "tous" les A sont "quelques" B. Ce n'est qu'à partir du moment où il a recours à des *opérations* logiques qu'il parvient à manipuler ce type de relations.

Collections non figurales

«Entre le 1er stade caractérisé par les collections figurales et le 3e stade qui sera celui des opérations logiques constitutives des classifications hiérarchiques avec emboîtements inclusifs, s'étend un second stade où l'on ne peut encore parler que de "collections" et non pas de "classes" proprement dites, faute de toute hiérarchie inclusive, mais où ces collections ne sont plus figurales et consistent en petits agrégats fondés sur les seules ressemblances, tout en demeurant juxtaposés les uns aux autres sans être encore inclus ou emboîtés en classes plus générales.»   G.S.L.E. 53

La formation des collections non figurales repose sur le processus qui consiste, à partir d'une multitude de petites collections juxtaposées, à les grouper progressivement en réduisant leur nombre par une suite de comparaisons à la fois rétroactives et partiellement anticipatrices, jusqu'à obtenir quelques grandes collections se différenciant en sous-collections coordonnées... Au fur et à mesure de la différenciation des collections et de la réduction des petites collections à de plus grandes qui les intègrent, il y a progrès dans le sens de la coordination de la "compréhension" et de l'"extension"...»   G.S.L.E. 63

Tous et quelques

«... pour comprendre qu'une collection B soit différenciée en deux sous-collections A et A', il suffit de constater leur réunion B = A + A', ce qui est accessible à la représentation préopératoire puisque cette réunion est donnée activement et perceptivement et ne constitue pas en elle-même une opération tant qu'elle n'implique pas son inverse A = B − A'. Au contraire, l'inclusion de A dans B suppose nécessairement cette opération inverse, car comprendre que A est une partie de B, c'est comprendre que A = B − A'. Et si cette compréhension est tellement plus difficile que la simple réunion B = A + A', c'est que A, une fois séparé de B (en acte ou en pensée) le tout B n'existe plus à titre de collection visible, mais seulement de classe abstraite, et que la relation entre la sous-classe A et cette classe perceptivement dissociée mais abstraitement invariante B dure indépendamment de la dissociation, ce qu'exprime justement l'opération A = B − A' où B conserve un rôle aussi essentiel qu'en B = A + A'.

On comprend alors... le pourquoi des fausses quantifications du prédicat propres à un grand nombre de sujets de ce stade II: admettre que "tous les A sont des B", sous la forme "tous les A sont quelques B", c'est précisément reconnaître l'inclusion A = B − A', tandis que la fausse quantification "tous les A sont tous les B" ramène ainsi cette relation à l'égalité A = B et fait l'économie de cette inclusion. En d'autres termes, la fausse quantification du prédicat n'est pas autre chose que la difficulté des enfants du niveau II à dominer l'inclusion...» G.S.L.E. 77

Voir aussi:

Classe (s)
Classification (s)
Collection (s) figurale (s)
Groupement (s)
Inclusion logique
Opération (s)

● **COMBINATOIRE**

Voir:

Pensée formelle
Schème (s) opératoire (s) formel (s)

- **COMPENSATION (S)**

Voir:

Équilibration
Équilibre
Régulation (s)

- **CONCEPT (S)**

Voir:

Conceptualisation
Opération (s)
Schème (s)

- **CONCEPTUALISATION**

Piaget associe la *conceptualisation* au mécanisme de la *prise de conscience* qui consiste en une reconstruction sur le palier de la conscience de ce qui avait été acquis sur celui de l'action.

Le *concept* constitue en effet l'équivalent, au niveau de la *représentation*, de ce qu'est pour Piaget le *schème* au niveau de l'action.

La *conceptualisation* consistera donc en un passage de l'action matérielle à la *représentation* cognitive, générale et abstraite de cette action.

Schème et concept possèdent l'un et l'autre une compréhension et une extension, en tant que *classes* d'actions (*schème*) ou d'*opérations* (concept).

La "compréhension" désigne ce qu'il y a de commun aux diverses modalités d'une même action (par ex.: saisir) ou d'une même *opération* (par ex.: additionner). L'"extension" se réfère à l'ensemble des objets ou situations du milieu auxquels une même action (ou *opération*) peut s'appliquer de façon adéquate.

La compréhension et l'extension constituant les deux aspects complémentaires d'un *schème* ou d'un *concept*, ils doivent être mis en relation ou coordonnés. Alors que cette coordination n'est que progressive au niveau de l'action pratique ou matérielle, elle devient simultanée au niveau du *concept*, sous la forme de liaisons logiques rendues possibles par l'activité représentative.

La *conceptualisation* définit précisément cette coordination de la compréhension et de l'extension telle qu'elle s'effectue au niveau du concept ou de la *représentation* cognitive, c'est-à-dire sous la forme de liaisons logiques et nécessaires.

Entre l'action et la *conceptualisation*, il y a filiation génétique puisque la seconde dérive de la première par reconstruction à un niveau supérieur (celui de la *représentation*) des liaisons ou coordinations déjà immanentes à l'action. Mais il y a plus, selon Piaget, car la *conceptualisation*, une fois constituée, en vient à diriger l'action dans la mesure où elle rend désormais possible l'*anticipation* ou prévision de ses résultats. Il y a donc à la fois élaboration de la *conceptualisation* à partir de l'action et influence en retour de la *conceptualisation* sur l'action.

Conceptualisation (ou processus de prise de conscience)

> «*Si l'on passe du "pourquoi" ou raisons fonctionnelles de la prise de conscience à son "comment", donc au mécanisme effectif qui rend conscients les éléments demeurant jusque-là insconscients, il est clair que ce processus... consiste, et cela dès le départ, en une conceptualisation proprement dite, autrement dit en un passage de l'assimilation pratique (assimilation de l'objet à un schème) à une assimilation par concepts.*»   P.Cs. p. 266

> «*Au total, le mécanisme de la prise de conscience apparaît en tous ces aspects comme un processus de conceptualisation reconstruisant puis dépassant, au plan de la sémiotisation et de la représentation, ce qui était acquis à celui des schèmes d'action. En une telle perspective, il n'y a donc pas de différence de nature entre la prise de conscience de l'action propre et la prise de connaissance des séquences extérieures au sujet, toutes deux comportant l'élaboration graduelle de notions à partir d'un donné, que celui-ci consiste en aspects matériels de l'action exécutée par le sujet ou des actions s'effectuant entre les objets.*»   P.Cs. 271

Voir aussi:

Abstraction
Connaissance (s)
Opération (s)
Pensée
Représentation

● **CONDUITE (S)**

Voir:

Schème (s)

● CONNAISSANCE (S)

Piaget voit dans la *connaissance* un cas particulier de l'*adaptation* puisqu'il l'envisage comme un processus dynamique lié à l'interaction du sujet avec le milieu.

Il considère que la *connaissance* ne constitue jamais une simple copie du réel, puisqu'elle est indissociable de l'interaction sujet-milieu, mais qu'elle résulte toujours d'une action du sujet sur les choses. Toute *connaissance* d'un objet implique en effet son incorporation à des *schèmes* d'action puisque l'objet n'a de *signification* pour le sujet qu'en fonction de l'action qu'il exerce sur lui. Cela signifie, dans la perspective piagétienne, que toute *connaissance* suppose une *assimilation* à des *schèmes* ou *structures* qui représentent l'*organisation* de la *pensée* (instruments de la *connaissance*) aux divers niveaux du *développement.*

Les *connaissances* ne sont donc pas issues du sujet seul (position a prioriste) ni de l'objet seul (position empiriste) mais de leur interaction, autrement dit de l'action du sujet sur les choses (*assimilation* des objets aux *schèmes*) et des modifications que le milieu lui impose par ses résistances (*accommodation* des *schèmes* aux objets).

À partir de cette interaction, que Piaget considère fondamentale, la *connaissance* va s'orienter en deux directions opposées mais complémentaires, conduisant à l'élaboration de deux (2) types de *connaissances:*

1) la conquête des objets ou données environnantes qui aboutit à la formation des *connaissances physiques ou empiriques* que Piaget qualifie également de *connaissances exogènes;*

2) la prise de conscience (ou *conceptualisation*) par le sujet de ses propres actions (ou *opérations*) sur les objets. Elle aboutit à l'élaboration des *connaissances logico-mathématiques*, c'est-à-dire des informations relatives à nos propres *instruments de connaissance*. Piaget les appelle aussi *connaissances endogènes.*

Exemples: prenons le cas simple de l'activité sensori-motrice de *préhension*. Lorsque l'enfant commence à saisir les objets, il découvre certaines de leurs propriétés physiques telles que leurs formes, leurs poids, le fait que certains objets roulent (ex.: une balle) et d'autres pas, etc. Il acquiert par le fait même une certaine *connaissance empirique* ou pratique de l'objet. Mais il découvre également des propriétés de sa propre activité: par exemple, le fait qu'en tapant plus ou moins fort sur un objet suspendu, il l'ébranle plus ou moins. Ce second type de *connaissance* ne concerne plus alors l'objet lui-même mais l'action que le sujet exerce sur lui et ses

ex.: comprendre que lorsqu'on transforme une boulette de pâte à modeler en boudin la quantité de matière demeure invariante.)

La *conservation* est donc liée à la constitution d'invariants qui résultent d'une projection dans le milieu de la *conservation* des *schèmes* eux-mêmes. En effet, un *schème* conserve ses pouvoirs antérieurs d'*assimilation*, donc sa *structure*, lorsqu'il s'accommode aux particularités des objets auxquels il s'applique. De la même façon, un objet conserve certaines propriétés ou caractéristiques lorsque le sujet lui impose, par son activité assimilatrice, certaines modifications.

La *conservation* n'est jamais le produit d'une simple constatation mais elle résulte toujours de la mise en relation ou coordination des actions ou *opérations* du sujet. La première forme de *conservation* qui apparaît au cours du *développement* est la *permanence de l'objet*, c'est-à-dire la croyance en l'existence de l'objet même lorsqu'il sort du champ visuel.

L'élaboration des notions de *conservation* des quantités physiques (i.e. substance, poids, vitesse, temps, etc.) constitue une acquisition fondamentale du niveau opératoire concret. Piaget considère qu'elle est rendue possible par la constitution des *groupements* d'*opérations concrètes* qui représentent le système de relations, la *structure* reliant les unes aux autres les actions du sujet sous une forme à la fois intériorisée (i.e. en *pensée*) et réversible (i.e. pouvant être effectuée dans les deux sens).

Il constate en effet qu'avant le niveau des *opérations concrètes* (7-8 ans), l'enfant n'est pas capable de comprendre que la quantité de matière ou le poids, etc., d'un objet ne change pas lorsque cet objet subit certaines modifications. Par exemple: lorsqu'on transvase dans un récipient bas et large, l'eau contenue dans un récipient haut mais étroit. C'est seulement à partir du moment où l'enfant parvient à compenser les transformations en jeu, c'est-à-dire à les relier en un système unique, qu'il admet la *conservation*. Or, ces *compensations* (i.e. plus haut × moins large = moins haut × plus large) reposent précisément sur un ensemble d'*opérations concrètes* reliées sous forme de *groupement*.

La non-*conservation* est due au fait que le sujet se centre successivement sur les états ou configurations de l'objet et qu'il ne les relie pas entre eux («Il y en a plus parce que c'est plus haut»).

La *conservation* au contraire, est due à une *décentration* progressive de la *pensée*, permettant de relier entre eux les états successifs et de les concevoir simultanément comme le produit d'une seule et même transformation («Ici, c'est moins haut mais c'est plus large alors c'est la même chose»). La *conservation* suppose donc le recours à des *opérations réver-*

sibles (i.e. la même *opération* ou transformation effectuée dans les deux sens).

Le principe de *conservation* intervient dans la constitution, au niveau opératoire concret, du *nombre*, de la *classe*, des relations asymétriques (*sériation*).

Piaget a identifié, au cours de ses observations, trois (3) principaux types d'arguments utilisés par l'enfant de niveau opératoire concret pour justifier la *conservation*:

1) L'identité: l'enfant invoque pour raison que: «c'est la même chose parce qu'on a rien enlevé et on n'a rien ajouté».

2) La réversibilité par annulation: l'enfant fait remarquer que si l'on effectue la transformation inverse, on retrouve ce que l'on avait au point de départ. Ainsi, dans le cas de la boulette de pâte à modeler sectionnée en petits grains, l'enfant invoque le fait que si on réunit les graines de pâte à modeler, on obtient de nouveau la boulette.

3) La réversibilité par compensation: dans le cas, par exemple, où l'on transvase dans un verre large et bas, l'eau contenue dans un verre plus haut et plus étroit, l'enfant dira qu'il y a la même quantité de liquide dans les deux verres parce que «c'est moins haut mais c'est plus large».

Le premier de ces arguments, l'identité, s'appuie en fait, lui aussi, sur la *réversibilité opératoire,* c'est-à-dire sur l'emploi d'*opérations* interreliées et interdépendantes qui se compensent mutuellement.

Notion de conservation

> *«Une transformation opératoire est toujours relative à un invariant, cet invariant d'un système de transformations constitue ce que nous avons appelé jusqu'ici une notion ou un schème de conservation.»* P.E. 76

Conservation

> *«... les états sont dorénavant subordonnés aux transformations et celles-ci, étant décentrées de l'action propre pour devenir réversibles, rendent compte à la fois des modifications en leurs variations compensées et de l'invariant impliqué par la réversibilité.»* P.E. 77

Conservation (besoin de)

> *«La conservation constitue une condition nécessaire de toute activité rationnelle... Un ensemble ou une collection ne sont concevables que si leur valeur totale demeure inchangée quels que soient*

les changements introduits dans les rapports des éléments... Un nombre n'est également intelligible que dans la mesure où il demeure identique à lui-même quelle que soit la disposition des unités dont il est composé... Une quantité continue comme une longueur ou un volume n'est utilisable pour le travail de l'esprit que dans la mesure où elle constitue un tout permanent, indépendamment des combinaisons possibles dans l'arrangement de ses parties... Du point de vue psychologique, le besoin de conservation constitue donc une sorte d'a priori fonctionnel de la pensée...»

G.N. 77

«La découverte d'une notion de conservation par l'enfant est toujours l'expression de la construction d'un groupement (logique ou infra-logique) ou d'un groupe (mathématique) d'opérations.»

G.S. 354

Voir aussi:

Groupement (s)
Opération (s)
Régulation (s)
Réversibilité
Schème (s) opératoire (s) concret (s)
Schème (s) opératoire (s) formel (s)

D

● **DÉCALAGE (S)**

Piaget appelle *décalage*, l'écart temporel qui sépare l'acquisition de *connaissances* distinctes. Ces *connaissances* peuvent être de deux types: logico-mathématiques et physiques ou empiriques. Dans le premier cas (*connaissances logico-mathématiques*), l'écart est relatif à des *structures de connaissance*. Dans le second cas (*connaissances physiques*), il est relatif à des contenus de *connaissance* distincts mais structurés par les mêmes *opérations*.

Aussi, Piaget distingue-t-il deux sortes de *décalages:*

1) les **décalages verticaux** ou *développement* en compréhension;

2) les **décalages horizontaux** ou *développement* en extension.

Les premiers sont liés à un changement de niveau représenté par le passage d'une *période* à la suivante. Ils expriment la nécessité de reconstruire sur un nouveau plan (par exemple, à un niveau hypothético-déductif), l'*organisation* élaborée sur un premier plan (par exemple, à un niveau simplement concret). Les mêmes contenus de *connaissance* tels que l'objet, l'espace, le temps, la causalité, le mouvement, la vitesse, etc. seront structurés mais sur un nouveau palier, celui de la *pensée* hypothético-déductive, et par de nouvelles *opérations* (les *opérations formelles*). L'écart temporel est ici inhérent au *développement* en compréhension.

Les seconds sont liés à l'hétérogénéité des contenus de *connaissance* sur lesquels peuvent oeuvrer les *opérations* d'un même niveau. L'écart temporel est alors relatif à la difficulté plus ou moins grande des différents contenus de *connaissance*, aux situations dans lesquelles ils sont présentés, au matériel utilisé, au degré de familiarité du sujet avec la tâche, bref à une série de facteurs autres que la nature des *opérations* en jeu. Ils concernent donc plutôt le développement en extension.

Piaget n'a étudié le problème des *décalages horizontaux* qu'au niveau opératoire concret, car les *opérations* n'étant pas encore dissociées de leur contenu, il y a structuration successive et non pas simultanée des domaines ou contenus de *connaissance* hétérogènes. L'exemple type est celui de la *conservation* de la substance qui précède celle du poids, laquelle est elle-même antérieure à celle du volume. Un tel *décalage* se retrouve chez tous les sujets. Ceci suggère l'existence d'une hiérarchie de difficulté objective, c'est-à-dire inhérente à ces divers contenus de *connaissance* et non pas subjective, c'est-à-dire liée à des caractéristiques individuelles telles que la familiarité plus ou moins grande du sujet avec la tâche.

Cependant, ce problème des *décalages* a été peu étudié aux autres niveaux du *développement*, notamment au niveau opératoire formel caractérisé par l'emploi d'*opérations* propositionnelles et hypothético-déductives, dissociées de leur contenu. De sorte que la définition des *décalages*, en particulier du *décalage horizontal*, demeure surtout théorique sans qu'on sache très bien si la réalité expérimentale qu'elle recouvre est la même au niveau *opératoire concret* et au niveau *opératoire formel.*

Décalages

«*Les décalages caractérisent la répétition ou la reproduction du même processus formateur à des âges différents. Nous distinguerons les décalages horizontaux et les décalages verticaux.*

Nous parlerons de décalages horizontaux quand une même opération s'applique à des contenus différents. Dans le domaine des opérations concrètes, par exemple, un enfant saura sérier vers 7-8 ans des quantités de matière, des longueurs, etc., il saura les classer, les dénombrer, les mesurer, etc.; il parviendra de même à des notions de conservation relatives à ces mêmes contenus. Mais il sera incapable de toutes ces opérations dans le domaine du poids, tandis que deux ans plus tard, en moyenne, il saura les généraliser en les appliquant à ce nouveau contenu. Or, du point de vue formel, les opérations sont les mêmes dans les deux cas, mais appliquées à des domaines différents. Dans ce cas-là, nous parlerons de décalage horizontal à l'intérieur d'une même période.

Le décalage vertical est au contraire la reconstruction d'une structure au moyen d'autres opérations. Le bébé parvient vers l'achèvement de la période sensori-motrice à ... un ''groupe des déplacements'': il saura s'orienter dans son appartement avec des détours et des retours, etc. Mais ce ''groupe'' est uniquement pratique et nullement représentatif. Quand, quelques années plus tard, il s'agira de se représenter ces mêmes déplacements, c'est-à-dire de les imaginer, ou de les intérioriser en opérations, nous retrouverons des étapes analogues de formation, mais cette fois, sur un autre plan, sur celui de la représentation. Il s'agit alors d'autres opérations et, dans ce cas, nous parlerons de décalage vertical.»

P.P.G. 58-59

● DÉCENTRATION

La *décentration* est une forme de *régulation* liée à la prise de conscience de l'action propre et de ses résultats. Elle consiste à effectuer des mises en relation entre des objets ou entre des actions exécutées sur des objets et les résultats observés, autrement dit à coordonner des *centrations* successives.

Cette mise en relation ou coordination de *centrations* successives conduit à l'*opération*, fondée sur la *réversibilité opératoire* qui exprime la capacité d'exécuter une même action dans les deux sens de parcours en ayant conscience qu'il s'agit de la même action, bref, sur la possibilité d'envisager simultanément les transformations successives conduisant d'un état à un autre.

Dans l'exemple des deux verres d'eau identiques dont le contenu de l'un est transvasé dans un récipient large et étroit (*conservation* du liquide), il peut y avoir *centration* sur la hauteur du verre ou sur sa largeur. La mise en relation des *centrations* successives effectuées sur chacune des deux dimensions (hauteur et largeur) va progressivement amener l'enfant à l'*opération* fondée sur la *compensation* (+ large × – haut = – large × + haut). La *décentration* est donc le passage d'une *centration* à une autre et c'est en quoi elle est source d'*opération*, fondée sur la mise en relation des dimensions en jeu. Elle conduit du *déséquilibre* entre l'*assimilation* et l'*accommodation*, à leur *équilibre*.

● DÉSÉQUILIBRE (S)

Équilibre
Régulation (s)

● DÉVELOPPEMENT

Piaget voit dans le *développement* de l'*intelligence*, une différenciation et une *organisation* progressives des conduites s'effectuant par étapes, à partir des premiers *schèmes* de l'action et de leurs interactions adaptatives variées avec le milieu.

Le *développement* prend la forme d'une construction ou genèse de *structures* nouvelles s'effectuant en un certain nombre de *stades* et de *périodes* de *développement*.

Il y a d'abord la formation des *structures sensori-motrices* du *groupe des déplacements* et de la *permanence de l'objet*, construites à partir des premiers *schèmes* réflexes, grâce à une alternance continuelle de processus d'*assimilation* et d'*accommodation* qui aboutit à différencier ces *schèmes* et à les coordonner de diverses manières.

Vient ensuite la formation des *structures opératoires concrètes de classes, de relations et de nombre* qui sont le résultat d'une reconstruction, au niveau de la *représentation*, des *structures* déjà élaborées au plan de l'action.

Enfin, le *développement* de l'*intelligence* aboutit à la formation des *structures opératoires formelles* qui constituent, pour Piaget, l'*équilibre* terminal des *opérations* de la *pensée.* Leur élaboration résulte d'une dissociation progressive entre la forme (ou *opérations*) et le contenu (objets sur lesquels portent les *opérations*).

Le sujet peut désormais raisonner sur de simples propositions considérées à titre d'hypothèses et non plus seulement sur des objets concrets et des situations réelles. L'élaboration de ces nouvelles *structures* résulte également d'une reconstruction sur le plan formel des *opérations* déjà effectuées sur le plan concret.

Piaget distingue plusieurs facteurs dans le *développement*.

1) La maturation neuro-psychique: elle joue un rôle important durant la *période* sensori-motrice puisqu'elle sous-tend la formation des coordinations intersensorielles telles que la coordination vision-préhension. Toutefois, son rôle diminue au cours du *développement* en même temps que s'accroît l'influence du milieu physique et du milieu social.

2) Le rôle de l'exercice et de l'expérience que le sujet acquiert en agissant sur l'objet. L'exercice est nécessaire à la consolidation des *schèmes* ou conduites. Plus le sujet exerce ses *schèmes*, plus il en accroît la maîtrise. Cet exercice fonctionnel des *schèmes* est ce que Piaget appelle l'*assimilation reproductrice* ou tendance du *schème* à se répéter. Quant à l'*expérience,* elle est liée au fait que les *schèmes* du sujet ne s'exercent pas à vide mais sur des objets variés du milieu. Les *schèmes* tendent en effet à généraliser leur application à un nombre croissant d'objets ou de situations diversifiés. Piaget distingue deux types d'*expérience* liés à l'interaction des *schèmes* du sujet avec le milieu: l'une (*expérience logico-mathématique*) est liée à l'information que le sujet tire de sa propre activité sur le milieu; l'autre (*expérience physique*) est liée à l'information que le sujet tire des objets sur lesquels porte son action. Or, pour Piaget, l'*expérience physique* est subordonnée à des *expériences logico-mathématiques* antérieures dans la mesure où l'on ne peut avoir de *connaissance* que par l'intermédiaire de nos propres actions. Ainsi, si l'*expérience* et l'*apprentissage* qui en résultent constituent un facteur important dans le *développement* des *structures de l'intelligence,* ils demeurent toujours sous la dépendance des *instruments de connaissances* (actions ou *opérations*) dont dispose le sujet à chaque *stade.*

3) Les facteurs d'interactions et de transmissions sociales: ils jouent également un rôle nécessaire mais non suffisant, dans la mesure où ils sont subordonnés, eux aussi, à l'*organisation* cognitive du sujet aux différents niveaux de son *développement.* Par exemple, le *langage* est transmis socialement à l'enfant qui apprend un code, un système de *signes* collectifs déjà tout élaboré. Mais pour que cette transmission soit efficace, encore faut-il que le sujet ait accédé à la *représentation* cognitive, autrement dit qu'il soit capable de penser symboliquement les choses. Il en est de même pour toute autre forme de transmission sociale ou éducative. C'est pourquoi l'enseignement, qui est une forme de transmission du savoir, doit tenir compte des instruments (*schèmes*) dont l'enfant dispose pour assimiler les *connaissances* qu'on cherche à lui transmettre.

4) L'affectivité: Piaget la définit comme l'énergétique des conduites. Elle se manifeste par des besoins, des motivations, etc. Ainsi, dans le cas des *réactions circulaires*, c'est l'intérêt pour la conduite elle-même ou pour les résultats auxquels elle donne lieu qui pousse l'enfant à répéter cette conduite. Tandis que l'aspect cognitif se réfère à la *structure* de la conduite, l'aspect affectif se réfère à sa dynamique. Mais ces deux aspects sont à la fois inséparables et irréductibles puisque toute conduite est à la fois structurée (*schème*) et dynamique (processus d'*assimilation* et d'*accommodation*).

5) L'équilibration: elle représente le facteur essentiel du *développement* de l'*intelligence* auquel sont subordonnés tous les autres facteurs. Ces derniers, en effet, bien que jouant un rôle nécessaire dans le *développement* de l'*intelligence*, ne suffisent pas à rendre compte de l'élaboration de *structures* nouvelles.

L'*équilibration* est un mécanisme de construction interne non héréditaire, faisant intervenir des *régulations* d'abord sensori-motrices et perceptives pour ce qui est de l'action, puis intuitives (les *décentrations*) et opératoires (la *réversibilité* des *opérations*) pour ce qui est de l'*intelligence représentative*. Ces *régulations* sont inhérentes à l'interaction continuelle du sujet avec le milieu, c'est-à-dire à l'alternance des processus d'*assimilation* et d'*accommodation*. Elles consistent essentiellement en une modification progressive de l'action ou de l'*opération* en fonction des résultats de leur application antérieure à l'objet. Elles aboutissent à une *réversibilité* croissante de l'action et de la *pensée*. Elles ont pour effet de différencier les *schèmes* et de les coordonner, engendrant ainsi des conduites nouvelles.

L'*équilibration* combine les facteurs internes d'*organisation* et les facteurs externes d'*adaptation*. Son rôle est d'assurer, tout au long du *développement*, la cohérence interne des conduites (ou "accord de la *pensée* avec elle-même") en même temps que leur *adaptation* au milieu (ou "accord de la *pensée* avec les choses").

Développement

> «*Le développement mental de l'enfant apparaît au total comme une succession de 3 grandes constructions dont chacune prolonge la précédente, en la reconstruisant d'abord sur un nouveau plan pour la dépasser ensuite de plus en plus largement. Cela est vrai déjà de la première, car la construction des schèmes sensori-moteurs prolonge et dépasse celle des structures organiques au cours de l'embryogénèse. Puis la construction des relations sémiotiques, de la pensée et des connexions interindividuelles intériorise ces schèmes d'action en les reconstruisant sur ce nouveau plan de la représentation et les dépasse jusqu'à constituer l'ensemble des opérations concrètes et des structures de coopération. Enfin, dès le niveau de 11-12 ans, la pensée formelle naissante restructure les opérations concrètes en les subordonnant à des structures nouvelles, dont le déploiement se prolongera durant l'adolescence et toute la vie ultérieure (avec bien d'autres transformations encore).*
>
> *Cette intégration de structures successives dont chacune conduit à la construction de la suivante permet de découper le développement en grandes périodes ou stades et en sous-périodes ou*

Voir aussi:

Adaptation
Accommodation
Apprentissage
Assimilation
Décentration (s)
Équilibration
Expérience
Opération (s)
Période (s)
Régulation (s)
Stade (s)

E

● ÉGOCENTRISME

L'*égocentrisme* enfantin traduit l'indifférenciation du sujet et de l'objet ainsi que la confusion du point de vue propre avec celui d'autrui: il est donc lié à un phénomène de *centration* sur l'activité ou sur les intérêts propres et à une négligence de la réalité objective et de la réciprocité des points de vue. Il caractérise plus particulièrement les premiers *stades* de l'*intelligence* tant sensori-motrice que représentative dont l'évolution progressive aboutit précisément à une *décentration* et à une objectivation croissante du réel.

Lorsque l'enfant accède à la *représentation* ou *fonction symbolique,* il est parvenu à se différencier par rapport à son milieu physique et à se situer dans l'espace à titre d'objet parmi les autres. Ce même cheminement, qui a conduit l'enfant de la *centration* à la *décentration,* de la confusion entre le moi et le monde extérieur à leur dissociation, devra être de nouveau parcouru sur le plan de la *représentation.*

L'*égocentrisme* enfantin constitue en quelque sorte l'équivalent, au niveau de la *représentation,* de ce qu'est ''l'adualisme'' du premier *stade* sensori-moteur, c'est-à-dire l'indissociation entre le corps propre et le milieu extérieur. Il est lié à un *déséquilibre* de l'*assimilation* et de l'*accommodation* avec primat alternatif de l'un ou de l'autre. Il se manifeste notamment dans le *jeu symbolique* (où prime l'*assimilation*) dans l'*imitation* (où prime l'*accommodation*) ainsi que dans la *représentation* que l'enfant de 2 1/2 à 7 ans se fait du monde extérieur (voir *animisme, artificialisme, réalisme*).

Égocentrisme

«L'égocentrisme enfantin est ... essentiellement un phénomène d'indifférenciation: confusion du point de vue propre avec celui d'autrui, ou de l'action des choses et des personnes avec l'activité propre.»   F.S. 76

Voir aussi:

Animisme
Artificialisme
Centration (s)
Pensée intuitive

Pensée symbolique
Réalisme
Représentation

● ÉPISTÉMOLOGIE GÉNÉTIQUE

L'*épistémologie* piagétienne est une *épistémologie génétique* en ce sens qu'elle vise à rendre compte de l'évolution de la *connaissance scientifique* (phylogénèse) à partir de l'étude des mécanismes qui sous-tendent la formation des *structures* opératoires de l'*intelligence* chez le sujet (ontogénèse).

Elle s'appuie donc sur l'hypothèse qu'il existe des mécanismes communs à l'ontogénèse et à la phylogénèse de la *connaissance*.

Cela ne signifie pas que les contenus de *connaissance* qui se succèdent au cours de l'évolution sont les mêmes dans l'histoire des sciences et chez l'individu. Piaget considère simplement qu'il y a une parenté dans les mécanismes de passage d'un niveau de *connaissance* à un autre, quel que soit leur degré d'achèvement et d'élaboration dans la hiérarchie du savoir.

L'*épistémologie génétique* a donc pour objet d'étudier le mode de construction des *connaissances* chez l'individu dans le but de pouvoir rendre compte du mode de construction de la *connaissance* scientifique, au cours de l'histoire.

Épistémologie génétique

«Le propre de l'épistémologie génétique est de chercher à dégager les racines des diverses variétés de connaissance dès leurs formes les plus élémentaires et de suivre leur développement aux niveaux ultérieurs jusqu'à la pensée scientifique inclusivement.» E.G. 6

Épistémologie

«... l'épistémologie... se donnera toujours davantage pour objets l'analyse des "étapes" de la pensée scientifique et l'explication des mécanismes intellectuels utilisés par la science en ses diverses variétés, dans la conquête du réel. La théorie de la connaissance est donc essentiellement une théorie de l'adaptation de la pensée à la réalité, même si cette adaptation révèle en fin de compte, comme d'ailleurs toutes les adaptations, l'existence d'une inextricable interaction entre le sujet et les objets.» P.E. 35

(On peut) «... considérer l'épistémologie comme une anatomie comparée des opérations de la pensée et comme une théorie de

l'évolution intellectuelle ou de l'adaptation de l'esprit au réel.»
P.E. 35

Voir aussi:

Connaissance(s)
Méthode génétique
Psychologie génétique

● ÉQUILIBRATION

Piaget appelle *équilibration* le processus dynamique qui sous-tend le passage d'un état d'*équilibre* à un autre qui lui est supérieur. Ces états d'*équilibre* caractérisent le degré d'achèvement et d'*adaptation* fonctionnelle des *structures* de l'*intelligence*, aux divers niveaux du *développement*.

L'*équilibration* constitue le principal facteur du *développement* auquel sont subordonnés les autres facteurs tels que la maturation, l'*apprentissage*, la transmission sociale, l'influence du milieu physique et du milieu social, etc. Il consiste en un ensemble de *régulations* (sensori-motrices, intuitives, puis opératoires) des *conduites*, permettant à celles-ci de s'adapter progressivement aux exigences adaptatives du milieu tout en conservant la cohérence interne de leur *organisation* de départ. En effet, les *structures cognitives*, ou *instruments de connaissance* dont dispose le sujet à chaque *stade,* sont formées de *schèmes* (ou *conduites*) dont l'extension (c'est-à-dire le degré d'*adaptation* fonctionnelle au milieu) et la compréhension (ou niveau d'*organisation*) sont susceptibles de s'enrichir par un double processus continu: celui de l'*assimilation* (action des *schèmes* sur le milieu) et celui de l'*accommodation* (modification des *schèmes* au contact des objets).

Si Piaget introduit un facteur d'*équilibration* ''majorante'' pour rendre compte du *développement,* c'est qu'il n'attribue le progrès des *connaissances* ni à une programmation héréditaire (rôle du sujet seul) ni à un entassement d'*expériences* (rôle du milieu seul) mais à l'interaction continuelle d'un sujet structuré, c'est-à-dire en possession de conduites organisées, avec un milieu également structuré. Cela signifie que le sujet n'est pas d'emblée préadapté à tout l'univers, en ce sens qu'il ne possède pas dès le départ les *opérations hypothético-déductives* qui apparaissent au *stade* terminal de la *pensée formelle.* Il ne se contente pas non plus de copier une réalité toute faite mais la restructure à l'aide des instruments dont il dispose à chaque étape. En effet, le sujet ne possède initialement que quelques *schèmes* héréditaires (succion, vision, motilité, etc.) ainsi qu'un mécanisme très général de *régulations*, l'*équilibration* l'amenant à modifier progressivement ses *conduites* pour les adapter au milieu.

Piaget considère que l'*équilibration* "majorante" des *structures* de l'*intelligence,* ou passage d'un état d'*équilibre* à un autre qui lui est supérieur, s'effectue en passant par de multiples *déséquilibres* et *rééquilibrations.* La notion de *déséquilibre* est donc indissociable de celle d'*équilibration* puisque cette dernière constitue précisément une réponse à un *déséquilibre.* À tous les niveaux, l'*équilibration* consiste en effet à opposer des *compensations* actives aux perturbations subies ou anticipées, ce qui revient à modifier plus ou moins profondément les *conduites* (en les différenciant, en les coordonnant, etc.) pour rétablir l'*équilibre* des *schèmes* avec le milieu. Ces *compensations*, qui ont pour effet de modifier la *conduite* antérieure, visent donc à remédier aux lacunes ou insuffisances que l'*organisation* actuelle des *conduites* laisse subsister dans ses relations avec le milieu.

Ainsi, lorsque les *schèmes* ne sont pas entièrement adaptables (ou accommodables) aux objets du milieu qu'ils tentent d'assimiler, ces objets deviennent perturbateurs, c'est-à-dire source de *déséquilibre* (ou de désadaptation) pour les *schèmes*. Par exemple, lorsque l'enfant, au *3e stade* de l'*intelligence sensori-motrice*, tente de mettre en mouvement des objets éloignés en se contentant de remuer bras et jambes, il y a inadéquation du *schème* utilisé en fonction du but poursuivi. Pour que la conduite devienne efficace, le sujet devra introduire des intermédiaires entre lui et l'objectif (par ex.: utiliser un autre objet à titre de moyen) ou encore établir un contact entre les mouvements du corps et les objets. Ce sont là des *régulations compensatrices,* source de *rééquilibration.*

Les *compensations* vont consister à intégrer à la *structure* même des conduites du sujet, les *accommodations* nouvelles suscitées par les exigences du milieu extérieur. En d'autres termes, le sujet ne se contente pas d'une *adaptation* momentanée, puisque les *accommodations* qu'il effectue donnent lieu au *développement* et à l'*apprentissage* de nouvelles conduites. Il y a donc *équilibration*, c'est-à-dire passage d'un état d'*équilibre* ou d'un niveau d'*adaptation* à un autre supérieur.

La raison en est la suivante: l'*organisation* des *schèmes* fournit d'emblée un "cadre" assimilateur qui impose au milieu une structuration en partie subjective. En effet, l'enfant de 6 ans ne structure pas la réalité de la même manière que l'adolescent de 14-15 ans. Toutefois, les objets ne se soumettent pas toujours au "cadre" assimilateur qui leur est imposé par l'activité assimilatrice des *schèmes* du sujet. Par les contraintes accommodatrices qu'ils leur opposent, ils collaborent à l'élaboration des *structures* nouvelles. C'est cette collaboration étroite et constante entre l'*organisation* dont dispose le sujet au départ et l'*organisation* du milieu, c'est-à-dire la structure des objets avec lesquels il interagit, qui explique pourquoi le sujet restructure la réalité aux différentes étapes (sensori-motrice, préopératoire et opératoire) de son *développement*.

Les *compensations*, liées à l'*équilibration*, sont donc indissociables de constructions puisqu'elles conduisent à l'élaboration de conduites nouvelles à partir des précédentes et de leurs interactions adaptatives avec le milieu. Elles résultent de la nécessité, pour tout *schème*, d'être adapté aux objets du milieu qu'il cherche à assimiler, c'est-à-dire de posséder une *organisation* qui soit fonctionnelle et efficace.

Le facteur d'*équilibration* est l'expression de cette collaboration étroite entre les facteurs endogènes d'*organisation* et les facteurs exogènes d'*adaptation*. Il fait correspondre à un type d'*adaptation* sujet-milieu, un mode d'*organisation* chez le sujet. C'est pourquoi il englobe l'ensemble des facteurs, aussi bien endogènes qu'exogènes, du *développement*, sous la forme d'une interaction continuelle des processus d'*assimilation* et d'*accommodation*.

Équilibration

> *«... dans le développement intellectuel, il intervient un facteur fondamental. C'est qu'une découverte, une notion nouvelle, une affirmation, etc. doivent s'équilibrer avec les autres. Il faut tout un jeu de régulations et de compensations pour aboutir à une cohérence. Je prends le mot "équilibre", non pas dans un sens statique, mais dans le sens d'une équilibration progressive, l'équilibration étant la compensation par réaction du sujet aux perturbations extérieures, compensation qui aboutit à la réversibilité opératoire au terme de ce développement.»* P.P.G. 34

Voir aussi:

Accommodation
Adaptation
Assimilation
Développement
Équilibre
Organisation
Régulation (s)

● **ÉQUILIBRE**

Piaget utilise la notion d'*équilibre* pour caractériser la nature et le degré d'*adaptation* fonctionnelle au milieu que présentent les différentes *structures* qui apparaissent au cours du *développement* de l'*intelligence*.

Par exemple, les *structures* sensori-motrices du *groupe des déplacements* et de la *permanence de l'objet* représentent l'*organisation* d'ensemble des conduites sensori-motrices qui permettent au sujet d'exercer une activité pratique adéquate. De la même façon, les *structures opératoires* de *groupements* puis de *groupes* correspondent à l'*organisation* d'ensemble des *opérations* (i.e. actions intériorisées) grâce auxquelles le sujet parvient à exercer une activité représentative, d'abord concrète puis formelle, sur les choses.

L'*équilibre* fonctionnel des *schèmes* (ou conduites) et des *structures* (ou ensemble de *conduites* interreliées) se réfère à la fois à leur *organisation* interne et à leur *adaptation* au milieu, laquelle se définit précisément par un *équilibre* de l'*assimilation* et de l'*accommodation*.

Équilibre et *structure* constituent, pour Piaget, les deux aspects complémentaires de toute *organisation* de la *pensée.* La *structure* représente l'*organisation* comme telle des *conduites* et l'*équilibre,* l'aspect fonctionnel ou dynamique de cette *organisation*, c'est-à-dire le type d'*adaptation* au milieu qu'elle permet de réaliser.

Ainsi, de même que Piaget distingue différentes *structures* au cours du *développement* de l'*intelligence*, en relation avec l'évolution des conduites, il identifie des états mieux équilibrés et des états moins équilibrés. Le degré d'*équilibre* d'un *schème* ou d'une *structure* se mesure principalement par son degré de *réversibilité*.

En effet, une *opération réversible* est une *opération* mobile, pouvant être inversée, c'est-à-dire effectuée dans les deux sens de parcours (par ex.: l'addition et la soustraction; la division et la multiplication, etc.) grâce à un ajustement réciproque de l'*assimilation* et de l'*accommodation*. Ainsi, il y a *équilibre* lorsqu'il y a *réversibilité* et il y a *réversibilité* lorsque les actions ou *opérations* sont regroupées en systèmes ou *structures d'ensemble.* C'est pourquoi les différentes *structures de l'intelligence* (sensori-motrice, opératoires, etc.) qui se succèdent au cours du *développement,* correspondent à des états d'*équilibre* distincts.

Piaget utilise un certain nombre de critères pour caractériser l'*équilibre* propre aux différents niveaux de structuration des conduites:

1) L'étendue: les états d'*équilibre* propres à chaque *structure* sont plus ou moins étendus selon les dimensions de leur champ, c'est-à-dire selon le domaine d'activités à l'intérieur duquel l'*équilibre* des *schèmes* est possible. Les *structures opératoires concrètes* par exemple, présentent un champ d'application beaucoup plus vaste que les *structures* propres à l'*intelligence sensori-motrice* puisqu'elles permettent au sujet de structurer la réalité, de raisonner sur un problème ou une situation, au niveau de la représentation et non pas simplement à celui de l'action immédiate.

2) La mobilité: elle varie également selon le niveau de structuration des *conduites*. Elle dépend essentiellement des capacités de dissociations (liées aux différenciations) et d'associations (liées aux coordinations) que rend possible l'*organisation* des conduites aux différents *stades*. Cette mobilité se manifeste par l'ensemble des *régulations* inhérentes à l'*organisation* des conduites à chaque étape. Le progrès, au niveau de la mobilité des *schèmes*, se traduit par une *réversibilité* croissante de l'action et de la *pensée*.

Ainsi, les *schèmes opératoires concrets* sont plus mobiles que les *schèmes intuitifs*, dans la mesure où ils comportent davantage de liaisons entre eux: en effet, les *schèmes intuitifs* ne donnent lieu qu'à des *décentrations* successives tandis que les *schèmes opératoires concrets* sont entièrement réversibles (i.e. à chaque *opération* directe correspond une *opération* inverse qui l'annule). Ils sont donc plus souples dans leurs applications aux objets, c'est-à-dire plus indépendants de configurations ou de situations particulières.

De la même façon, les *schèmes opératoires formels* qui sont complètement dissociés de leur contenu marquent un progrès au niveau de la *réversibilité opératoire*: ils sont caractérisés par un système de double *réversibilité*, le *groupe INRC*, permettant de compenser chaque *opération* de deux manières; soit par inversion, soit par réciprocité. Ils sont donc encore plus mobiles que les *schèmes opératoires concrets*.

Ce second critère, la mobilité, traduit essentiellement le degré de généralité des *structures*.

3) La stabilité: de cette mobilité dépend la stabilité des conduites et des *structures* qui les englobent. Cette stabilité traduit la possibilité de maintenir l'*équilibre* des *schèmes* lorsque ceux-ci sont confrontés à des situations nouvelles. Or, plus les *schèmes* sont mobiles, c'est-à-dire généralisables, plus leur domaine d'application est vaste. L'*équilibre des* schèmes est donc d'autant plus stable qu'ils permettent de résoudre davantage de problèmes.

4) La permanence: la *permanence* des *structures* dépend directement des autres facteurs. Une *structure* est d'autant plus permanente qu'elle est adaptée ou adaptable, et elle est d'autant mieux adaptée lorsque les *schèmes* qui la composent présentent une grande capacité d'*accommodation*.

Les *structures opératoires formelles* qui permettent, grâce à l'emploi d'*opérations* hypothético-déductives, de tenir compte du possible et de considérer les données réelles d'un problème comme un cas particulier du possible, sont, par définition, plus permanentes que les *structures opératoires concrètes.* Ces dernières sont en effet beaucoup plus limitées dans leur application puisqu'elles ont besoin du support d'objets ou de situations concrètes. Si bien que plus le sujet est adapté, plus est complexe, différenciée et hiérarchisée l'*organisation* d'ensemble de ses divers *schèmes.* L'*équilibre* atteint par les *structures* en est alors d'autant plus stable et d'autant plus permanent.

Selon les *structures* (sensori-motrices, opératoires concrètes puis formelles) qu'elles caractérisent, les diverses formes d'*équilibre* qui apparaissent au cours du *développement* sont donc plus ou moins étendues, mobiles, stables et permanentes. Cela signifie que l'*organisation* propre à chacune de ces *structures* est adaptée à une partie plus ou moins grande du milieu ou de la réalité, laquelle définit précisément leur champ d'*équilibre.*

L'évolution des *structures de l'intelligence*, c'est-à-dire la succession des formes d'*équilibre*, consistera donc dans le passage d'une *adaptation* plus ou moins restreinte à une adaptabilité croissante grâce à des reconstructions (voir *développement*) qui auront pour effet d'élargir considérablement le champ d'activités initial des *conduites* en modifiant leur *organisation* de départ (par exemple lors du passage d'activités purement sensori-motrices à des activités représentatives).

États d'équilibre

«Le fait que les états d'équilibre soient toujours dépassés tient... à une raison très positive. Toute connaissance consiste à soulever de nouveaux problèmes au fur et à mesure qu'elle résout les précédents... Cela reste encore vrai des domaines logico-mathématiques où pourtant, l'équilibre est maximal, puisqu'une vérité acquise par démonstration se conserve indéfiniment: il ne constitue cependant nullement un point d'arrêt puisqu'une structure une fois achevée peut toujours donner lieu à des exigences de différenciations en nouvelles sous-structures ou à des intégrations en des structures plus larges.» E.S.C. 36

Voir aussi:

Accommodation
Adaptation
Assimilation
Développement

Équilibration
Organisation
Régulations
Réversibilité

● **EXPÉRIENCE**

L'*expérience* constitue un facteur important dans le *développe-ment* de l'*intelligence* et de la *connaissance*. Piaget met toutefois l'accent sur la nécessité de distinguer deux (2) formes d'*expérience* en relation avec les deux (2) types de *connaissances* qu'il identifie (i.e. *connaissances exogènes et endogènes*).

1) L'expérience physique ou empirique correspond à la conception classique de l'*expérience*. Elle consiste à tirer une *connaissance* par *abstraction* à partir des objets eux-mêmes, c'est-à-dire par *abstraction simple*. Elle sous-tend donc la formation des *connaissances physiques ou empiriques* (exogènes).

2) L'expérience logico-mathématique se réfère aux informations que le sujet tire de ses propres actions sur l'objet et non plus des objets eux-mêmes. Elle fait intervenir une *abstraction réfléchissante* et sous-tend l'élaboration de la *connaissance logico-mathématique*.

Piaget considère qu'il n'existe pas d'*expérience physique* "pure" au sens d'une simple lecture des propriétés de l'objet. Selon lui, toute *expérience physique* fait intervenir les *instruments de connaissance* du sujet qui seuls rendent possible la lecture même de l'*expérience*. De sorte que, confrontés à une même situation, un sujet de niveau préopératoire et un sujet de niveau opératoire concret ne tireront pas la même information. Celle-ci dépend toujours de l'activité du sujet, c'est-à-dire des actions ou *opérations* dont il dispose pour comprendre et interpréter la réalité.

Cette subordination de l'*expérience physique* aux *instruments de connaissance* logico-mathématique du sujet revient donc à subordonner la *connaissance expérimentale* ou physique à la *connaissance logico-mathématique*.

Expérience

> «... *l'expérience est nécessaire au développement de l'intelligence, mais... elle n'est pas suffisante et surtout... elle se présente sous deux formes bien distinctes ...: l'expérience physique et l'expérience logico-mathématique.*» P.P. 61

Expérience physique

«L'expérience physique consiste à agir sur les objets et à découvrir des propriétés par abstraction à partir de ces objets: par exemple soupeser des objets et constater que les plus lourds ne sont pas toujours les plus gros.» P.P. 60-61

Expérience logico-mathématique

«L'expérience logico-mathématique (indispensable aux niveaux où la déduction opératoire n'est pas encore possible) consiste également à agir sur les objets mais à découvrir des propriétés par abstraction à partir, non pas des objets comme tels, mais des actions elles-mêmes qui s'exercent sur ces objets: par exemple aligner des cailloux et découvrir que leur nombre est le même en procédant de gauche à droite et de droite à gauche (ou en cercle, etc.); en ce cas, ni l'ordre ni la somme numérique n'appartiennent aux cailloux avant qu'on les ordonne ou qu'on les compte et la découverte que la somme est indépendante de l'ordre (= commutativité) a consisté à abstraire cette constatation des actions elles-mêmes de dénombrer et ordonner, quoique la "lecture" de l'expérience ait porté sur les objets, puisque ces propriétés de somme et d'ordre ont été en fait introduites par les actions dans ces objets.» P.P. 62

Voir aussi:

Abstraction
Apprentissage
Connaissance (s)
Développement

F

● **FIGURATIFS** (aspects)

Voir:

Pensée

● **FINALISME**

Voir:

Animisme
Artificialisme
Réalisme

● **FONCTION SYMBOLIQUE**

Piaget appelle *fonction symbolique* le système des *représentations* tant individuelles que collectives.

La *fonction symbolique* consiste en une *représentation* d'objets ou d'événements non actuellement perceptibles. C'est donc essentiellement une fonction évocatrice. Les moyens dont elle use sont les divers modes de *pensée représentative* que constituent l'*imitation différée*, l'*image mentale*, le *symbole*, le dessin, le *jeu symbolique* et le *langage*.

La *fonction symbolique* est donc plus large que le *langage* puisqu'elle englobe, outre le système des *signes* verbaux qui sont des *signifiants* collectifs et arbitraires, celui des *symboles* au sens strict qui sont des "*signifiants* motivés", construits par le sujet pour son propre usage et plus aptes à traduire la réalité enfantine actuelle que ne le sont les *signes* arbitraires du *langage* collectif.

Représentation

La représentation naît donc de l'union de "signifiants" permettant d'évoquer les objets absents avec un jeu de signification les reliant aux éléments présents. Cette connexion spécifique entre des "signifiants" et des "signifiés" constitue le propre d'une fonction nouvelle, dépassant l'activité sensori-motrice, et que l'on peut appeler de façon très générale la "fonction symbolique". C'est elle qui rend possible l'acquisition du langage, ou des "signes" collectifs. Mais elle le déborde largement puisqu'elle intéresse également les "symboles", par opposition aux signes, c'est-à-dire les images

intervenant dans le développement de l'imitation, du jeu et des re-
présentations cognitives elles-mêmes.»   F.S. 292

Voir aussi:

Langage
Représentation
Schèmes verbaux
Signe (s)
Signifiant (s)
Symbole (s)

G

• GROUPE DES DÉPLACEMENTS

Le *groupe des déplacements* est la *structure* des mouvements et positions ordonnés dans l'espace et dans le temps. Sa constitution est liée à l'élaboration d'un espace unique dans lequel le sujet est capable de se situer à titre d'objet parmi les autres. Elle est donc solidaire de l'établissement progressif de relations spatiales entre les choses ainsi qu'entre les mouvements propres et ceux de l'objet.

L'espace ne constitue pas une donnée immédiate de la conscience mais résulte selon Piaget, d'une longue élaboration liée à la différenciation et à la coordination des *schèmes sensori-moteurs.*

La constitution progressive, au cours des 6 *stades* de l'*intelligence sensori-motrice,* du *groupe représentatif des déplacements*, reflète précisément les étapes de l'élaboration du champ spatial, en relation avec le *développement* et l'articulation des divers *schèmes* sensori-moteurs.

Durant les deux premiers *stades* de l'*intelligence sensori-motrice*, il n'y a ni *objets permanents* ni espace unique, mais autant d'objets que de perspectives et autant d'espaces que d'activités hétérogènes. Le jeune bébé, ne se dissociant pas du milieu, ne parvient pas à différencier les déplacements de l'objet de ceux de son corps propre. Il n'est pas capable de situer ses activités dans l'espace et de les concevoir comme relatives aux déplacements de l'objet. L'action crée en quelque sorte l'espace mais ne se situe pas encore en lui.

Piaget appelle *groupes pratiques des déplacements* les espaces hétérogènes constitués par les activités réflexes de l'enfant. Ce sont: l'espace gustatif ou buccal, l'espace visuel, l'espace tactile, l'espace auditif, etc. C'est ainsi, par exemple, que les déplacements de la bouche par rapport aux objectifs à sucer et inversement, constituent un espace buccal sans que l'enfant dissocie pour autant ses mouvements propres de ceux de l'objet. De même l'*accommodation* visuelle aux déplacements de l'objet est constitutif d'un espace visuel. Il y a ''*groupe*'' dans la mesure où il y a *un «ensemble coordonné de déplacements susceptibles de revenir à leur point de départ, et tel que l'état final ne dépende pas du chemin parcouru...».*

C.R. 95

Les *groupes pratiques* des 2 premiers *stades* sont donc tout simplement une "mise en pratique" de "déplacements coordonnés" pouvant revenir à leur point de départ, mais sans que l'enfant ait conscience des relations spatiales en jeu.

Au *troisième stade*, qui débute avec la coordination vision-*préhension*, vont se constituer ce que Piaget appelle des *groupes subjectifs*. En effet, la coordination des *schèmes* de succion avec ceux de la vision et de ces derniers avec les *schèmes* de *préhension*, va entraîner la coordination entre eux des *groupes pratiques* ou espaces hétérogènes (par exemple: l'espace buccal avec l'espace visuel, l'espace visuel avec l'espace tactilo-kinesthésique ou moteur), antérieurement constitués.

Les *réactions circulaires secondaires*, propres à ce *stade*, qui consistent à reproduire les mouvements ayant provoqué des résultats intéressants dans le milieu, vont permettre un début de mises en relation entre les mouvements propres et ceux des objets du milieu.

De plus, en agissant sur les choses avec ses mains, l'enfant se regarde agir sur les objets: il perçoit ses mains, ses bras, les contacts de ses mains avec les objets saisis. L'une des manifestations du progrès accompli à ce *stade* est la *réaction circulaire différée*, ou reprise d'une activité momentanément interrompue. Dans le cas de la *préhension* interrompue, par exemple, l'enfant ayant lâché un objet qu'il tenait dans les mains, le recherchera dans le prolongement de ses mouvements antérieurs de *préhension*.

Les *groupes subjectifs* du 3e *stade* marquent donc un début d'objectivation de l'espace en relation avec un début de *permanence de l'objet*. Mais ils demeurent subjectifs dans la mesure précisément où l'objet et l'espace se situent encore dans le prolongement de l'action et où il n'y a pas encore de système de relations spatiales entre les choses, permettant de concevoir les déplacements de l'objet indépendamment de l'action propre.

Le passage des *groupes subjectifs* aux *groupes objectifs* va s'effectuer au cours des 4e et 5e *stades*. Alors que les *groupes subjectifs* définissent l'espace proche constitué par le domaine des "objets à saisir", en relation avec la coordination vision-*préhension*, les *groupes objectifs* définiront l'espace lointain, mesuré en placements et déplacements. Leur constitution est liée à la découverte et à l'utilisation progressive de relations complexes entre les objets, ce qui suppose l'ordination des plans de profondeur.

Le *stade* 4, caractérisé par la différenciation du sujet et de l'objet dorénavant conçu comme permanent, marque un progrès dans l'objectivation de l'espace, lié à un début de mises en relation entre les objets eux-mêmes.

Les principales acquisitions de ce *stade* sont les suivantes:

1- L'enfant est capable de chercher derrière un écran l'objet qu'on vient de cacher. Il établit de ce fait une relation spatiale entre l'objectif et l'écran.

2- En éloignant puis en rapprochant les objets de ses yeux, il découvre la constance des formes et des dimensions de l'objet.

3- En bougeant sa tête, il découvre la perspective, c'est-à-dire les changements de formes résultant des différentes positions de sa tête.

Il y a donc dissociation des déplacements de l'objet et de ceux du sujet: l'enfant a conscience à la fois de ses propres déplacements et de l'immobilité de l'objet.

Piaget appelle *groupe des opérations simplement réversibles* l'*organisation* des relations spatiales propre à ce *stade*. Il y a *réversibilité* dans la mesure où l'enfant est capable de cacher un objet derrière un écran et de le retrouver. Mais l'objectivation n'est pas complète, puisque le sujet ne parvient pas à se situer lui-même dans l'espace à titre d'objet parmi les autres. Cette *organisation* demeure ainsi limitée aux relations sujet-objets et ne se généralise pas encore aux relations spatiales des objets entre eux.

La constitution de *groupes* proprement *objectifs* ne s'effectue qu'au 5e *stade*. Elle est liée à l'acquisition de la notion de déplacements des objets les uns par rapport aux autres.

Les *réactions circulaires tertiaires* propres à ce *stade*, qui consistent à faire varier une action au cours de ses répétitions de manière à en modifier les résultats, vont contribuer à l'élaboration de relations nouvelles entre les objets. Elles donnent lieu, en effet, à des expérimentations actives qui vont permettre à l'enfant la découverte des relations spatiales entre les objets telles que les relations contenu-contenant, dessus-dessous, devant-derrière, etc.

Par ailleurs, la marche, en donnant à l'enfant la possibilité de se déplacer lui-même par ses propres allées et venues, va compléter les *groupes* élaborés au moyen des relations spatiales entre les objets.

À ce *stade*, l'enfant acquiert donc la capacité d'utiliser adéquatement les relations spatiales entre les choses, par *apprentissage* et tâtonnements empiriques issus d'une expérimentation active sur les objets. Mais il n'est pas encore capable de se les représenter en dehors de tout contact perceptif.

Au 6e *stade* (achèvement du sensori-moteur et début de la *représentation*), l'enfant parvient à retrouver un objet sans avoir perçu la succession de ses déplacements. Il se représente non seulement les relations spatiales entre les choses, mais encore les déplacements de son propre corps.

Ce *stade* se caractérise en effet par l'invention de détours, c'est-à-dire par la capacité de retrouver un objet par un itinéraire différent de celui des déplacements qu'il a effectués, par exemple: contourner un lit pour retrouver la balle qui a roulé sous lui.

La constitution de l'espace pratique ou sensori-moteur, en tant que milieu immobile dans lequel se situe le sujet lui-même, à titre d'objet parmi les autres, est donc lié à l'avènement de la *représentation*.

Groupes pratiques (2 premiers stades)

«L'espace n'est pas autre chose, durant les deux premiers stades, que le développement des schèmes sensori-moteurs envisagés au point de vue de l'accommodation, et la perception de l'espace ne dépasse en rien la perception des tableaux sensoriels auxquels l'enfant s'accommode ainsi pratiquement. L'enfant ne perçoit donc ni les relations spatiales des choses entre elles, ni ses propres déplacements par rapport aux choses. Ses propres mouvements ne lui sont en effet connus que par des sensations internes, projetées dans les tableaux du monde extérieur et dont les déplacements des choses elles-mêmes lui apparaissent dès lors comme le prolongement. On ne saurait, par conséquent, parler ni de groupes objectifs reliant les uns aux autres les déplacements des corps, ni même de groupes subjectifs impliquant la perception des rapports actifs que le sujet établit entre les choses et lui.» C.R. 100

Groupes subjectifs (3e stade)

«... ce qu'est le groupe ''subjectif'': non pas un système de relations entre objets, mais un ensemble de rapports centrés sur le sujet. Ces rapports constituent bien des ''groupes'' dans la mesure où ils conduisent l'activité du sujet à revenir à son point de départ pour retrouver l'objet. Ces groupes, en outre, ne sont plus purement ''pratiques'', puisque le sujet est partiellement conscient de son activité ordinatrice et ne se borne pas à la sentir tout au plus du dedans. Mais de tels groupes ne conduisent point encore à la constitution d'un espace objectif, c'est-à-dire d'un champ indépendant du corps propre et dans lequel celui-ci se déplace comme un objet parmi d'autres objets.» C.R. 107

Groupe des opérations réversibles (4ᵉ stade)

«Le groupe subjectif n'est qu'un groupe de mouvements apparents, ne dissociant point encore les déplacements du sujet lui-même de ceux de l'objet. Le groupe des opérations réversibles constitue au contraire un groupe objectif mais limité aux rapports élémentaires du sujet et de l'objet... S'il sort ainsi de son solipsisme, le sujet de ce stade (4ᵉ) demeure égocentrique, géométriquement parlant: il ne conçoit pas encore les positions et déplacements comme relatifs les uns aux autres, mais uniquement comme relatifs à lui. Il ne situe donc toujours pas son corps entier dans un champ immobile comprenant les autres corps au même titre que le sien. Il situe correctement tout par rapport à lui, mais sans se situer lui-même dans un espace commun.» C.R. 160

Groupe objectif (5ᵉ stade)

«Le cinquième stade marque un progrès essentiel dans la construction du champ spatial: c'est l'acquisition de la notion de déplacements des objets les uns par rapport aux autres, autrement dit, l'élaboration des groupes "objectifs" de déplacement au sein du milieu homogène.

... l'enfant parvient à tenir compte des déplacements successifs de la chose qu'il recherche. Jusque-là, il ne tenait compte que d'un déplacement privilégié (il cherchait systématiquement l'objet là où il l'avait trouvé une première fois), c'est-à-dire qu'il négligeait l'ordre des déplacements, même lorsqu'ils avaient tous été directement perçus. D'où l'impossibilité de situer les objets dans un système d'ensemble assurant au champ spatial son homogénéité. Dorénavant, au contraire, l'enfant tient compte des déplacements successifs.» C.R. 160-161

Groupes représentatifs (6ᵉ stade)

«... grâce à la représentation spatiale et à la capacité d'élaborer des groupes représentatifs, l'espace est constitué pour la première fois à titre de milieu immobile. Cette acquisition finale garantit ainsi l'objectivité des groupes perçus et la possibilité d'étendre ces groupes aux déplacements ne tombant pas directement dans le champ de la perception.» C.R. 181

Voir aussi:

Intelligence sensori-motrice
Permanence de l'objet

Préhension
Réactions circulaires

● **GROUPE INRC**

La *structure* de *groupe INRC* est aux *opérations* combinatoires du niveau opératoire formel, ce que la *structure* de *groupement* est aux *opérations* de *classes* et de *relations* du niveau opératoire concret. On sait que, pour Piaget, une *opération* n'existe jamais à l'état isolé mais est toujours solidaire d'un système d'ensemble comprenant une série d'opérations interreliées et interdépendantes. Le *groupe INRC* est donc la *structure* d' *ensemble* des *opérations formelles.* Elle comporte un certain nombre de règles de compositions ou transformations opératoires permettant de définir les relations qui existent entre les diverses *opérations formelles*. Celles-ci sont de nature hypothético-déductive. En effet, au lieu de porter directement sur les objets, leur réunion, leurs relations ou leur dénombrement, elles portent sur les *opérations* effectuées sur ces objets. Elles sont donc constitutives d'un système d'*opérations* à la seconde puissance: le *groupe INRC.*

Piaget définit également le *groupe INRC* comme un ''*groupement* de *groupement*'' ou ''*groupement* à la seconde puissance''. Sa formation résulte de la généralisation des *opérations* de *classes* et de *relations* du niveau antérieur (i.e. opératoire concret), qui en se libérant de leur attache concrète entraînent la constitution d'une *combinatoire*, c'est-à-dire d'un ''ensemble de parties''. Celle-ci permet au sujet, non seulement de structurer les données réelles, mais de former l'ensemble des possibilités pouvant être envisagées à partir de celles-ci, donc de raisonner sur des hypothèses.

Combinatoire et *groupe INRC* sont les *structures* complémentaires de la *pensée formelle*. Tandis que la *combinatoire* désigne l'ensemble des 16 *opérations* propositionnelles binaires de la *pensée formelle* (à savoir: l'affirmation, la négation, la conjonction, la disjonction, l'incompatibilité, etc.), le *groupe INRC* ou *groupe des 4 transformations* (identique, inverse ou négative, réciproque et inverse de la réciproque ou corrélative) est la *structure* qui sous-tend l'articulation de ces *opérations* formelles, c'est-à-dire les raisonnements auxquels conduit leur utilisation.

Cette *structure* logique présente les propriétés suivantes caractérisant également la *structure* mathématique de ''groupe'':

1- **composition**: une *opération* portant sur deux ou plusieurs *opérations* du système, engendre un élément appartenant lui-même au système;

2- **associativité**: le résultat d'une série de transformations ne dépend pas de leur ordre d'application;

3- identité: il existe, à l'intérieur du système, une transformation qui, lorsqu'elle est appliquée à un élément, laisse cet élément inchangé;

4- inverse: il existe enfin, pour chaque élément du système, un élément inverse qui transforme le premier en élément identique.

Cette *structure* permet de définir les relations entre les 16 *opérations* regroupées quatre à quatre: I, N, R et C représentent les transformations permettant de passer, à l'intérieur d'un même quaterne (ou ensemble de 4 *opérations*), d'une proposition à une autre.

Cette *structure* présente une certaine parenté avec les *groupements* opératoires concrets. Mais alors que ces derniers constituent seulement des semi-réseaux et ne permettent pas de former un ''ensemble de parties'', le *groupe INRC* constitue un réseau complet.

De plus, en tant que synthèse des *groupements* antérieurs, le *groupe INRC* réalise également la synthèse des deux formes de *réversibilité,* par inversion ou négation et par réciprocité, caractérisant respectivement les *groupements* de *classes* et de *relations.* En effet, alors qu'une *opération concrète* possède soit une inverse (*opérations* de *classe*) soit une réciproque (*opérations* de *relations*), les *opérations formelles* présentent cette particularité que chacune d'elle comporte à la fois une inverse et une réciproque. La *structure* reliant entre elles ces *opérations*, à savoir le *groupe INRC*, permet donc de définir un plus grand nombre de relations ou de compositions opératoires entre ces *opérations*, que ne le permettait la structure de *groupement* propre aux *opérations concrètes.*

Piaget a identifié un certain nombre de *schèmes opératoires formels* présentant cette *structure* de *groupe INRC.* Ils constituent des modes de raisonnement reposant sur l'emploi d'*opérations formelles* (ou hypothético-déductives) et permettant d'élaborer un certain nombre de notions fondamentales telles que la proportion, l'équilibre, la probabilité, la corrélation, etc.

Groupe INRC (ou système des opérations formelles)

«*... ce qui manque aux structures concrètes de groupement, c'est la combinatoire inhérente à la construction de l'''ensemble des parties'', ou ce qui revient au même, c'est l'utilisation d'opérations propositionnelles (implication, etc.) ou isomorphes à celles-ci puisque les opérations interpropositionnelles reposent sur la structure d'un tel "ensemble de parties". La différence essentielle entre les groupements élémentaires de classes et de relations (classifica-*

tions, sériations et correspondances multiplicatives) et cette structure, est donc bien d'abord que les premiers constituent seulement des semi-réseaux tandis que l'ensemble des parties forme un réseau complet. En second lieu, les opérations portant sur l'"'ensemble des parties" comportent chacune une inverse et une réciproque: la deuxième différence entre les groupements concrets et le système des opérations formelles tient alors à l'absence d'un groupe unique reliant les inversions et les réciprocités au sein de ce groupe, sitôt constitué l'"'ensemble des parties".»   L.E.L.A. 245

Voir aussi:

Groupement (s)
Opération (s)
Pensée opératoire formelle
Réversibilité
Schème (s) opératoire (s) formel (s)
Structures de l'intelligence

● **GROUPEMENT (S)**

Piaget appelle *"groupements"* les *structures* ou systèmes d'ensemble correspondant aux systèmes qualitatifs propres à la *pensée logique* du niveau opératoire concret. Ils sont constitués par les *opérations* de *classes* et de *relations* (voir *classification* et *sériation*).

Dans la mesure où une *opération* n'existe jamais à l'état isolé mais est toujours solidaire d'autres *opérations*, elle constitue une partie intégrante d'un système opératoire, c'est-à-dire d'un ensemble d'*opérations* interreliées et interdépendantes. Le *groupement* est donc le système opératoire caractérisant les *opérations logiques et infralogiques* de *classes* et de *relations* propres à la *pensée opératoire concrète*. Il est la *structure* qui sous-tend leur articulation, c'est-à-dire les raisonnements auxquels conduit leur utilisation.

Ces *opérations* (ou transformations mentales) que le sujet de ce niveau parvient à effectuer sur l'objet, structurant ainsi la réalité concrète, sont les suivantes:

1- Composition: lorsque deux éléments quelconques d'un *groupement,* (par exemple: 2 classes distinctes ou encore, deux relations) sont composés entre eux, ils engendrent un nouvel élément appartenant au *groupement* (par exemple: une nouvelle *classe* d'ensemble qui englobe les 2 *classes* distinctes ou une nouvelle *relation* contenant les 2 *relations* précédentes).

2- Réversibilité: toute *opération* ou transformation effectuée sur les objets est réversible. Les *classes* combinées peuvent ainsi être à nouveau dissociées. En d'autres termes, il existe, pour chaque *opération* du système, une *opération* inverse (ou réciproque) qui composée à elle, l'annule.

3- Associativité: la composition des *opérations* est associative, ce qui signifie que l'ordre de composition des *opérations* peut être modifié sans que le résultat final en soit altéré (par exemple: (x + x') + y = x + (x' + y) = z

4- Identité: la composition d'une *opération* directe avec une *opération* inverse laisse l'objet inchangé.

5- Tautologie: (a) la même action en se répétant ne change rien à elle-même, (b) la même action en se répétant produit un effet cumulatif.

Le *groupement* réalise, pour la première fois dans le *développement* de la *pensée*, un *équilibre* entre l'*assimilation* des choses à l'action propre et l'*accommodation* de celle-ci aux modifications de l'objet.

La principale manifestation qui atteste l'apparition du *groupement*, c'est-à-dire la constitution d'*opérations* interdépendantes, est l'élaboration des notions de *conservation* d'ensembles ou de totalités. En effet, la capacité pour l'enfant de concevoir qu'un tout se conserve indépendamment de l'arrangement de ses parties suppose le recours à des *opérations,* subordonnant les états successifs à un système de transformations réversibles.

Piaget distingue en tout huit *groupements:* quatre *groupements de classes* (voir *classes* et *classifications*) et quatre *groupements de relations* (voir *sériation*).

Il différencie en outre deux sortes de *groupements* selon que les *opérations* concrètes de *classes* et de *relations* sont appliquées à des objets discrets ou que ces mêmes *opérations* sont appliquées à des parties ou éléments d'objets et deviennent constitutives d'objets continus tels que l'espace, le temps, etc. Les premiers sont appelés *groupements logico-arithmétiques* et les seconds *groupements infralogiques ou spatio-temporels.*

Groupements

«Psychologiquement, le "groupement" consiste en une certaine forme d'équilibre des opérations, donc des actions intériorisées et organisées en structures d'ensemble...» P.I. 44

«... tant qu'il n'y a pas groupement, il ne saurait y avoir conser-

x

93

vation des ensembles ou totalités, tandis que l'apparition d'un groupement est attestée par celle d'un principe de conservation. Par exemple, le sujet capable de raisonnement opératoire à structure de groupement sera d'avance assuré qu'un tout se conservera indépendamment de l'arrangement de ses parties, tandis qu'il le contestera auparavant.» P.I. 50

Groupements (construction des)

«... la construction simultanée des groupements de l'emboîtement des classes et de la sériation qualitative, entraîne l'apparition du système des nombres.» P.I. 153

Groupements (ou structure des opérations concrètes)

«... les structures d'ensemble de classes et de relations auxquelles se conforment les opérations de la pensée concrète sont des structures limitées, qui se bornent à réunir ces classes ou ces relations de proche en proche par emboîtements ou enchaînements contigus. Elles demeurent ainsi à l'état de groupes incomplets ou semiréseaux, du fait qu'elles considèrent seulement ces emboîtements contigus sans atteindre la combinatoire qui caractérise les "ensembles de parties" et qui seule permet la synthèse, en un système unique, des inversions et des réciprocités.» L.E.L.A. 241

«D'une manière générale, les "groupements" élémentaires qui constituent les seules structures d'ensemble accessibles au niveau des opérations concrètes se caractérisent donc par deux particularités essentielles qui les opposent aux structures formelles:
1) Ils constituent des schèmes d'emboîtements ou d'enchaînements simples ou multiples, mais sans combinatoire reliant n à n les divers éléments en présence; ils n'atteignent par conséquent pas la structure du réseau, qui comporte une telle combinatoire ("ensemble de parties") mais demeurent à l'état de semi-réseaux;
2) Ils présentent une réversibilité consistant soit en inversion (classes) soit en réciprocité (relations) mais échouent à réunir ces deux formes de réversibilité en un système unique; ils ne rejoignent par conséquent pas la structure du groupe des inversions et réciprocités (le groupe INRC...) et demeurent à l'état de groupes incomplets.» L.E.L.A. 242

Voir aussi:

Classification (s)
Groupes
Nombre (s)

I

● **IDENTITÉ**

Voir:

Conservation
Réversibilité

● **IMAGE (S)**

L'*image* est un *symbole*, c'est-à-dire un *signifiant* motivé. En effet, en tant que copie ou reproduction de l'objet, elle constitue un *signifiant* figural présentant un lien de ressemblance avec l'objet qu'elle signifie. Elle est l'instrument sémiotique nécessaire pour évoquer et penser le perçu.

Piaget conçoit l'*image* comme une esquisse d'*imitation* possible, produit de l'*imitation* intériorisée. Son apparition est liée à la constitution de la *fonction symbolique* qui résulte de la différenciation des *signifiants* (fournis par l'*imitation*) et des *signifiés* (fournis par le *jeu*) et permet l'évocation d'objets ou de situations non actuellement perçus. Aussi son évolution est-elle solidaire de celle de l'*imitation*, laquelle dépend elle-même étroitement du *développement* de l'*intelligence*.

L'*image* se rattache à l'un des deux principaux aspects de la *pensée:* l'*aspect figuratif* qui atteint les caractères figuraux de la réalité (états ou configurations) par opposition à l'*aspect opératif* portant sur les transformations. Elle en constitue la forme supérieure, les autres aspects figuratifs de la *pensée* étant la perception et l'*imitation* dont l'*image* est précisément le prolongement.

Piaget distingue deux grandes catégories d'*images:* les *images* reproductrices qui évoquent des objets ou des événements déjà connus ou antérieurement perçus; les *images* anticipatrices, relatives à des mouvements, des transformations ou à leurs résultats mais sans que ceux-ci aient donné lieu à une perception antérieure. Ces deux (2) types d'*images* peuvent porter aussi bien sur des états ou configurations statiques que sur des transformations (changement de formes) ou des mouvements (changements de positions).

Or, Piaget constate que l'apparition des *images* relatives à des mouvements ou à des transformations, qu'elles soient reproductrices ou anticipatrices, est en retard sur l'apparition des *images* simplement statiques, car elle suppose l'intervention de mécanismes opératoires. Cela signifie que l'*image* à elle seule est essentiellement statique et ne permet pas une *représentation* adéquate de mouvements ou de transformations. Dans le cas, par exemple, du liquide contenu dans un verre haut et étroit que l'on transvase dans un verre bas et large, il faut le recours à des *opérations* réversibles, permettant de relier entre eux les états successifs, pour que le sujet parvienne à se représenter correctement le niveau atteint par le liquide.

L'*image* joue un rôle prépondérant, si ce n'est abusif, au niveau préopératoire où la *pensée* de l'enfant, ne disposant pas d'un système d'*opérations* réversibles aptes à traduire les transformations, demeure centrée sur les états ou configurations de l'objet, sans parvenir à les relier entre eux. Avec l'avènement des *opérations concrètes* (vers 7-8 ans), la *représentation* imagée se subordonne à l'*opération*: les états sont dorénavant conçus comme le produit de transformations antérieures ou le point de départ de transformations nouvelles.

L'évolution de l'*image* est donc liée, pour Piaget, à la coordination progressive des *aspects figuratifs* (états ou configurations) et *opératifs* (transformations) de la *pensée*. Ainsi, tant que l'*image* n'est pas subordonnée à l'*opération* (niveau préopératoire), la *représentation* imagée demeure inapte à traduire les transformations et conduit à des jugements erronés. Piaget en cite plusieurs exemples concernant les notions de *conservation*. Au contraire, à partir du moment où les *opérations* permettant de relier entre eux les états successifs se coordonnent aux images représentant ces états, la *représentation* imagée acquiert, grâce aux *opérations*, le support nécessaire pour évoquer ou anticiper les mouvements et les transformations.

Image

> «... l'image (est) une imitation intérieure due aux schèmes sensori-moteurs toujours présents. L'image n'est donc pas le prolongement de la perception comme telle, mais de l'activité perceptive, laquelle est une forme élémentaire d'intelligence dérivant elle-même de l'intelligence sensori-motrice propre aux dix-huit premiers mois de l'existence. Or, de même que les accommodations de cette intelligence initiale constituent l'imitation sensori-motrice, de même, les accomodations de l'activité perceptive constituent l'image, qui est bien ainsi une imitation intériorisée.»   F.S. 79-80

> «... les images mentales ne constituent qu'un système de symboles traduisant plus ou moins exactement, mais en général avec retard, le niveau de compréhension préopératoire puis opératoire des sujets. L'image ne suffit donc point à engendrer les structurations

opératoires: tout au plus, peut-elle servir, lorsqu'elle est suffisamment adéquate... à préciser la connaissance des états que l'opération reliera ensuite par un jeu de transformations réversibles. Mais l'image en elle-même demeure statique et discontinue... Lorsque, après 7-8 ans, l'image devient anticipatrice et par conséquent, mieux à même de servir de support aux opérations, ce progrès ne résulte pas d'une modification interne et autonome des images, mais bien de l'intervention d'apports extérieurs, qui sont dus à la formation des opérations.» P.E. 62-63

Images (développement des)

«... les deux grandes périodes du développement des images correspondent aux niveaux préopératoires (avant 7-8 ans) et aux niveaux opératoires. Comme on l'a déjà rappelé au § 1, les images de la première de ces deux périodes demeurent essentiellement statiques, et par conséquent inaptes à représenter les mouvements et transformations, même en leurs seuls résultats, ainsi a fortiori *qu'à anticiper les processus non encore connus familièrement. Vers 7-8 ans, au contraire, débute une capacité d'anticipation imagée, qui permet alors la reconstitution des processus cinétiques ou de transformation et même la prévision des séquences nouvelles et simples.»* I.M. 421

Exemple

«Dans l'épreuve de la conservation des liquides, où l'on dispose d'un verre A de départ, d'un verre B plus mince et d'un verre C plus large, on demande ainsi de prévoir le résultat du transvasement de A en B et en C avant de l'effectuer et d'indiquer notamment les niveaux qui seront atteints par l'eau. Deux résultats intéressants... sont alors à noter quant aux réactions des sujets préopératoires (5-7 ans). La plupart d'entre eux s'attendent à une sorte de conservation générale qui est en fait une "pseudo-conservation": même quantité à boire mais aussi mêmes niveaux en A, en B et en C, et c'est ensuite, lorsqu'ils voient que l'eau monte plus haut en B qu'en A et moins haut en C, qu'ils commencent à nier toute conservation des quantités. Les sujets d'un second groupe, au contraire, moins nombreux que le premier, prévoient correctement que l'eau montera davantage en B et moins en C qu'en A, mais en concluant d'avance que la quantité de liquide ne se conservera pas; et quand on leur demande de verser autant à boire en A et en B, ils maintiennent exactement le même niveau dans les deux verres. On voit, chez les sujets de ce second groupe, que si l'image reproductrice

des niveaux est exacte, évidemment parce que due à quelque expé-rience antérieure, elle ne suffit nullement à entraîner l'opération et la conservation, faute de compréhension de la compensation: l'enfant a beau dire que l'eau monte plus en B ''parce que le verre est plus mince'', il n'en parvient pas pour autant à conclure ''plus haut × plus mince = même quantité et ne considère la minceur de B qu'à titre d'indice empirique permettant de prévoir (mais non pas de comprendre) la hausse du niveau de l'eau.» P.E. 62

Voir aussi:

Fonction symbolique
Pensée (aspects figuratifs et opératifs)
Pensée intuitive
Représentation
Signifiant (s)
Symbole (s)

● IMITATION

L'*imitation* constitue essentiellement un prolongement de l'*accommodation*. Lorsque l'enfant imite, il cherche en effet à accommoder les *schèmes* d'*assimilation* dont il dispose à l'*image* ou au modèle perçu. L'évolution de l'*imitation*, depuis ses premières ébauches sensori-motrices jusqu'à l'avènement de la *représentation*, est donc intimement liée au *développement* de l'*intelligence.* Elle contribue à l'exercice de l'un de ses deux principaux mécanismes fonctionnels: celui de l'*accommodation*.

Si la *représentation* n'est pas nécessaire à l'*imitation*, puisque celle-ci se manifeste dès le niveau sensori-moteur, l'évolution de l'*imitation* joue un rôle important dans la genèse de la *représentation.* En s'intériorisant, l'*imitation* engendre l'*image* qui fournit à la *pensée* des *signifiants* permettant de représenter des choses signifiées. Ainsi, lorsque l'enfant imite des objets (par ex. un animal) avec son propre corps ou qu'il fait ''tchou tchou'' en marchant, pour imiter un train, il représente quelque chose (objet) par autre chose (corps propre). Il utilise donc des *signifiants* pour évoquer des objets ou situations signifiés.

Piaget distingue plusieurs étapes dans l'évolution de l'*imitation* en relation avec les différents *stades* du *développement* de l'*intelligence sensori-motrice, préopératoire* puis *opératoire.* Il montre comment l'*imitation*, en se dissociant peu à peu de la situation immédiate, finit par engendrer l'*image mentale* ou le *symbole* en tant que reproduction intériorisée et différée de l'objet.

Au 1er *stade* de l'*intelligence sensori-motrice,* il n'y a pas encore d'*imitation* réelle, mais simple déclenchement d'une activité réflexe par un excitant externe. Par exemple lorsque dans une pouponnière un bébé se met à pleurer, les autre bébés pleurent sans qu'il y ait *imitation,* c'est-à-dire reproduction intentionnelle de quelque chose de perçu.

Au *second stade,* qui correspond à la formation des premières habitudes, l'*imitation* se confond avec les *réactions circulaires primaires,* sorte d'*imitation* de soi-même ou *assimilation reproductrice* d'une activité qui s'est accommodée à des données extérieures. Il y a, par exemple, contagion vocale, en ce sens que la production de sons par autrui déclenche l'émission de sons chez l'enfant sans qu'il y ait *imitation* précise. L'enfant tend également à prolonger ses mouvements d'*accommodation* aux déplacements du visage d'autrui. Si l'adulte penche la tête à droite et à gauche, l'enfant suit du regard avec de légers mouvements de la tête et il reproduit ces mouvements lorsque l'adulte s'arrête. L'*imitation,* à ce *stade,* constitue donc un prolongement de l'*accommodation* au sein des *réactions circulaires* et apparaît comme une sorte de procédé pour faire durer un spectacle intéressant.

Avec l'évolution des conduites sensori-motrices et grâce à la différenciation et à la coordination progressives des *schèmes* initiaux, l'*imitation* va devenir de plus en plus systématique et intentionnelle.

L'enfant du 3e *stade* parvient à imiter les mouvements d'autrui qui correspondent à ses propres mouvements connus et visibles. C'est l'âge, notamment, où l'enfant apprend à faire des bravos ou des au revoir avec les mains. Il est donc capable d'imiter les différents gestes des mains qu'il exécute pour eux-mêmes.

Le 4e *stade* (vers 8 mois) qui marque la différenciation du sujet et de l'objet et qui se caractérise par une importante acquisition, celle de la *permanence de l'objet,* s'accompagne d'un net progrès des *conduites* imitatives. L'enfant commence à imiter le nouveau, c'est-à-dire qu'il parvient à reproduire des gestes qu'il n'avait pas encore exécutés auparavant. Il va chercher, par exemple, à assimiler au corps propre les gestes d'autrui, même si ceux-ci ne sont pas visibles sur lui. C'est le cas notamment d'expressions telles que tirer la langue, cligner des yeux, plisser le nez, etc. L'*imitation,* à ce *stade,* des mouvements d'autrui invisibles sur le corps propre, fait intervenir l'utilisation d'*indices.* Ceux-ci sont une partie de l'objet, permettant d'évoquer l'objet tout entier. Ainsi, l'enfant est capable d'utiliser comme *indice* le bruit qui accompagne un mouvement de la bouche perçu sur autrui pour traduire ce *schème* visuel en *schème* moteur.

Cf. *Exemples:* Obs. 24 F.S. 40-41

Au 5ᵉ *stade*, l'*imitation* de modèles nouveaux devient beaucoup plus systématique, les progrès de l'*imitation* allant de pair avec les progrès de l'*intelligence* elle-même. C'est à cet âge (12 à 16 mois environ) que l'enfant commence à reproduire les premiers mots (premiers *schèmes verbaux*).

Cf. *Exemples:* Obs. 39 F.S. 56-57

Au 6ᵉ *stade*, l'*imitation* cesse d'être dépendante de la perception immédiate et des tâtonnements empiriques. L'enfant est maintenant capable:

1- d'imiter, sans tâtonnement, des modèles nouveaux et complexes;
2- d'imiter de façon différée, c'est-à-dire en l'absence du modèle;
3- d'imiter des objets matériels ou des situations antérieures, pour les représenter ou les évoquer.

Cf. *Exemples:* Obs. 52 et obs. 56 F.S. 64-65

Au cours de la période préopératoire, l'*imitation* continue à évoluer avec les progrès de l'*intelligence*. Cependant, elle demeure globale et ne tient pas compte du détail. Elle reflète l'*égocentrisme* enfantin, c'est-à-dire l'incapacité du jeune enfant de différencier son propre point de vue de celui d'autrui.

À partir du niveau opératoire concret (7-8 ans) l'*imitation* devient de plus en plus précise, soucieuse du détail et de la correspondance objective avec le modèle extérieur. À ce stade, le sujet et l'objet étant nettement différenciés au niveau de la *représentation*, l'enfant a conscience qu'il imite. Enfin, l'*imitation* perd peu à peu de son caractère ludique (voir *jeu d'imitations*) pour se réintégrer dans l'*intelligence*.

L'interprétation piagétienne de l'*imitation* présente des implications pédagogiques intéressantes. Elle nous montre en effet qu'une grande part de l'*apprentissage* chez le jeune enfant se fait par le biais de l'*imitation*. Celle-ci constitue l'instrument privilégié dont dispose l'enfant pour s'accommoder ou s'adapter à la réalité. D'où l'importance des modèles que l'adulte fournit à l'enfant.

Imitation

«... le problème de l'imitation conduit à celui de la représentation:

dans la mesure où celle-ci constitue une image de l'objet... elle est alors à concevoir comme une sorte d'imitation intériorisée, c.-à-d. comme un prolongement de l'accommodation.» F.S. 12

«... l'imitation ne constitue jamais une conduite se suffisant à elle-même, elle résulte toujours d'une accommodation spéciale au modèle proposé, mais c'est parce que le modèle est assimilé de près ou de loin à un schème propre identique ou analogue, qu'il suscite cette accommodation imitative. Autrement dit, l'imitation est toujours un prolongement de l'intelligence mais dans le sens d'une différenciation en fonction de modèles nouveaux.» F.S. 75

Exemples

Obs. 24 - Après l'imitation relative à la bouche, examinons celle des mouvements se rapportant au nez.

Vers 0:9 (6), J. prend l'habitude de coller son visage contre la joue de sa mère et souffler du nez ou de renifler bruyamment dans cette posture. À 0:9 (11), elle commence à produire le même son, mais en dehors de ce contexte: elle respire avec bruit, sans remuer ni la tête ni le nez lui-même. Une ou deux heures après qu'elle l'a fait, je me livre au même exercice: elle m'imite aussitôt et semble chercher sur mon visage d'où provient ce son. Elle regarde d'abord ma bouche, puis paraît examiner mon nez. Mais elle n'imite encore ni le geste de se toucher le nez avec l'index ou la main entière ni celui de remuer le nez.

Vers 0;10, par contre, J. s'amuse à souffler et à respirer bruyamment en plissant le nez et en fermant presque les yeux. Il suffit de refaire la même chose, soit immédiatement, soit sans relation avec ses exercices spontanés, pour qu'elle imite d'emblée ce geste global. Or, dès 0;10 (6), j'essaie de dissocier les mouvements du nez des autres éléments du schème: je regarde J. en plissant mon nez sans émettre aucun son. J. m'examine d'abord sans réagir, puis contracte silencieusement son nez en réponse. À 0;10 (8), il en est de même. À 0;10 (9), par contre, dès qu'elle voit remuer mon nez, elle répond en respirant bruyamment (elle rit), mais ensuite elle s'applique à plisser son nez silencieusement. À 0;10 (17), elle répond en remuant le nez sans bruit. À 0;10 (20), etc., il en est de même.

Obs. 39 - À 1;0 (20), J. me regarde alors que j'enlève et remets le couvercle de mon pot à tabac. L'objet est à sa disposition et elle pourrait essayer de reproduire le même résultat. Mais elle se con-

tente de lever et d'abaisser la main, en imitant ainsi le mouvement de la mienne et non par l'effet extérieur.

À 1;0 (21), par contre, elle imite l'action de dessiner. Je mets sous ses yeux une feuille de papier, et je trace quelques traits au crayon. Je pose ensuite le crayon: elle s'en empare aussitôt et imite mon geste, de la main droite. Elle ne parvient pas d'emblée à écrire, mais en redressant par hasard le crayon, elle trace quelques traits et continue d'emblée. Elle passe ensuite le crayon dans la main gauche, mais en le retournant: elle essaie alors de dessiner avec le mauvais bout. Constatant l'échec, elle ne le retourne pas, mais le remet dans la main droite, et attend. Pour la faire écrire à nouveau, je fais du doigt le geste de tracer des traits: elle imite aussitôt mais avec son doigt.

A 1;0 (28), elle frotte son bras pour imiter le geste de savonner.

À 1;0 (28) également, je pose un bouchon sur le bord de son berceau et le fais tomber avec un bâton. Je tends celui-ci à J., en remettant le bouchon; elle s'empare du bâton et frappe aussitôt le bouchon jusqu'à ce qu'il tombe.

Obs. 52 - À 1;4 (3), J. reçoit la visite d'un petit garçon de 1;6, qu'elle voit de temps en temps et qui, au cours de l'après-midi, se met dans une rage terrible: il hurle en cherchant à sortir d'un parc à bébés et le repousse en frappant des pieds sur le sol. J. qui n'a jamais vu de pareilles scènes, le regarde stupéfaite et immobile. Or, le lendemain, c'est elle qui hurle dans son parc et cherche à le déplacer, en tapant légèrement du pied plusieurs fois de suite. L'imitation de l'ensemble est frappante; elle n'aurait naturellement pas impliqué la représentation si elle avait été immédiate, mais à plus de douze heures de distance elle suppose sans doute quelque élément représentatif ou préreprésentatif.

Obs. 56 - Au cours du stade VI, enfin, l'imitation des objets acquiert une fonction nettement représentative. À 1;3 (8), J. joue avec un clown à longs pieds et accroche par hasard un pied dans le décolleté de sa robe. Elle a peine à le décrocher, mais, sitôt libéré, elle essaie de le remettre dans la même position. Il s'agit là, à n'en pas douter, d'un effort pour comprendre ce qui s'est passé: la conduite de l'enfant n'aurait sans cela aucun but. Or, J. n'arrivant pas à accrocher convenablement le clown dans la robe, elle étend la main devant elle, recourbe son index à angle droit pour reproduire la for-

*me des pieds de la poupée, puis elle décrit exactement la même tra-
jectoire que le clown et parvient ainsi à mettre le doigt dans le décolleté. Elle regarde un instant le doigt immobile, puis tire sur la robe, sans pouvoir naturellement regarder ce qu'elle fait. Après quoi
elle enlève son doigt, satisfaite, et passe à autre chose.*

*En imitant ainsi avec le doigt et la main, la forme et le mouvement
du clown, J. a sans doute simplement voulu se construire une sorte de représentation active de l'événement qui venait de se produire
et qu'elle comprenait mal.*

Voir aussi:

Accommodation
Assimilation
Jeu (x)
Pensée intuitive
Pensée symbolique
Représentation

● INCLUSION LOGIQUE

L'*inclusion hiérarchique* des parties dans le tout constitue le critère
de la *classification* proprement opératoire. Elle fait intervenir une notion de
conservation puisqu'elle s'appuie sur la *conservation* du tout B, lorsqu'on
dissocie les sous-classes A et A' qui le composent. Elle suppose donc l'intervention d'*opérations* interreliées et interdépendantes:

$$B = A + A'$$
$$A = B - A'$$
$$A < B \text{ ou } B > A$$
$$A' < B \text{ ou } B > A'$$

Inclure une sous-classe (par exemple: les marguerites) dans une
classe totale (les fleurs), c'est admettre la permanence de la *classe* totale
(ensemble des fleurs comprenant entre autres les marguerites) lorsqu'on lui
compare l'une des sous-classes (primevères, marguerites, tulipes, oeillets,
etc.) qui la composent.

Inclusion

*«L'inclusion est de nature proprement opératoire, et c'est parce
qu'il en est ainsi qu'elle constitue la condition nécessaire de toute
classification proprement hiérarchique.»* G.S.L.E. 121

● **INDICE (S)**

L'*indice* est un *signifiant* permettant l'anticipation ou la reconstitution d'un objet, d'un événement, d'une situation, etc. Il se distingue des *signes* et des *symboles* par le fait qu'il ne s'appuie pas sur la *représentation* mais seulement sur la *perception* et l'*assimilation* sensori-motrices.

Indice

> *«L'indice n'est qu'une partie ou un aspect de l'objet ou du processus causal dont il permet l'assimilation... En tant que partie de l'objet, l'indice permet alors d'anticiper celui-ci sans représentation mentale et par simple activation du schème intéressé: ainsi un enfant de 8 à 9 mois déjà saura retrouver un jouet sous une couverture lorsque la forme bombée de celle-ci sert d'indice à la présence de l'objectif.»*
> F.S. 103

> *«Non seulement toute pensée, mais toute activité cognitive et motrice, de la perception et de l'habitude à la pensée conceptuelle et réflexive, consiste à relier des significations et toute signification suppose un rapport entre un signifiant et un signifié. Seulement, dans le cas de l'indice, le signifiant constitue une partie ou un aspect objectif du signifié, ou encore lui est relié par un lien de cause à effet: des traces sur la neige sont pour le chasseur, l'indice du gibier, et l'extrémité visible d'un objet presque entièrement caché est, pour le bébé, l'indice de sa présence. Le signal également, même artificiellement provoqué par l'expérimentateur, constitue pour le sujet un simple aspect partiel de l'événement qu'il annonce (dans une conduite conditionnée, le signal est perçu comme un antécédant objectif).»*
> P.I. 134

● **INFRA-LOGIQUE** (ou spatio-temporel)

Voir:

● **INSTRUMENTS DE CONNAISSANCE**

Voir:

● **INTELLIGENCE**

Piaget voit dans l'*intelligence* un cas particulier de l'*adaptation* du sujet à son milieu. Tandis que l'*adaptation-survie* est assurée par les fonctions de l'organisme biologique, l'*adaptation cognitive* est liée aux mécanismes fonctionnels de l'*intelligence*, à savoir: l'*assimilation* des objets aux *schèmes* du sujet et l'*accommodation* de ceux-ci aux particularités des objets assimilés.

Il distingue deux grandes formes d'*intelligence:*

- *l'intelligence pratique ou sensori-motrice* qui s'appuie sur la coordination générale des actions du sujet et qui se développe durant les 2 premières années de la vie.

- *l'intelligence intériorisée* (verbale ou réfléchie) qui correspond à la *pensée*. Elle débute avec l'avènement de la *représentation* et se développe la vie durant. Piaget identifie toutefois trois grands niveaux dans le *développement* de l'*intelligence représentative.*

1- Le *niveau préopératoire* qui prépare les *opérations concrètes*. Il est caractérisé par une *pensée symbolique* et *intuitive* (prélogique).

2- Le *niveau des opérations concrètes:* à ce niveau, l'*intelligence* s'appuie sur des *opérations logiques* permettant de structurer adéquatement les données du réel, et non plus simplement sur des *représentations imagées* comme au niveau préopératoire.

3- Le niveau des *opérations formelles:* il correspond à une *intelligence* abstraite, capable d'opérer sur des données hypothétiques.

Le *développement* de l'*intelligence* va consister essentiellement:

1- en une coordination progressive des actions au niveau pratique;

2- en une reconstruction, au niveau de la *représentation*, de l'*organisation* élaborée au plan de l'action, grâce à une *abstraction réfléchissante* effectuée par le sujet sur ses propres actions;

3- en une reconstruction à un niveau abstrait (i.e. formel) des *opérations* (i.e. actions intériorisées) effectuées au niveau concret.

La conception piagétienne de l'*intelligence* est donc très différente de la conception psychométrique de l'*intelligence*. Alors que cette dernière repose sur la détermination de normes (intelligence moyenne d'un individu par rapport à une population donnée), la conception piagétienne de l'*intelligence* repose sur la détermination de niveaux d'*organisation* cognitive au cours du *développement* de l'individu. Elle compare donc le sujet à lui-même à différentes étapes de son évolution.

Intelligence verbale (ou réfléchie)

> «*L'intelligence verbale ou réfléchie repose sur une intelligence pratique ou sensori-motrice qui s'appuie elle-même sur les habitudes et associations acquises pour les recombiner. Celles-ci supposent, d'autre part, le système des réflexes dont la connexion avec la structure anatomique et morphologique est évidente. Il existe donc une certaine continuité entre l'intelligence et les processus purement biologiques de morphogénèse et d'adaptation au milieu.*»
>
> N.I. 8

Voir aussi:

Apprentissage
Connaissance (s)
Développement
Expérience
Pensée intuitive
Pensée symbolique
Pensée opératoire concrète
Pensée opératoire formelle
Sujet épistémique

● **INTELLIGENCE PRÉOPÉRATOIRE**

Voir:

Pensée intuitive ou prélogique
Pensée préconceptuelle ou symbolique

● **INTELLIGENCE REPRÉSENTATIVE** (verbale ou réfléchie)

Voir:

Pensée

● INTELLIGENCE PRATIQUE OU SENSORI-MOTRICE

L'*intelligence sensori-motrice* est une *intelligence* essentiellement pratique, situationnelle, limitée dans l'espace et dans le temps parce qu'elle s'appuie sur l'action et sur la perception et ne fait intervenir ni *représentation,* ni *langage,* ni *concept.* Elle n'en constitue pas moins un mode d'*adaptation* important puisqu'elle conduit à la constitution d'*objets permanents* (voir *permanence de l'objet*) ainsi qu'à la structuration de l'univers spatio-temporel proche, c'est-à-dire lié à l'action et à la perception.

L'*intelligence sensori-motrice* représente l'*organisation* progressive des *conduites* ou *schèmes d'assimilation* qui permettront à l'enfant de s'adapter aux objets et à l'espace proches sur lesquels il pourra exercer une activité motrice et perceptive adéquate.

À partir d'un état d'indifférenciation initiale entre le sujet et le milieu, l'enfant sera peu à peu amené à construire la *notion d'objet*, grâce à des interactions adaptatives variées entre les *schèmes* réflexes dont il dispose à la naissance et les objets ou situations du milieu auxquels il sera confronté. Il parviendra également à situer les objets les uns par rapport aux autres en un espace unique et à se situer lui-même dans cet espace en tant qu'objet parmi les autres. Cette *adaptation* progressive de l'activité pratique ou sensori-motrice du sujet aux objets extérieurs à lui ainsi qu'à l'espace est entièrement solidaire d'une restructuration des *schèmes* de départ, au contact du milieu avec lequel ils interagissent. C'est en cela que consiste l'évolution de l'*intelligence sensori-motrice* qui occupe la première période du *développement* psychogénétique. Elle s'effectue en six (6) *stades* correspondant à la différenciation, à la coordination et à l'*organisation* progressives des *schèmes sensori-moteurs.*

Les six (6) *stades* généraux de l'*intelligence sensori-motrice* sont les suivants:

Le *premier stade* (de 0 à 1 mois environ) correspond à l'exercice des réflexes.

À ce *stade*, les seuls instruments adaptatifs dont dispose l'enfant sont constitués par un certain nombre de réflexes ou montages héréditaires tels que la succion, la vision, l'audition, la motilité, etc. Par ailleurs l'enfant, durant les premiers mois de sa vie, se situe dans un ''adualisme'' initial, sorte d'*égocentrisme* sensori-moteur caractérisé par une indifférenciation entre le corps propre et le milieu extérieur. Mais peu à peu, de nouvelles conduites vont se constituer et l'enfant parviendra progressivement à se différencier du monde extérieur et à prendre conscience de son pouvoir d'action sur les choses.

Ce *stade* marque donc la première étape de ce long processus de différenciation. En effet, dès le début, la simple relation entre l'activité réflexe de l'enfant et des objets extérieurs à lui aura pour effet de modifier cette activité. Grâce à l'*assimilation reproductrice, généralisatrice* et *récognitive*, le réflexe se transforme en *conduite* donnant lieu à un fonctionnement systématique. L'exercice de l'activité réflexe, à l'occasion de situations toujours plus nombreuses, va amener l'enfant à accommoder ses *schèmes* aux différents objets avec lesquels ils entrent en contact. Piaget en donne pour exemple la meilleure capacité de l'enfant, au bout de quelques jours, à trouver le mamelon lorsqu'il est en position pour l'allaitement. La généralisation de l'activité réflexe à une variété d'objets et de situations va conduire à un début de récognition. Il suffira, par exemple, que l'enfant ait très faim et qu'il cherche à manger pour qu'il discrimine le mamelon par rapport à tout le reste. Toutefois, cette récognition demeure encore globale et relative à l'activité propre. Ce n'est pas encore une récognition d'objets.

Le premier *stade* est donc celui de l'exercice des réflexes, exercice nécessaire à leur *adaptation* aux objets et situations extérieurs. Il est caractérisé par la création d'un lien fonctionnel entre l'activité réflexe et les objets propres à l'alimenter. Celui-ci a pour effet de consolider le *schème réflexe* et de dissocier les différentes conduites les unes par rapport aux autres.

Le second *stade* (1 mois à 4 mois 1/2) est celui des premières *adaptations* acquises et des *réactions circulaires primaires*.

Les conduites du deuxième *stade* sont essentiellement constituées par une série d'habitudes acquises au contact des objets. Tout en prolongeant l'exercice réflexe du 1er *stade*, elles introduisent, dans le mécanisme héréditaire, des éléments extérieurs nouveaux qui nécessitent des *accommodations* particulières du *schème*. C'est ainsi que l'application des *schèmes* de vision, de succion, de motilité, etc. à différents objets du milieu va donner lieu à des *accommodations* variées en fonction des caractéristiques de l'objet, par exemple: la succion du pouce, l'accommodation visuelle aux mouvements de la main, à la position, à la distance ou à la direction des objets, etc. Aux mouvements impulsifs du premier *stade* succèdent des *réactions circulaires* acquises au contact des objets, telles que gratter, remuer, saisir, etc. l'objet qui entre en contact avec la main de façon fortuite. Il y a bien incorporation d'éléments extérieurs nouveaux, en ce sens que l'*assimilation reproductrice* ne consiste plus, comme au *premier stade*, en la simple reproduction de l'activité pour elle-même, mais conduit au maintien et à la redécouverte du contact, d'abord fortuit, avec un objet extérieur au *schème*. C'est précisément en cela que consiste la *réaction circulaire primaire*. L'*assimilation* purement fonctionnelle du début (regarder pour regarder, sucer pour sucer, etc.) se transforme ainsi en une *assimilation* des objets à des *schèmes* délimités (regarder les mains, sucer le pouce, etc.).

Le second *stade* marque donc un début de différenciation entre l'*assimilation* et l'*accommodation* et une *décentration* par rapport à l'activité propre. Celle-ci se traduit par l'intérêt accru que le sujet va porter aux objets sur lesquels s'exerce son activité, après s'être plu à exercer celle-ci pour elle-même.

C'est également à ce *stade* que débutent les premières coordinations entre la vision et l'audition, l'audition et la phonation. Par exemple: l'enfant commence à tourner le regard dans la direction du son entendu ou à reproduire les sons qu'il entend, par une sorte de contagion vocale. Ces premières coordinations, qui se situent à mi-chemin entre les associations passives (par exemple: les conditionnements) et des coordinations plus complexes telles que la coordination vision-préhension qui apparaît ultérieurement, sont liées au fait qu'un seul et même objet peut être à la fois vu et entendu ou qu'un son est simultanément produit et écouté par le sujet. Ainsi, peu à peu, à l'*accommodation* des *schèmes* aux objets (regarder un tableau visuel) s'ajoute une *accommodation* des *schèmes* entre eux (chercher à écouter ce qui est regardé ou à voir ce qui est entendu).

Le troisième *stade* (4 mois 1/2 à 8-9 mois) est caractérisé par la formation des premières adaptations sensori-motrices intentionnelles.

Les *conduites* du *troisième stade* se situent dans le prolongement des différenciations du second *stade*, formatrices de *schèmes* particuliers, (tels que sucer le pouce, accommoder les mouvements du regard à un objet) et des premières coordinations (entre la vision et l'audition, l'audition et la phonation). Ces dernières vont devenir de plus en plus nombreuses et variées, permettant à l'enfant d'acquérir un début de *connaissance* pratique de l'objet.

Le troisième *stade* se caractérise plus particulièrement par:

1- la formation de coordinations nouvelles, notamment entre la vision et la succion, la vision et la motilité,

2- l'apparition des *réactions circulaires secondaires*.

La coordination vision-motilité joue un rôle particulièrement important au 3ᵉ *stade* et marque un progrès dans le *développement* de la *préhension.* Piaget observe en effet que la vision de la main exerce une influence sur ses mouvements: non seulement le regard suit les mouvements de la main, ce qui constitue sans plus une *accommodation* du *schème* visuel à un objet, en l'occurrence la main, mais encore la main tend à reproduire les mouvements que regarde l'oeil. Il y a donc *assimilation réciproque* des *schèmes* visuels et moteurs.

C'est également à ce *stade* qu'apparaît la coordination entre la *préhension* et la succion: la main saisit les objets qu'elle porte à la bouche et s'empare des objets que suce la bouche. En somme, l'activité simultanée de deux *schèmes* distincts conduit à leur *assimilation réciproque.*

Ces coordinations nouvelles vont conduire à une objectivation des choses extérieures au moi ainsi qu'aux premières différenciations réelles entre l'activité du sujet et les objets extérieurs qui servent à l'alimenter. Elles permettent, en effet, la formation des premières *conduites* intentionnelles caractérisées par la différenciation moyens-buts.

L'activité de *préhension*, fondée sur l'*assimilation réciproque* de *schèmes* distincts, va donner lieu à des conduites variées par *assimilation reproductrice, généralisatrice* puis *récognitive.*

Les *réactions circulaires secondaires*, propres à ce *stade*, auront pour effet de transformer le contact fortuit avec un objet en un contact intentionnel. L'enfant, ayant exercé par hasard une action intéressante sur les choses (par exemple: ébranler un objet en agitant les mains) tend à la reproduire. Les mouvements (ou *schème* activé) sont alors de plus en plus centrés sur les résultats produits dans le milieu et leur répétition a simplement pour but d'entretenir ou de retrouver ces résultats. L'*assimilation réciproque* des *schèmes* en présence conduit également à cette découverte qu'un spectacle éloigné (vision des objets en mouvement) est lié à l'activité propre (mouvements des mains).

L'*accommodation* propre à ce *stade* va se présenter sous la forme d'une "fixation systématique et voulue des différenciations imposées par le milieu". En voici quelques exemples:

1- secouer le berceau et les objets qui y sont suspendus en agitant le corps;

2- ébranler avec les mains ou les pieds les objets suspendus à proximité;

3- secouer, frapper, frotter, etc. l'objet saisi tout en observant ce que fait la main.

Ce sont autant de *conduites* spécifiques issues de la *conduite* globale consistant à saisir ou mettre en mouvement (motilité) les objets regardés (vision). Piaget les appelle *"schèmes secondaires"* dans la mesure où elles sont issues des *réactions circulaires secondaires*. Elles conduisent à la différenciation moyens-buts ainsi qu'à la liaison entre l'efficacité d'une conduite et certaines productions observées dans le milieu.

Ce troisième *stade*, qui se situe à la frontière de l'univers solipsiste des débuts (où le sujet et l'objet demeurent indifférenciés) et de l'univers objectif propre à l'*intelligence*, marque en quelque sorte un tournant. Avec la conscience des relations (par exemple: secouer le berceau ⟹ ébranler des objets), les *schèmes* deviennent susceptibles de décompositions et de recombinaisons intentionnelles qui vont contribuer largement à l'élaboration d'un monde indépendant du moi.

La différence essentielle entre ce *stade* et le suivant (4e) est que le but n'est pas encore posé d'avance mais seulement au moment de la répétition de l'acte.

Le *4e stade* (8-9 mois à 12 mois) marque l'acquisition de la *permanence de l'objet* qui se traduit par la capacité de chercher l'objet qui disparaît du champ visuel. Elle est liée à un progrès dans l'*organisation* et l'utilisation des *schèmes.*

En effet, à partir du quatrième *stade*, les *schèmes secondaires*, issus des différenciations du troisième *stade*, vont se coordonner entre eux au contact d'objets ou de situations nouvelles, s'adaptant ainsi à des circonstances imprévues. C'est ce que Piaget appelle "l'application des *schèmes* connus aux situations nouvelles". Par rapport aux conduites du *stade* précédent, elles marquent un progrès en ce qui a trait à l'intentionnalité. À ce stade, lorsque le *schème d'assimilation* déclenché par le contact avec l'objet est contrecarré par un obstacle (par exemple: on cache l'objet derrière un écran, sous les yeux de l'enfant), il se manifeste sous la forme d'une tendance et non pas d'une réalisation immédiate. Alors qu'à l'étape précédente, moyens et fins forment un ensemble global se différenciant après coup, les *conduites* de ce *stade* sont caractérisées par une subordination des moyens au but, fondée sur la prévision ou l'anticipation des résultats. Voici quelques exemples de *conduites* dans lesquelles le but est posé d'avance et où le sujet applique des *schèmes* connus à des situations nouvelles:

1- tirer le cordon attaché au toit du berceau (moyen) *pour* faire tomber l'objet et le saisir (but);

2- écarter l'obstacle situé entre soi et l'objectif (moyen) *pour* atteindre ce dernier;

3- lâcher un objet dans la main (moyen) *pour* pouvoir en saisir un autre (but).

De telles conduites témoignent de la capacité nouvelle qu'a l'enfant d'utiliser des intermédiaires entre lui et l'objectif et par conséquent de coordonner des *schèmes* connus pour les accommoder à la situation nouvelle en fonction du but à atteindre.

À la différenciation moyens-buts du *stade* trois, succède la coordination moyens-buts du présent *stade*. Elle témoigne d'une *assimilation* par *schèmes mobiles*, c'est-à-dire par *schèmes* capables de se dissocier de leur contexte initial pour s'appliquer à d'autres situations.

L'*assimilation* par *schèmes mobiles* constitue en quelque sorte une compréhension pratique ou sensori-motrice de l'objet. Elle se manifeste notamment par la tendance des sujets à utiliser de façon systématique les divers *schèmes* qui sont en leur possession pour les appliquer à l'objet nouveau, par exemple: explorer visuellement, tactilement ou avec la bouche, par déplacement dans l'espace, etc. l'objet nouveau.

Les *schèmes* servent alors d'instruments à la compréhension de l'objet, laquelle constitue un but en soi. Telles sont les premières manifestations des actes d'*intelligence* proprement dit.

La coordination entre eux des *schèmes secondaires,* en fonction de celui des deux qui assigne un but à l'action, marque un progrès notable au niveau de l'*accommodation* puisque le *schème* devenu mobile parvient à s'appliquer aux relations entre des objets extérieurs et non plus seulement aux choses dans leur liaison avec l'activité propre. Elle conduit à une objectivation croissante de ce qui est extérieur au moi. Elle permet notamment d'utiliser des *indices* et de faire porter la prévision sur des événements indépendants de l'action propre.

Les principales acquisitions du 4e *stade* peuvent se résumer comme suit:

1- l'intentionnalité précédant l'acte, engendrée par la différenciation moyens-buts née des obstacles empêchant la perception;

2- l'application des moyens connus aux situations nouvelles, reposant sur la connaissance anticipée des situations auxquelles les *schèmes* sont susceptibles de s'accommoder;

3- l'utilisation systématique de divers *schèmes* connus, à titre de moyens, pour comprendre l'objet conçu comme extérieur au moi quoique encore relativement dépendant de l'action propre;

4- l'*utilisation d'indices* permettant de faire porter la prévision sur des événements extérieurs, c'est-à-dire d'anticiper leur apparition et/ou leur dénouement.

Le cinquième *stade* (12 à 18 mois) se caractérise plus particulièrement par la formation de nouveaux *schèmes*, résultant d'une expérimentation active. La différenciation et la coordination antérieures des moyens et des fins, de l'activité et de ses résultats, vont devenir source d'expérimentation active. L'enfant va utiliser les *schèmes* antérieurement acquis par *réaction circulaire secondaire*, tels que secouer pour balancer, frapper pour remuer, etc., en cherchant, par divers tâtonnements, à les accommoder à de nouveaux buts. Le tâtonnement est dirigé par les *schèmes* antérieurs mais il donne lieu à des constructions nouvelles par *apprentissage* en fonction de l'*expérience.*

L'*assimilation reproductrice* du *5e stade*, qui se manifeste par des *réactions circulaires tertiaires,* prendra la forme d'une expérience pour voir. En reproduisant son activité, l'enfant cherchera non seulement à retrouver un résultat intéressant mais à en découvrir de nouveaux, en faisant varier l'activité au cours de ses répétitions.

À ce *stade*, l'enfant s'intéresse par exemple au geste de lâcher-rattraper, fixant son attention sur le mouvement de la chute et faisant varier l'action de lâcher (plus ou moins fort, de différentes hauteurs, etc.) au cours de ses répétitions.

À l'application de moyens connus à des situations ou buts nouveaux (*stade 4*) succède la différenciation de ces moyens, source de nouveaux buts. Elle va entraîner la formation de nouveaux *schèmes* transitifs (i.e. servant de moyens): ce sont les *conduites instrumentales* telles que:

1- la *conduite* du support: tirer vers soi une couverture ou un coussin sur lequel est posé un objet convoité;

2- les *conduites* de la ficelle ou du bâton: utilisation d'un objet comme instrument pour en atteindre un autre.

De telles *conduites* manifestent la capacité croissante qu'a le sujet d'utiliser les relations des objets entre eux. C'est grâce à l'élaboration de ces rapports spatiaux, tels que la relation contenu-contenant, dessus-dessous, etc. que le sujet acquiert progressivement la notion de déplacement des objets les uns par rapport aux autres et qu'il parvient à constituer le *groupe des déplacements.*

Le *stade 5*, caractérisé par l'expérimentation et la recherche de la nouveauté, est celui de l'élaboration de l'objet en relation avec la constitution de l'espace expérimental: à partir de ce niveau, tout ce qui entre dans la perception directe peut être organisé en un espace immobile commun. Cependant, il n'y a pas encore de *représentation* spatiale détachée de l'action. Ce sera l'oeuvre du 6e *stade*.

Le sixième *stade* (1 an 1/2, 2 ans) marque simultanément l'achèvement de la *période sensori-motrice*, avec la constitution du *groupe des déplacements*, système spatio-temporel lié à l'activité pratique, et les débuts de la *représentation*. La principale manifestation des progrès accomplis à ce *stade* est l'''invention de moyens nouveaux par combinaisons mentales''. Elle résulte de l'intériorisation des *conduites* instrumentales issues des *accommodations* tâtonnantes du 5e *stade*. L'*accommodation* empirique cède le pas à l'*accommodation* représentative qui permet au sujet d'anticiper les résultats de son activité pratique. L'enfant est maintenant capable de se représenter les résultats des déplacements successifs d'un objet ou de son propre corps ainsi que leurs positions relatives par rapport aux autres objets. Se trouvant dans une situation nouvelle pour lui, où des obstacles surgissent entre son intention et le but, exigeant une *adaptation* imprévue et particulière, il parvient à trouver les moyens adéquats, sans tâtonnements empiriques, par simples combinaisons mentales. Celles-ci permettent une sorte de préaccommodation des *schèmes* aux situations auxquelles ils doivent s'adapter.

Le sixième *stade* marque l'achèvement de la constitution de l'espace sensori-moteur rendue possible par l'avènement de la *représentation*. C'est en effet la *représentation* des relations spatiales entre les choses et la *représentation* de ses propres déplacements qui permettent au sujet de se situer dans l'espace à titre d'objet parmi les autres. C'est également cette *représentation* des rapports spatiaux entre les objets et des déplacements du sujet lui-même qui rend possible l'invention de détours (par exemple: contourner un divan pour aller récupérer la balle qui a roulé sous lui).

L'invention est liée à la *représentation* qui permet aux *assimilations* et *accommodations réciproques* entre *schèmes* de demeurer internes au lieu de donner lieu à des tâtonnements empiriques.

L'*organisation* sensori-motrice des *schèmes* du sixième *stade* réalise donc une *adaptation* complète à l'univers pratique. Néanmoins, la conquête de l'univers représentatif n'est qu'à peine ébauchée.

Intelligence sensori-motrice vs intelligence conceptuelle

«Nous avons cherché à montrer ... que les schèmes de l'intelligence sensori-motrice constituaient l'équivalent fonctionnel des con-

cepts et des relations et que l'assimilation sensori-motrice consiste en une sorte de jugement d'ordre pratique, les coordinations de schèmes entre eux équivalant alors à un raisonnement d'ordre sensori-moteur. Mais ce ne sont là naturellement que des équivalences fonctionnelles et qui n'entraînent en rien une identité structurale.

Il existe, en effet, entre l'intelligence sensori-motrice et l'intelligence conceptuelle les quatre différences fondamentales suivantes qui marquent du même coup ce qui manque à la première pour constituer une pensée logique.

1- Les connexions établies par l'intelligence sensori-motrice ne parviennent à relier que des perceptions et mouvements successifs sans une représentation d'ensemble qui domine les états, distincts dans le temps, des actions ainsi organisées et qui les réfléchisse en un tableau total et simultané. Par exemple, le système des déplacements qui intervient dans une conduite de recherche d'un objet disparu a beau être coordonné en une sorte de "groupe" expérimental, il n'y a relation qu'entre mouvements successifs et non pas représentation de l'ensemble du système. L'intelligence sensori-motrice fonctionne ainsi comme un film au ralenti qui représenterait une image immobile après l'autre, au lieu d'aboutir à une fusion des images.

2- Par conséquent, l'intelligence sensori-motrice tend à la réussite et non pas à la vérité: elle trouve sa satisfaction dans l'arrivée au but pratique poursuivi et non pas dans la constatation (classification ou sériation) ou dans l'explication. C'est une intelligence purement vécue (une intelligence des situations...) et non pas pensée.

3- Son domaine étant limité par l'emploi des instruments perceptifs et moteurs, elle ne travaille que sur les réalités elles-mêmes, leurs indices perceptifs et signaux moteurs et non pas sur les signes, les symboles et les schèmes qui s'y rapportent (concepts et schèmes représentatifs).

4- Elle est donc essentiellement individuelle par opposition aux enrichissements sociaux acquis grâce à l'emploi des signes.»
F.S. 252

«... l'intelligence sensori-motrice qui coordonne durant les 2 premières années, les perceptions et les mouvements - jusqu'à aboutir à la construction de l'objet permanent, de l'espace pratique et *des constances perceptives de la forme et des dimensions, conserve telle quelle un rôle fondamental pendant tout le reste du développement mental et jusque chez l'adulte lui-même: quoique dépassée, quant à la direction générale des conduites, par l'intelligence conceptuelle qui développe les schèmes initiaux jusqu'à les transformer en opérations rationnelles, l'intelligence sensori-motrice demeure cependant pendant toute l'existence, ... l'organe essentiel de l'activité perceptive ainsi que l'intermédiaire nécessaire entre les perceptions elles-mêmes et l'intelligence conceptuelle.»* F.S. 77-78

«... tant qu'il s'agit d'intelligence, d'imitation et de conduites ludiques, toutes 3 exclusivement sensori-motrices, l'imitation prolonge l'accommodation, le jeu prolonge l'assimilation et l'intelligence les réunit sans interférence...» F.S. 110

Voir aussi:

Accommodation
Adaptation
Assimilation
Causalité
Développement
Groupe des déplacements
Imitation
Intelligence
Jeu (x)
Organisation
Permanence de l'objet
Réaction (s) circulaire (s)
Schème (s)
Stade (s)

● **INTUITION (S)**

- simples

- articulées

Voir:

Pensée intuitive

J

● **JEU (X)**

Le *jeu* se définit par un primat de l'*assimilation* sur l'*accommodation*. Il se manifeste essentiellement par un intérêt pour l'activité elle-même, indépendamment de son but. Lorsque l'enfant joue, il assimile la réalité à son activité propre et à ses intérêts immédiats pour le seul plaisir d'exercer cette activité. Son *assimilation* est donc la plupart du temps déformante, car il ne cherche pas à accommoder ses *schèmes* aux particularités des objets ou situations qu'il assimile.

Le *jeu* constitue pour Piaget le complément (ou la réciproque) de l'*imitation*, puisque celle-ci représente, au contraire, un primat de l'*accommodation* sur l'*assimilation*. Alors que l'*imitation* favorise les *apprentissages* puisque l'enfant cherche à accommoder ses conduites à celles de modèles actuellement ou antérieurement perçus, le *jeu* a surtout pour effet de consolider, par l'exercice, les *conduites* antérieurement acquises. Mais l'*imitation* elle-même peut devenir *jeu d'imitation*, si à l'effort d'*accommodation* au modèle, succède la reproduction ludique du modèle antérieurement imité, par exemple lorsque l'enfant s'amuse à reproduire les comportements qu'il a observés chez ses parents (ex.: jouer au père et à la mère; faire semblant de travailler, de fumer, etc.).

Tout comme l'*imitation*, le *jeu* va donc contribuer à développer l'un des deux principaux mécanismes fonctionnels de l'*intelligence*: celui de l'*assimilation*. Il joue également un rôle important dans la genèse de la *représentation* cognitive ou *fonction symbolique*. En effet, tandis que l'*imitation* intériorisée, se prolongeant en *image*, fournit à la *pensée* des *signifiants* permettant la *représentation* et l'évocation de situations ou d'objets absents, le *jeu* ou activité ludique, en se développant, fournit à la *pensée* les choses signifiées.

L'*imitation* et le *jeu* procèdent tous deux de la différenciation progressive de l'*assimilation* et de l'*accommodation*, du sujet et de l'objet. La *représentation* naît lorsque l'*assimilation* et l'*accommodation* actuelles, propres à toute activité pratique ou sensori-motrice, se doublent d'une *assimilation* et d'une *accommodation* antérieures. En effet, lorsque l'enfant fait semblant de manger et utilise une boîte de carton comme assiette, il y a *assimilation* actuelle des objets ou de la situation à un *schème* (manger) antérieurement accommodé à d'autres objets. L'évocation d'une situation absente suppose ainsi à la fois *assimilation* et *accommodation* antérieures et *assimilation* et *accommodation* actuelles, puisque le sujet utilise à de nouvelles fins (*imitation* ou *jeu*) un *schème* antérieurement acquis.

C'est précisément cette combinaison de *signifiants* fournis par l'*imitation* et de *signifiés* fournis par le *jeu*, qui rend compte, selon Piaget, de l'avènement de la *fonction symbolique*.

La prédominance des *conduites* ludiques au cours de la période préopératoire est liée à la *structure* même de la *pensée* enfantine. En effet, l'enfant de 2 à 7 ans est demeuré égocentrique, c'est-à-dire qu'il différencie mal son point de vue de celui des autres et qu'il confond la réalité objective avec la perception subjective qu'il a de cette réalité. Il est également prélogique, en ce sens qu'il ne dispose pas encore des instruments qui lui permettraient de raisonner logiquement. Sa *pensée* est constamment centrée sur un aspect privilégié d'un problème ou d'une situation.

Tout comme l'*imitation* d'ailleurs, le *jeu enfantin* s'explique par le fait que les processus d'*assimilation* et d'*accommodation* inhérents à toute *conduite* ne sont pas encore en *équilibre* au niveau de la *pensée représentative*. Le sujet n'est pas encore bien dissocié du milieu en ce qui a trait à l'activité représentative. Il y a donc alternativement prédominance de l'*assimilation* sur l'*accommodation* (c'est le *jeu*), ou au contraire prédominance de l'*accommodation* sur l'*assimilation* (c'est l'*imitation*). C'est pourquoi le *jeu* constitue une fonction vitale de la *pensée* enfantine qu'il contribue à développer et à consolider.

En relation avec les divers *stades* de l'*intelligence* et en relation étroite également avec l'évolution des conduites imitatives, Piaget distingue différentes étapes conduisant des *jeux d'exercices sensori-moteurs* aux *jeux de règles* qui supposent la socialisation et la *décentration*, en passant par le *jeu symbolique* qui prédomine au cours de la *période préopératoire*. Celle-ci marque précisément l'avènement de la *fonction symbolique*.

Au cours des *2 premiers stades* de la *période sensori-motrice*, il est difficile d'identifier le *jeu* proprement dit: celui-ci se ramène sans plus aux *réactions circulaires* et à l'*assimilation reproductrice*, c'est-à-dire au "plaisir fonctionnel" lié à la répétition de l'activité pour elle-même.

Au 3e *stade*, le caractère ludique de l'activité est davantage perceptible. L'*assimilation* reproductrice s'accompagne maintenant du "plaisir d'être cause" lié à la répétition globale de l'acte et de ses résultats (voir *réaction circulaire secondaire*).

Les 4e et 5e *stades* sont caractérisés par ce que Piaget appelle une sorte de "ritualisation des *schèmes*" qui prépare la formation des *jeux symboliques*. L'enfant s'amuse à reproduire des *schèmes* connus en dehors de leur contexte adaptif. Il se livre à une répétition fidèle de combinaisons motrices de gestes connus (ex.: gestes qui précèdent le sommeil), mais il n'y a pas encore de fiction, c'est-à-dire la conscience de "faire semblant".

Au 6e stade, qui marque l'avènement de la *représentation*, apparaissent les premiers *schèmes symboliques* caractérisés par la fiction ou "sentiment du comme si". Par exemple, l'enfant va faire semblant de dormir, de manger ou de se laver. Il va donc imiter des gestes connus en dehors de leur contexte, en utilisant des objets à titre de substituts (un linge ou le col d'un manteau pour un oreiller, une boîte de carton pour une assiette, etc.). Ces *schèmes symboliques* ou "reproduction d'un *schème* sensori-moteur en dehors de son contexte et en l'absence de son objectif habituel" marquent la transition entre le *jeu d'exercice* sensori-moteur et le jeu proprement *symbolique* qui caractérise la *période* préopératoire (2 à 7 ans). Leur apparition coïncide par ailleurs avec les débuts du *langage*.

Au cours de la *période* préopératoire (de 2 à 7 ans environ) le jeu *symbolique* va évoluer du symbolisme individuel au symbolisme collectif. Une première étape de 2 à 4 ans est caractérisée par l'attribution de *schèmes* familiers à autrui ou à des objets quelconques. Il y a "projection des *schèmes symboliques* sur des objets nouveaux". L'enfant fait faire à ses poupées ou à des objets les gestes qu'il a l'habitude d'exécuter lui-même.

Cf. *Exemples:* Obs. 75 bis. F.S. 130

Il y a également "projection de *schèmes* d'*imitation* sur des objets nouveaux". Ce sont des *schèmes symboliques* mais empruntés à des modèles imités. L'enfant fait faire à ses poupées des activités qui ne lui sont pas propres mais qui résultent d'une *imitation* différée de modèles antérieurs.

Cf. *Exemples:* Obs. 76 F.S. 130

L'*assimilation* ludique qui comporte un élément d'*imitation* (*imitation* de soi-même puis *imitation* de modèles) se détache donc peu à peu de l'action propre. Le *jeu symbolique* à ce *stade* se manifeste également par l'*assimilation* d'un objet à un autre ou du corps propre à des objets quelconques (par ex. une coquille devient un chat; l'enfant se transforme en église, etc.). Progressivement, l'enfant va s'amuser à construire des scènes entières, avec ses poupées ou avec d'autres objets. Le *jeu* acquiert alors une fonction compensatrice, liquidatrice ou anticipatrice permettant à l'enfant d'assimiler les contraintes de la réalité, tant physique que sociale, à son propre niveau de *développement*. Il consistera par exemple à revivre fictivement ou à vivre par anticipation, en dehors des contraintes de la réalité, des scènes peu agréables pour l'enfant: faire prendre à sa poupée le mauvais médicament qu'il devra lui-même accepter de prendre tout à l'heure; gronder sa poupée ou la menacer de punition si elle fait quelque chose qui lui est défendu par ses parents; faire subir à son ourson la punition, les craintes, etc. qu'il a éprouvées.

Cf. *Exemples:* Obs. 84 F.S. 139
Obs. 86 F.S. 140

Le *jeu* remplit donc, au cours de la *période* préopératoire (*pensée symbolique* et *pensée intuitive*) une fonction vraiment indispensable. L'enfant ne possédant pas encore, à ce *stade*, les outils intellectuels qui lui permettraient de raisonner logiquement sur une situation, de la rationaliser et de l'objectiver, il a besoin du *jeu* pour accepter et pour intérioriser peu à peu les contraintes de la réalité extérieure (i.e. exigences adaptatives du milieu).

Au cours de la seconde étape (4 à 7 ans) le *jeu symbolique* se caractérise par un souci croissant de copier la réalité avec exactitude, de se conformer le plus possible aux modèles imités. L'*assimilation* propre au *jeu symbolique* tend ainsi à s'équilibrer de plus en plus avec l'*accommodation*. Par ailleurs, le *jeu* va passer du symbolisme individuel au symbolisme collectif. C'est l'âge où l'enfant prend de plus en plus plaisir à jouer avec les autres. Les enfants parviennent à construire ensemble des jeux ou des scènes à plusieurs, dans lesquels chacun a un rôle ou une fonction précise à exercer. L'apparition de ces *jeux* à plusieurs témoigne d'un net progrès de la socialisation ou coordination des points de vue ainsi que d'une diminution de l'*égocentrisme* enfantin.

De 7 à 12 ans, c'est-à-dire avec l'apparition des *opérations concrètes,* les *jeux symboliques* diminuent considérablement au profit des *jeux de règles* fondés sur la coopération et l'épanouissement de la socialisation. Ces *jeux* continueront à évoluer au cours de l'adolescence et de l'âge adulte (i.e. jeu d'échecs, jeux de cartes, etc.). Piaget considère qu'à ce *stade,* l'*imitation* et le *jeu* se sont réintégrés dans l'*intelligence*, en ce sens que l'*assimilation* et l'*accommodation* tendent à s'équilibrer.

L'interprétation piagétienne du *jeu* comporte, tout comme celle de l'*imitation*, d'importantes implications pédagogiques. En effet, à travers le *jeu*, l'enfant consolide ses acquisitions antérieures et assimile la réalité extérieure à son propre niveau. Si la fonction première du *jeu* n'est pas l'*adaptation* mais l'*assimilation* déformante de la réalité aux intérêts et préoccupations subjectives de l'enfant, il contribue néanmoins à développer l'un des principaux instruments de cette *adaptation*: celui de l'*assimilation* ou intégration de la réalité extérieure aux *schèmes d'assimilation*. Lorsque après s'être développés chacun pour eux-mêmes, au niveau de la *représentation* symbolique, l'*imitation* et le *jeu* se réintègreront dans l'*in-*

telligence (niveau opératoire concret), l'*assimilation* et l'*accommodation* se rééquilibreront et rempliront de mieux en mieux leur fonction adaptative.

Jeu ou assimilation ludique

«*... nous constatons que tous les critères proposés pour définir le jeu par rapport à l'activité non ludique aboutissent, non pas à dissocier nettement le premier de la seconde, mais à souligner simplement l'existence d'une orientation dont le caractère plus ou moins accentué correspond à la tonalité plus ou moins ludique de l'action. Cela revient à dire que le jeu se reconnaît à une modification, de degré variable, des rapports d'équilibre entre le réel et le moi. On peut donc soutenir que si l'activité et la pensée adaptée constituent un équilibre entre l'assimilation et l'accommodation, le jeu débute dès que la première l'emporte sur la seconde. De l'assimilation purement fonctionnelle qui caractérise le jeu d'exercice aux diverses formes d'assimilation du réel à la pensée qui se manifestent dans le jeu même symbolique, le critère semble bien général. Or, par le fait même que l'assimilation intervient dans toute pensée et que l'assimilation ludique a pour seul signe distinctif le fait qu'elle se subordonne l'accommodation au lieu de s'équilibrer avec elle, le jeu est à concevoir, et comme relié à la pensée adaptée par les intermédiaires les plus continus, et comme solidaire de la pensée entière, dont elle ne constitue qu'un pôle plus ou moins différencié.*»   F.S. p. 157

«*... on peut considérer le jeu comme conduisant lui aussi de l'action à la représentation dans la mesure où il évolue de sa forme initiale d'exercice sensori-moteur à sa forme seconde de jeu symbolique ou jeu d'imagination.*»   F.S. 7

Jeu et imitation

«*... si l'accommodation déborde sans cesse le cadre de l'adaptation proprement dite (ou équilibre entre l'accommodation et l'assimilation), il en est de même de l'assimilation. La raison en est simple: les schèmes momentanément inutilisés ne sauraient disparaître sans plus... mais vont s'exercer pour eux-mêmes sans autre fin que le plaisir fonctionnel lié à cet exercice. Tel est le jeu à ses débuts, réciproque et complètement de l'imitation.*»   F.S. 94

Jeu de règle

«*... le jeu de règle marque l'affaiblissement du jeu enfantin et le passage au jeu proprement adulte, qui n'est plus une fonction vita-*

le de la pensée dans la mesure où l'individu est socialisé.»   F.S. 178

Pourquoi l'enfant joue-t-il?

«... le jeu tient sans doute simplement à l'un des aspects de toute activité (comme l'imagination par rapport à la pensée): sa prédominance chez l'enfant s'expliquerait alors... par le fait que les tendances caractéristiques de toutes conduites et de toute pensée sont moins équilibrées entre elles au début du développement mental que chez l'adulte...»   F.S. 153-154

«Pourquoi imiter le clocher, se coucher immobile pour mimer le canard, et faire manger un potage fictif à sa poupée en donnant tort ou raison à ce rejeton récalcitrant? La réponse est évidente: l'enfant ne possède point encore une pensée intérieure suffisamment précise et mobile, sa pensée logico-verbale est trop courte et trop vague, tandis que le symbole concrétise et anime toute chose.»   F.S. p. 162

Exemples

Obs. 75 bis. - L., à 1;6 (2), donne à manger à sa poupée et la couche. À 1:6 (4), elle berce une cuiller en riant comme si c'était une poupée. A 1;6 (22), elle enfile une robe de poupée autour de son bras et fait avancer celui-ci verticalement, tout en riant aux éclats. À 1;8 (0), elle étend sa poupée, la couvre d'une couverture, lui remet un ruban dans les mains (comme elle le fait à cette époque pour s'endormir) et fait elle-même semblant de dormir en restant debout et en riant.

Obs. 76 - J. 1;9 (20) frotte le plancher avec une coquille puis avec un couvercle de carton en disant «Brosser Abébert» (= comme la concierge). Le même jour elle se tire les cheveux en arrière en se regardant dans un miroir et dit en riant: «papa». À 2;4 (13), elle fait semblant de coudre et de tirer un fil en présence d'une coquille dont elle dit «gâté» par jeu.

L. à 1;7 (12) fait semblant de lire le journal, pointe du doigt certains endroits de la feuille de papier qu'elle tient et marmonne à voix basse. À 1;8 (2), elle fait semblant de téléphoner, puis fait téléphoner sa poupée (en prenant une voix de tête). Les jours suivants, elle téléphone avec des objets quelconques (feuille, en guise de cornet).

Obs. 84 - J. à 2;4 (8) ne pouvant s'amuser avec l'eau dont on se sert pour laver, prend une tasse vide, se met à côté du baquet in-

terdit et fait les gestes désirés en disant: «Je verse de l'eau». À 2;6 (28), elle veut porter Nonette (= L., née peu avant). Sa mère remet l'essai à plus tard. J. croise les bras et dit: «C'est Nonette là-dedans. Il y a deux Nonette». Puis elle parle à la Nonette imaginaire, la berce, etc. Le même jour, le jeu reprend, mais de plus en plus secret: J. se tait quand j'approche et parle à Nonette à voix basse. À 2;7 (28), J. crie de rage, et comme on lui résiste, elle déclare alors qu'elle est Nonette et continue de pleurer mais en imitant soi-disant les pleurs de sa cadette, ce qui la console.

Obs. 86 - J. à 2;1 (7) a eu peur sur une nouvelle chaise, à table. L'après-midi elle place ses poupées en des positions mal commodes et leur dit: «Ça ne fait rien. Ça ira bien» etc., en répétant ce qu'on lui a dit à elle-même. À 2;3 (0) même scène avec un remède, qu'elle donne après coup à un mouton.

À 2;7 (2) elle est tombée et s'est blessée la lèvre. Après la scène d'usage, elle se console en projetant le tout sur "cousine Andrée" incarnée en une poupée: «Oh! c'est cousine Andrée. On lave cousine Andrée, bien sûr, parce qu'elle est tombée à la lèvre. Elle a fait un petit trou. Elle a pleuré», etc. Le lendemain encore, elle joue à tomber, soi-disant avec son cousin François, et le "sirop de sa lèvre" fait une tache contre le mur.

Voir aussi:

Accommodation
Assimilation
Équilibre
Fonction symbolique
Imitation
Intelligence
Jeu(x)
Pensée
Pensée intuitive
Pensée symbolique
Représentation

L

● **LANGAGE**

Le *langage* constitue, pour Piaget, l'une des manifestations de la *fonction symbolique* qui englobe également le *jeu symbolique,* l'*imitation* différée et l'*image* mentale. Son acquisition est contemporaine de la formation des premiers *symboles*. Elle est rendue possible par l'avènement de la *représentation*, c'est-à-dire par la différenciation des *signifiants* et des *signifiés* permettant la *représentation* d'objets absents et l'évocation de situations passées.

Alors que le *symbole* est essentiellement individuel, en ce sens qu'il constitue un *signifiant* motivé, le *langage*, au contraire, s'appuie sur un système de *signes* collectifs et arbitraires. Il requiert donc la vie sociale pour se constituer. L'enfant apprend à parler en imitant les sons qu'il entend et en leur assimilant divers objets ou situations, en fonction des *significations* qu'il leur confère.

Piaget considère que si le *langage*, en tant qu'instrument d'expression et de communication, est susceptible de devenir un outil privilégié pour la *pensée,* en particulier au niveau des *opérations propositionnelles* et hypothético-déductives du niveau formel, solidaires de la parole, la *pensée* n'est nullement réductible au *langage*. Elle se prolonge en effet en deçà et au-delà du *langage:* en deçà, dans les *schèmes symboliques* servant à la *représentation* ou à l'évocation de situations absentes; au-delà, dans les *structures opératoires* propositionnelles que constituent la *combinatoire* et le *groupe INRC* des 4 transformations qui dépassent le *langage* du sujet et ne sont même pas formulables à l'aide du seul *langage*. Ainsi le *langage* n'est pas source de la *logique*, il est au contraire structuré par elle. Les *opérations* de l'*intelligence* ne sont pas transmises par le *langage* mais construites par le sujet, à partir de ses actions sur l'objet. En effet, les *opérations,* en tant que résultat de l'intériorisation des actions et de leurs coordinations, demeurent longtemps relativement indépendantes du *langage*, et si ce dernier joue un rôle nécessaire à leur achèvement, en tant qu'instrument de socialisation et de coordination des points de vue, il ne suffit nullement à expliquer leur formation.

Bref, le *langage* est subordonné à la *pensée*, c'est-à-dire à l'*intelligence intériorisée*, s'appuyant non plus sur l'action directe, mais sur l'évocation symbolique.

Langage

«Le langage, ... fournit le prototype d'un système de signifiants distincts, puisque dans la conduite verbale le signifiant est constitué par les "signes" collectifs qui sont les mots, tandis que le signifié est fourni par la signification des mots, c'est-à-dire par les concepts, héritiers sur ce nouveau plan des schèmes sensori-moteurs préverbaux. Mais si l'intelligence verbale et proprement conceptuelle occupe ainsi une position privilégiée dans la pensée représentative, c'est que les signes verbaux sont sociaux et que par leur intermédiaire le système des concepts atteint tôt ou tard... un haut degré de socialisation.» F.S. 172

Langage et pensée

«La formation de la pensée en tant que "représentation" conceptuelle est assurément corrélative, chez l'enfant, de l'acquisition du langage. Mais on ne saurait voir dans le premier de ces processus un résultat causal simple du second, car tous deux sont solidaires d'un processus plus général encore qui est la constitution de la fonction symbolique. En effet, le langage apparaît au même niveau de développement que le jeu symbolique, l'imitation différée et sans doute l'image mentale en tant qu'imitation intériorisée.»
P.P.G. 118

«C'est notamment dans un contexte d'imitation que s'acquiert le langage et ce facteur imitatif semble constituer un facteur essentiel... S'il est légitime de considérer le langage comme jouant un rôle central dans la formation de la pensée, c'est en tant qu'il constitue l'une des manifestations de la fonction symbolique, le développement de celle-ci étant en retour dominé par l'intelligence en son fonctionnement total.»
P.P.G. 119

Voir aussi:

Fonction symbolique
Image (s)
Intelligence
Pensée
Représentation
Symbole (s)
Signe (s)
Signifiant(s)
Signification (s)

128

● **LOGICO-MATHÉMATIQUE** (ou logico-arithmétique)

Voir:

Connaissance (s)
Groupement (s)
Opération (s)
Pensée opératoire concrète

● **LOGIQUE**

Dans la perspective piagétienne, la *logique* ne constitue nullement le propre de la *pensée* réfléchie. Elle est déjà immanente à l'activité pratique ou sensori-motrice et par conséquent, antérieure au *langage*.

En effet, l'une des thèses essentielles qui fondent l'approche piagétienne du *développement* de l'*intelligence* est que la *logique* n'est pas innée. Elle a sa source dans les coordinations les plus générales de l'action telles que réunir, ordonner, classer, mettre en correspondance, etc. Elle se construit en une succession de *stades* et de *périodes* hiérarchisés, par *abstraction* à partir des coordinations de l'action.

Entre les relations qui caractérisent la coordination des *schèmes* sensori-moteurs et les relations en jeu dans la *logique* des *opérations*, ou actions intériorisées, il y a donc un lien, une continuité.

De même, entre la *logique* inhérente aux *structures opératoires* de la *pensée* naturelle et le système axiomatisé des logiciens, il n'y a pas, selon Piaget, rupture mais continuité, la *logique* des logiciens n'étant qu'un autre niveau de réflexion de la *pensée* sur elle-même.

Piaget établit une relation fondamentale entre la *logique* des actions ou *opérations* et leur *équilibre*. En effet, c'est en termes de relations *logiques* (i.e. composition, associativité, *réversibilité*, etc.) qu'il décrit l'*équilibre* dynamique propre aux *structures opératoires de l'intelligence*, c'est-à-dire à ces *schèmes opératoires* ou *opérations* interreliées et interdépendantes qui constituent nos *instruments de connaissance*. Ainsi, une *structure* équilibrée est une *structure logique* et réciproquement. Et puisque les *structures opératoires* de l'*intelligence* sont le fruit d'une construction ou élaboration continue, Piaget voit dans la *logique* le résultat d'une *équilibration* progressive, conduisant à la formation de systèmes autorégulateurs ou autocorrecteurs: les *structures logico-mathématiques* de l'*intelligence* qui assurent à la *pensée* son *équilibre*, aux différents niveaux du *développement*.

Logique

«La logique tout entière, qu'il s'agisse de la "logique naturelle" ou des systèmes axiomatisés des logiciens, consiste essentiellement en un système d'autocorrections dont la fonction est de distinguer le vrai du faux et de fournir les moyens de demeurer dans le vrai.

La logique... ne se réduit en rien... à un système de notations inhérentes au discours ou à n'importe quel langage. Elle consiste elle aussi en un système d'opérations (classer, sérier, mettre en correspondance, utiliser une combinatoire ou des "groupes de transformations", etc.) et la source de ces opérations est à chercher bien en deçà du langage, dans les coordinations générales de l'action.»   B.C. 23

Voir aussi:

Équilibration
Équilibre
Mathématique (s)
Objectivité
Réversibilité
Schème (s)
Structures de l'intelligence
Sujet épistémique

M

● MATHÉMATIQUE (S)

Les *mathématiques*, tout comme la *logique*, ne se réduisent nullement, selon Piaget, à un *langage*. Elles ne consistent pas non plus en une simple description du réel mais sont des *instruments de connaissance* qui se construisent progressivement par *abstraction réfléchissante*, c'est-à-dire en fonction de l'information que le sujet tire de ses propres actions sur les objets. Elles s'appuient donc sur une *expérience* de type *logico-mathématique* et non pas *physique ou empirique*, par exemple: lorsque l'enfant découvre que le *nombre* des jetons qu'il a devant lui ne dépend pas de leur position spatiale. Si les *mathématiques* font intervenir, à l'origine, le support des objets, ceux-ci ne servent que de substrat à l'activité *logique* et *mathématique* qui s'en dissocie peu à peu.

Les *mathématiques*, en tant qu'*instruments de connaissance*, permettent d'atteindre l'objet, non pas à l'état pur, mais en y ajoutant une structuration du sujet qui enrichit l'objet de propriétés qui ne lui étaient pas immanentes. C'est d'ailleurs la raison pour laquelle Piaget considère que toute *connaissance physique ou empirique* est à la fois *empirique* et *logico-mathématique* puisqu'elle fait toujours intervenir les *instruments de connaissance* du sujet, nécessaires à la lecture même de l'*expérience*.

Mathématiques

«... les premières démarches mathématiques peuvent paraître empiriques: réunir ou dissocier les éléments d'un boulier, vérifier la commutativité par la permutation des sous-collections, etc. Mais, contrairement à l'expérience physique où l'information est tirée des caractères appartenant en propre à l'objet, la lecture de ces "expériences logico-mathématiques" ne porte alors que sur les propriétés introduites par l'action dans l'objet (réunions, ordre, etc.): il est alors naturel que ces actions une fois intériorisées en opérations puissent être exécutées symboliquement et donc déductivement, et que, dans la mesure où les multiples structures opératoires s'élaborent en partant de ces formes élémentaires, leur accord avec les "objets quelconques" demeure assuré en ce sens qu'aucune expérience physique ne saurait les démentir puisqu'elles tiennent aux propriétés des actions ou opérations et non pas des objets.» E.G. 94

«... la mathématique, loin de se réduire à un langage, est l'instru-

ment même de structuration qui coordonne déjà ces actions et les prolonge ensuite en théories déductives et explicatives. L'union des mathématiques et de la physique n'est donc pas celle du signe et du signifié mais celle de l'activité structurante à un donné qui demeurerait sans elle chaotique, inintelligible et surtout saturé d'éléments subjectifs au sens de la subjectivité déformante et égocentrique du moi par opposition à l'activité du sujet épistémique.»

B.C. p. 467-468

Voir aussi:

Connaissance (s)
Expérience
Logique
Objectivité
Structures de l'intelligence
Sujet épistémique

● MÉTHODE CLINIQUE

La *méthode clinique* est fondée sur l'interrogation guidée. Elle a pour but de mettre en évidence les *raisonnements* qu'utilise l'enfant lorsqu'il est confronté à certains problèmes ou à certaines situations. Contrairement à la méthode des tests qui s'appuie sur le contenu (vrai ou faux) des réponses fournies par l'enfant, la *méthode clinique* vise à dégager la *structure* du *raisonnement* qui est source de la réponse. Piaget ne s'intéresse donc pas seulement au contenu vrai ou faux des réponses du sujet, mais surtout à la *logique* qui sous-tend aussi bien l'erreur que la réussite.

Cette méthode présente certaines caractéristiques qui la distinguent des méthodes utilisées par la psychométrie (i.e. mesure de l'*intelligence).*

1- Elle vise à amener le sujet à justifier ses réponses, ce qui contribue à déterminer son niveau de compréhension des données du problème. Elle utilise à cette fin différentes techniques telles que:

- la contre-justification: l'expérimentateur suggère à l'enfant une justification contraire à la sienne (par ex.: «un petit garçon m'a dit l'autre jour que c'était plutôt ça (réponse inverse de celle du sujet) parce que, etc.» (contre-justification)»;

- mettre l'enfant devant ses propres contradictions (i.e. affirmations contradictoires) de manière à voir s'il y est sensible ou non.

2- Elle ne s'appuie pas uniquement sur les réponses verbales de l'enfant mais favorise, plus que les autres méthodes, la manipulation concrète des données du problème. C'est ainsi qu'au lieu de demander à l'enfant:«est-ce qu'il y a plus d'animaux ou de chiens sur la terre?» (ce qui constitue un problème d'*inclusion logique* d'une sous-classe dans la *classe* totale), on lui présente des animaux de carton ou de plastique et on lui pose la question suivante: «sur la table, est-ce qu'il y a plus d'animaux ou plus de chiens?» On l'incite également à faire une *classification logique* en lui demandant de «mettre ensemble tous les animaux qui vont bien ensemble».

Cette *méthode* présente un certain nombre d'avantages et d'inconvénients.

1- Ses **inconvénients:** il est parfois difficile de s'assurer que notre méthode d'interrogation est la même avec tous les sujets. De plus, les interventions de l'expérimentateur peuvent influencer les réponses du sujet sans qu'on puisse déterminer avec précision jusqu'à quel point. Bref, c'est une méthode qui se prête assez mal à la standardisation, puisqu'elle consiste plutôt en une étude de cas. Elle n'est donc pas applicable à une grande échelle.

2- Ses **avantages:** elle fournit un grand nombre d'informations et permet, plus que toute autre méthode, de mettre en évidence le *raisonnement* du sujet et de voir dans quelle mesure il est apte à progresser en intégrant de façon adéquate l'information qui lui est suggérée.

Méthode d'interrogation clinique

«... l'examen clinique participe de l'expérience en ce sens que le clinicien se pose des problèmes, fait des hypothèses, fait varier les conditions en jeu, et enfin, contrôle chacune de ses hypothèses au contact des réactions provoquées par la conversation. Mais l'examen clinique participe aussi de l'observation directe, en ce sens que le bon clinicien se laisse diriger tout en dirigeant, et qu'il tient compte de tout le contexte mental, au lieu d'être victime d'''erreurs systématiques'' comme c'est souvent le cas du pur expérimentateur.» R.M. 10-11

«Le bon expérimentateur doit, en effet, réunir deux qualités souvent incompatibles: savoir observer, c'est-à-dire laisser parler l'enfant, ne rien tarir, ne rien dévier, et, en même temps, savoir chercher quelque chose de précis, avoir à chaque instant quelque hypothèse de travail, quelque théorie, juste ou fausse, à contrôler.» R.M. 11

Voir aussi:

Apprentissage
Expérience
Sujet épistémique

● MÉTHODE GÉNÉTIQUE

La *méthode génétique* utilisée par Piaget en psychologie du *développement* consiste en une étude comparative des divers modes de *connaissance* propres à l'enfant et à l'adolescent aux différents niveaux de leur *développement*. Piaget ne cherche pas simplement à faire état des contenus de *connaissance* que possède l'enfant aux différentes étapes de son évolution intellectuelle. Il tente plutôt d'identifier quels sont les *instruments de connaissance* (ou *structures de l'intelligence*) dont il dispose à différents âges et quelle est la filiation entre les différentes *structures cognitives* qui se succèdent au cours du *développement*.

Cette *méthode* est intimement liée à une conception constructiviste du *développement* des *connaissances*, selon laquelle de nouveaux *instruments de connaissance* parviennent à s'élaborer chez le sujet, à partir des premiers *instruments de connaissance* dont il dispose (à savoir, les actions qu'il exécute) et de leurs interactions adaptatives avec le milieu. Elle s'appuie sur l'idée essentielle d'une genèse progressive des *structures logico-mathématiques* de l'*intelligence* dont la source est à situer au niveau des premières activités pratiques ou sensori-motrices du sujet.

Méthode génétique

«La méthode génétique (en épistémologie) revient à étudier les connaissances en fonction de leur construction réelle, ou psychologique, et à considérer toute connaissance comme relative à un certain niveau du mécanisme de cette construction.»   E.G. 1

13 (cité par Battro in Dictionnaire d'épistémologie génétique 1966)

Voir aussi:

Connaissance (s)
Développement
Intelligence

N

● **NOMBRE (S)**

Le *nombre* est conçu par Piaget comme une fusion de la *classe* et de la *relation,* la première fournissant l'aspect cardinal du nombre et la seconde, l'aspect ordinal. Sa constitution est donc solidaire de l'élaboration des *groupements de classes et de relations* dont il réalise la synthèse.

Les étapes de la genèse du *nombre* suivent de près les *stades* de la *classification* et de la *sériation.*

Une première étape est caractérisée par l'absence de *conservation* du *nombre.* L'enfant confond la quantité numérique (nombre d'éléments) et la longueur spatiale. Par exemple, si l'on présente à l'enfant une rangée de 4 ou 5 jetons alignés en lui demandant de construire, en dessous, une rangée comportant le même nombre d'éléments, il se contente de respecter la longueur de la rangée sans tenir compte du nombre des éléments qui la constituent. Il y a confusion des *structures logiques* (i.e. portant sur des objets discrets) et des *structures infralogiques* ou *spatio-temporelles* (portant ici sur la longueur). La seconde étape est celle où l'enfant, tout en étant capable de construire une rangée identique, en se fondant sur la correspondance terme à terme, nie la *conservation* du *nombre* pour peu qu'on écarte les éléments, modifiant la forme de la figure. Enfin, la troisième étape est celle de la *conservation* du *nombre,* quelle que soit la disposition spatiale des éléments.

Nombre

> *«Le nombre est... une collection d'objets conçus à la fois comme équivalents et sériables, leurs seules différences se réduisant alors à leur position d'ordre: cette réunion de la différence et de l'équivalence suppose en ce cas l'élimination des qualités, d'où précisément la constitution de l'unité homogène 1 et le passage du logique au mathématique. Or, ... ce passage s'effectue génétiquement au moment même de la construction des opérations logiques: classes, relations et nombres forment ainsi un tout psychologiquement et logiquement indissociable, dont chacun des 3 termes complète les 2 autres.»* P.I. 154

● **Nombres** (construction des)

> *«La construction des nombres entiers s'effectue chez l'enfant, en*

liaison étroite avec celle des sériations et des inclusions de classes.»
P.E. 82

Nombres cardinaux et ordinaux

«Un nombre cardinal est une classe dont les éléments sont conçus comme des unités équivalentes les unes des autres et cependant comme distinctes, leur différence consistant alors seulement en ceci que l'on peut les sérier, donc les ordonner. Inversement, les nombres ordinaux sont une série dont les termes, tout en se succédant selon les relations d'ordre qui leur assignent leurs rangs respectifs, sont également des unités équivalentes les unes des autres et par conséquent susceptibles d'être réunis cardinalement.»
G.N. 204

Classe, relation et nombre

«... la classe, la relation asymétrique et le nombre sont les 3 manifestations complémentaires de la même construction opératoire appliquée soit aux équivalences, soit aux différences, soit aux équivalences et différences réunies: c'est en effet au moment où l'enfant, parvenu à rendre mobiles les évaluations intuitives des débuts, atteint ainsi le niveau de l'opération réversible, qu'il devient simultanément capable d'inclure, de sérier et de dénombrer.»
G.N. 236

Voir aussi:

Classe (s)
Classification (s)
Conservation
Pensée intuitive ou prélogique
Pensée opératoire concrète
Sériation (s)

● NOTION D'OBJET

Voir:

Permanence de l'objet

O

● OBJECTIVITÉ

Dans la mesure où Piaget considère les *connaissances* comme le fruit d'une élaboration progressive, il conçoit également l'*objectivité* comme le résultat d'un processus d'objectivation, impliquant toute une série d'approximations successives. Cette objectivation est liée à une *décentration* par rapport aux *intuitions simples* et primitives du sujet. Elle aboutit non pas à découvrir l'objet à l'état "pur", mais à le reconstruire en l'enrichissant des cadres logico-mathématiques ou *instruments de connaissance* qui ont servi à l'appréhender.

Objectivité

«... l'objet d'une connaissance n'est jamais complètement indépendant des activités du sujet, en ce sens que, si l'objectivité constitue naturellement l'idéal de toute science, en particulier expérimentale, cette objectivité demeure néanmoins subordonnée à trois conditions: 1- En premier lieu, l'objectivité est un processus et non pas un état. Cela revient à dire qu'il n'existe pas d'intuitions immédiates qui atteignent l'objet de façon valable mais que l'objectivité suppose un enchaînement d'approximations successives, peut-être jamais achevées... 2- En second lieu, les approximations qui conduisent à l'objet ne sont pas de nature simplement additives (effet cumulatif d'informations s'additionnant ou s'enchaînant sans plus), mais comportent en outre un processus essentiel de décentration, au sens de la libération d'adhérences subjectives ou de prénotions jugées au départ comme exactes, du seul fait qu'elles sont plus simples pour le sujet... 3- Dans toutes les sciences expérimentales avancées, dont le prototype est la physique, la conquête de l'objectivité ne consiste pas à atteindre l'objet à l'état pour ainsi dire "nu" ou pur, mais à l'expliquer et déjà à le décrire au moyen de cadres logico-mathématiques (classifications, mises en relations, mesures, fonctions, etc.) en dehors desquels toute assimilation cognitive est impossible.»

(B.C. 98-99-100)

Voir aussi:

Centration (s)
Connaissance (s)

Décentration (s)
Égocentrisme
Opération (s)
Régulation (s)
Réversibilité

● **OBJET PERMANENT**

Voir:

Permanence de l'objet

● **OPÉRATIFS** (aspects)

Voir:

Pensée

● **OPÉRATION (S)**

Piaget définit l'*opération* comme une action intériorisée, c'est-à-dire effectuée symboliquement ou en *pensée* et réversible (voir *réversibilité*).

Les *opérations* sont les *instruments de connaissance* adaptée dont dispose la *pensée représentative*. Elles ont leur source dans les coordinations générales de l'action (telles que réunir, ordonner, mettre en correspondance, etc.) propres aux *schèmes sensori-moteurs*. Les premiers *instruments de connaissance* du sujet sont les actions pratiques et matérielles qu'il effectue sur les objets. Leur élaboration est liée aux progrès de l'*intelligence sensori-motrice.* Lorsque l'enfant passe du plan de l'action à celui de la *représentation*, il doit reconstruire, sur ce nouveau palier, des *instruments de connaissance* analogues à ceux (*schèmes d'action*) dont il disposait au niveau sensori-moteur: ce sont les *opérations*. Elles sont elles-mêmes des actions, c'est-à-dire des transformations d'objet, mais exécutées symboliquement et non plus matériellement ou pratiquement. Elles sont par ailleurs réversibles (i.e. pouvant être effectuées dans les deux sens simultanément) contrairement aux actions pratiques qui ne sont que renversables (i.e. pouvant être effectuées dans les deux sens successivement, sous la forme d'un simple retour empirique au point de départ). Enfin, de même que les actions sensori-motrices se regroupent entre elles en une *structure d'ensemble* — le *groupe des déplacements* — les *opérations*, d'abord concrètes puis formelles, se regroupent en *structures opératoires* qui comportent certaines règles de compositions permettant de passer d'une *opération* à une autre à l'intérieur du système et donnant lieu à des coordinations variées. Ces *structures opératoires* sont représentées par les *groupements* opératoires concrets de *classes* et de *relations* et par le *groupe INRC* des *opérations formelles* ou propositionnelles. Elles présentent toutes la propriété d'être réversibles, c'est-à-dire de comporter, pour chaque *opération directe* du système, une *opération inverse* ou *réciproque* (ou les deux dans le cas du *groupe* des *opérations formelles*) qui l'annule.

Les *opérations* ont donc leur source dans l'action. Elles résultent plus précisément de la *prise de conscience* de l'action propre et de ses résultats matériels sur l'objet, qui aboutit à leur intériorisation sous forme de *représentation*. Leur construction consiste en l'élaboration de nouveaux *instruments de connaissance*, permettant une meilleure interprétation ou compréhension du réel. Elle est liée au processus de l'*abstraction réfléchissante*, c'est-à-dire à l'information que le sujet tire de ses propres actions. Cette *abstraction* aboutit à une *conceptualisation* croissante, reconstruisant et dépassant au plan de la sémiotisation et de la *représentation* ce qui avait été acquis au niveau des *schèmes d'action*.

Piaget distingue deux grands niveaux dans la constitution progressive des *structures opératoires* concrètes et formelles. Le premier niveau correspond à la *période* d'élaboration des *groupements* opératoires de *classes* (*classification*) et de *relations* (*sériation*) et du *groupe* arithmétique des *nombres*.

Le second niveau correspond à la période d'élaboration des *opérations formelles* qui sont des *opérations combinatoires* présentant une *structure* de *groupe INRC* (double *réversibilité*).

Alors que les *opérations concrètes* portent directement sur les objets et ne permettent de structurer le réel que domaine par domaine, les *opérations formelles* portent sur les *opérations* du niveau antérieur, exprimées sous forme d'hypothèses ou de propositions, et permettent de résoudre des problèmes dans lesquels plusieurs domaines hétérogènes interfèrent. Les *opérations formelles* sont donc plus abstraites que les *opérations concrètes,* c'est-à-dire plus distanciées par rapport à la réalité sur laquelle elles portent. À cet égard, elles marquent un progrès au niveau de la *conceptualisation.* En effet, plus les *opérations* sont abstraites, plus elles sont généralisables et plus est vaste, par conséquent, leur domaine d'application.

Ainsi, de même que les *structures opératoires concrètes* possèdent un champ d'application plus vaste que les *structures sensori-motrices* puisqu'elles permettent, grâce à la *représentation*, de se distancier par rapport à l'espace et au temps proches, les *structures opératoires formelles*, par leur plus haut niveau d'*abstraction*, permettent de résoudre encore davantage de problèmes que les *structures opératoires concrètes.*

Le passage du niveau opératoire concret au niveau formel correspond à ce que Piaget appelle un *décalage vertical.* Cela signifie qu'il consiste à reconstruire au niveau hypothético-déductif les *opérations* élaborées au niveau concret, donc à transposer les structures de *groupements*
sur un plan purement formel. Il donne lieu à la formation de nouveaux *instruments de connaissance* (les *opérations formelles*) permettant d'acquérir
de nouvelles *connaissances physiques ou empiriques.*

Piaget distingue deux types d'*opérations*, au niveau concret.

1- Les opérations logico-arithmétiques: elles portent sur des éléments discrets réunis en *classes*, sériés ou dénombrés et sont indépendantes de l'espace et du temps. C'est ainsi qu'une *classe logique* est indépendante de la disposition spatiale des éléments qui la constituent.

2- Les opérations infralogiques ou spatio-temporelles: elles ont la
même *structure* que les précédentes mais portent sur des parties ou éléments d'objets continus, tels que le temps, l'espace, la vitesse, etc.

Cette distinction entre le logico-arithmétique et l'infralogique (ou
le spatio-temporel) est propre au niveau opératoire concret où, les *opérations* n'étant pas encore dissociées de leur contenu, il importe, selon
Piaget, de différencier leurs domaines d'application. Mais elle ne subsiste
pas au niveau des *opérations formelles.* Celles-ci ne portant pas directement sur des objets ou situations concrètes mais sur des propositions ou
des *signes*, ceux-ci servent aussi bien à représenter des objets discrets que
des parties ou éléments d'objets continus.

Piaget établit une autre distinction relative à l'utilisation que le sujet
fait de ses propres *opérations*, dans la mesure où cette utilisation peut
conduire à l'élaboration de deux types de *connaissances*: logico-mathématiques et expérimentales ou physiques.

Ainsi, les *opérations* du sujet, telles que classer, sérier, ordonner,
établir une combinatoire, etc., peuvent être appliquées aux objets: par
exemple, lorsque le sujet classe des objets ou les met en série, lorsqu'il fait
des arrangements de chiffres ou de figures géométriques, etc. En ce cas,
le sujet, par ses *opérations* qu'il applique aux objets, confère à ces derniers
des propriétés qui ne leur appartenaient pas en propre, antérieurement à
l'activité opératoire du sujet. C'est ainsi que l'ordre, la *classe*, etc. ne sont
pas des caractéristiques de l'objet mais résultent des activités de *classification* et de *sériation* du sujet.

Cette application par le sujet de ses propres *opérations* aux objets
conduit, selon Piaget, à l'élaboration de *connaissances logico-mathématiques* par le biais de l'*abstraction réfléchissante*, c'est-à-dire de l'informa-

tion que le sujet aura tiré de ses propres actions sur l'objet et de leurs résultats.

Par ailleurs, ces mêmes *opérations* peuvent être attribuées aux objets. Par exemple, le sujet attribue ses *opérations* aux objets lorsque, constatant que le choc d'une boule A contre une boule B provoque le mouvement de B, il interprète la relation A → B sous la forme d'une transmission de mouvement. Il en est de même lorsque l'expérimentateur, après avoir combiné plusieurs substances chimiques (A, B, C, D) de différentes manières (A + B + C + D; A + B + C; A + B + D; A + C; A + B, etc.) remarque qu'une certaine combinaison (A + B + D) provoque une réaction particulière. En ce cas, le sujet attribue aux objets des relations de cause à effet sur le modèle de ses propres *opérations* (telle *opération* avec telle *opération* implique tel résultat).

C'est cette attribution par le sujet de ses propres *opérations* aux objets qui conduit à l'élaboration des *connaissances expérimentales* (*physiques ou empiriques*). Celles-ci font intervenir simultanément l'*expérience physique* au contact du milieu et l'utilisation d'*instruments logico-mathématiques* servant à effectuer l'*expérience* et à en interpréter les résultats. Attribuer ses *opérations* aux objets signifie donc, dans la perspective piagétienne, utiliser ses *opérations logico-mathématiques* pour comprendre et interpréter les données du réel.

L'*attribution* est source de *causalité* physique entre objets, tandis que l'*application* est source d'*implications logiques* entre *opérations*. En effet, alors que la première consiste à mettre en relation ou à coordonner les objets entre eux, la seconde consiste à coordonner les actions ou *opérations* du sujet. Dans les deux cas, il intervient donc des mises en relation ou coordinations. Toutefois, Piaget insiste sur le fait que les relations causales établies entre les objets dépendent des *opérations* dont dispose le sujet, ce qui signifie que la *connaissance expérimentale* est toujours subordonnée aux *instruments de connaissance logico-mathématiques* du sujet.

Opérations

> «*Nous appellerons opérations, les actions intériorisées (ou intériorisables), réversibles (au sens de pouvant se dérouler dans les deux sens et par conséquent comportant la possibilité d'une action inverse qui annule le résultat de la première) et se coordonnant en structures, dites opératoires, qui présentent des lois de composition caractérisant la structure en sa totalité, en tant que système. Par exemple, l'addition est une opération parce qu'elle est issue des actions de réunir, parce qu'elle comporte un inverse (la sous-*

traction) et parce que le système des additions et soustractions comporte des lois de totalité. Les structures opératoires sont, par exemple, la série de nombres, les métriques spatiales, les transformations projectives, etc. Un grand nombre d'opérations logiques, mathématiques et physiques se développent en majeure partie spontanément chez l'enfant dès 6-7 ans et sont complétées dès 11-12 ans par des opérations propositionnelles ou "formelles" rendant possible la déduction hypothético-déductive de l'adolescent.»   P.P.G. 79-80

Opérations concrètes vs formelles

«Contrairement... aux opérations que nous appellerons formelles au niveau de 11-12 ans et qui se caractérisent par la possibilité de raisonner sur des hypothèses en distinguant la nécessité des connexions dues à la forme et à la vérité des contenus, les opérations "concrètes" portent directement sur les objets: cela revient donc encore à agir sur eux, comme aux niveaux préopératoires, mais en conférant à ces actions... une structure opératoire, c'est-à-dire composable de façon transitive et réversible. Cela étant, il est alors clair que certains objets se prêteront plus ou moins facilement à cette structuration, tandis que d'autres résisteront, ce qui signifie que la forme ne saurait être dissociée des contenus, et que les mêmes opérations concrètes ne s'appliqueront qu'avec des décalages chronologiques à des contenus différents...»   E.G. 44

Opérations logiques vs infra-logiques

«Parvenues au terme de leur évolution, toutes les opérations, qu'elles soient infralogiques, c'est-à-dire spatio-temporelles, ou logico-arithmétiques, c'est-à-dire indépendantes des voisinages, sont susceptibles d'être effectuées abstraitement, c'est-à-dire par voie de déduction formelle, indépendamment de leur application à des objets concrets, et, par conséquent, d'être traduites dans le langage des "propositions". Au niveau des propositions hypothético-déductives, il n'y a donc plus qu'une logique générale, celle des implications et incompatibilités entre propositions... la géométrie devient alors un système de propositions, équivalent à n'importe quel autre.»   R.E. 533-534

Voir aussi:

Causalité
Classification (s)
Logique

Mathématique (s)
Réversibilité
Schème (s) opératoire (s) concret (s)
Schème (s) opératoire (s) formel (s)
Sériation (s)
Structures de l'intelligence

● ORGANISATION

L'*organisation* est indissociable de l'*adaptation*. Elle représente l'aspect structural des *conduites* tandis que l'*adaptation* en constitue l'aspect fonctionnel. Or, ces deux aspects sont complémentaires, puisque toute *conduite* aussi bien pratique qu'intellectuelle est à la fois structurée (*schèmes* ou *opérations*) et dynamique (processus d'*assimilation* et d'*accommodation*). C'est d'ailleurs l'aspect dynamique des *conduites* qui sous-tend la modification progressive de leur *organisation* (aspect structural). En effet, l'*assimilation* consiste en une structuration du milieu par le sujet qui applique ses actions ou *opérations* aux objets; l'*accommodation* est la restructuration que le milieu impose en retour à l'*organisation* des *conduites.*

Si l'*organisation* est indissociable de l'*adaptation*, c'est donc que les *schèmes* (ou *conduites*) du sujet ne constituent pas une forme statique mais une *structure* dynamique en constante interaction avec le milieu sur lequel elle s'exerce. Il y a donc alternance continuelle des processus d'*assimilation* et d'*accommodation* entraînant une modification progressive de l'*organisation* de départ. Celle-ci est constituée par les *schèmes réflexes* dont dispose le nourrisson à sa naissance et qui prolongent directement la *structure* de son organisme biologique. Ces *schèmes* vont peu à peu engendrer de nouvelles *conduites* par l'intermédiaire d'interactions adaptatives variées avec le milieu. L'*organisation* initiale des *conduites* sera donc amenée à se modifier au cours du *développement,* d'abord sensori-moteur puis opératoire, et ce sont ces modifications, liées aux exigences adaptatives du milieu, qui vont entraîner la constitution progressive des *structures opératoires formelles.*

L'évolution de cette *organisation* initiale ou passage d'un niveau d'*organisation* (par ex.: sensori-moteur) à un autre plus élaboré (par ex.: niveau opératoire concret) n'est pas autre chose que le *développement* lui-même, c'est-à-dire la genèse progressive des *structures de l'intelligence.* Celle-ci est guidée à la fois par l'*organisation* dont dispose le sujet au départ et par les contraintes adaptatives du milieu, constamment renouvelées en vertu même de la modification progressive des *conduites*. Elle tend à une dissociation croissante des formes, ou *structures de l'intelligence,* par rapport à leur contenu, c'est-à-dire les objets ou situations du milieu sur lesquels elles s'exercent. Elle atteint son point culminant au *niveau opératoire formel* où l'*organisation* des *conduites* (*schèmes opératoires formels*) présente une stabilité et une permanence inaccessibles aux niveaux antérieurs (état d'*équilibre* maximal). En effet, avec l'avènement des *structures opératoires formelles,* constituées d'*opérations hypothético-déductives* et propositionnelles, le sujet possède les *instruments de connaissance* qui lui permettent d'exercer une activité intellectuelle adaptée, sans le support de situations concrètes.

À chaque niveau du *développement*, l'*organisation* est ainsi constituée par des *schèmes* et *structures d'ensemble* (ou ensemble de *schèmes* interreliés) et l'*adaptation*, par les pouvoirs d'*assimilation* et d'*accommodation* inhérents à l'*organisation* des *conduites*. L'apparition de nouvelles *conduites* (i.e. le *développement*) se manifestera donc non seulement par une modification de l'*organisation* mais par des pouvoirs accrus d'*assimilation* et d'*accommodation* (i.e. modifications au niveau de l'*adaptation*).

Alors que Piaget définit l'*adaptation* comme un ''accord de la *pensée* avec les choses'' (par ex.: adéquation des *schèmes* aux objets ou situations du milieu qu'ils tentent d'assimiler), il conçoit l'*organisation* comme un ''accord de la *pensée* avec elle-même'' (par ex.: la non-contradiction des *conduites* ou des *schèmes* entre eux, c'est-à-dire leur coordination). L'*adaptation* se réfère à l'*équilibre* de l'*assimilation* et de l'*accommodation* au niveau des relations *schèmes*-objets, et l'*organisation,* à l'*équilibre* de l'*assimilation* et de l'*accommodation* au niveau des relations entre *schèmes* (*assimilations* et *accommodations réciproques*). La solidarité de l'*organisation* et de l'*adaptation* signifie que le sujet doit non seulement s'adapter à la réalité, mais encore assurer une cohérence dans les relations entre ses différents *schèmes*. C'est pourquoi le *développement* va se caractériser à la fois par l'apparition de *conduites* et de *structures* nouvelles et par l'intégration des *conduites* antérieures dans ces *structures*.

Les modifications de l'*organisation*, inhérentes au *développement*, devront en effet respecter cette double exigence pour le sujet de s'adapter tout en conservant l'intégrité de ses *structures*. C'est à l'*équilibration*, c'est-à-dire à l'*autorégulation* des systèmes cognitifs, que Piaget attribue ce rôle indispensable d'assurer, tout au long du *développement*, la constante solidarité des processus qui sous-tendent l'*adaptation* et l'*organisation*.

Piaget souligne à plusieurs reprises l'analogie entre l'*organisation cognitive* (*structures de l'intelligence*) et l'*organisation biologique* (*struc-*

tures de l'organisme): toutes deux se réfèrent à la *structure* du système et au fonctionnement qu'il sous-tend. Mais il note également leurs différences: chacune d'elles remplit en effet des fonctions spécifiques distinctes à l'intérieur d'une même fonction générale d'*adaptation*. Alors que l'*organisation biologique* a pour fonction d'assurer la survie de l'organisme, l'*organisation cognitive* a pour fonction d'assurer la compréhension du réel. Il n'en demeure pas moins que l'*organisation cognitive* prolonge l'*organisation vivante,* tout comme l'*adaptation cognitive* prolonge, en la dépassant, l'*adaptation biologique.*

Organisation des schèmes

> *«... l'union de l'assimilation et de l'accommodation suppose elle-même une organisation. Il y a organisation à l'intérieur de chaque schème d'assimilation, puisque... chacun constitue un tout réel, conférant à chaque élément une signification relative à cette totalité. Mais il y a surtout organisation totale, c'est-à-dire coordination entre les divers schèmes d'assimilation.»* N.I. 130

Organisation des schèmes et adaptation

> *«... l'organisation des schèmes n'est que l'aspect interne de leur adaptation, laquelle est à la fois accommodation et assimilation. Le fait premier est donc l'activité assimilatrice elle-même, sans laquelle aucune accommodation n'est possible et c'est l'action combinée de l'assimilation et de l'accommodation qui rend compte de l'existence des schèmes et par conséquent de leur organisation.»* N.I. 339

Voir aussi:

Accommodation
Adaptation
Assimilation
Équilibration
Régulation (s)
Schème (s)
Structures de l'intelligence

P

● PENSÉE

Piaget définit la *pensée* comme une *intelligence* intériorisée qui, contrairement à l'*intelligence sensori-motrice*, ne s'appuie pas simplement sur l'action et sur la perception directes mais sur l'évocation symbolique par le *langage*, les *images* mentales, etc. La *pensée* est donc liée à la *représentation* ou *fonction symbolique* qui débute au niveau préopératoire avec l'avènement des premiers *symboles* et des premiers *schèmes verbaux*.

Piaget distingue deux aspects dans la *pensée*: les *aspects figuratifs* et les *aspects opératifs*. Les premiers désignent les fonctions qui s'attachent aux configurations, telles que la *perception*, l'*imitation*, l'*image*; les seconds sont liés aux transformations qui sont solidaires des *schèmes d'action* ou d'*opération* dont dispose le sujet.

Il considère que les *aspects figuratifs* de la *pensée* jouent un rôle particulièrement important au niveau *préopératoire*. En effet, durant cette étape, l'enfant raisonne en s'appuyant sur les états ou configurations qu'il perçoit, sans être en mesure de comprendre les transformations permettant de les relier. Il est capable tout au plus de *décentrations,* c'est-à-dire de *centrations* successives l'amenant à comparer des états distincts. Au niveau opératoire concret, l'enfant acquiert la capacité d'effectuer des transformations symboliques ou intériorisées: ce sont les *opérations*. Il parvient ainsi à concevoir les états ou configurations comme le résultat de transformations antérieures. Par exemple la longueur et la minceur d'un boudin de pâte à modeler seront simultanément conçus comme le résultat d'une seule et même transformation: l'amincissement de la boulette initiale.

La *connaissance* ne constituant pas pour Piaget une copie, c'est-à-dire une *imitation* du réel, mais le résultat d'une *assimilation* active de la réalité aux *schèmes* du sujet, les *aspects opératifs* de la *pensée*, c'est-à-dire les transformations réelles (actions) ou symboliques (*opérations*) effectuées par le sujet sur les objets, joueront un rôle prédominant dans le *développement* de l'*intelligence* et des *connaissances*.

L'évolution de l'*intelligence représentative* aboutit d'ailleurs à une subordination des *aspects figuratifs* de la *pensée* à ses *aspects opératifs*. Cela signifie que les sujets, au lieu de fonder leurs jugements sur la *per-*

ception directe et l'*image*, s'appuieront désormais sur un ensemble d'*opérations*, c'est-à-dire sur un système de transformations symboliques et réversibles permettant de relier entre eux des états distincts.

Pensée (aspects figuratifs et opératifs de la)

«... *la représentation ou pensée représentative comporte deux aspects différents qu'il nous paraît essentiel de distinguer...: l'aspect figuratif et l'aspect opératif.*

L'aspect figuratif de la pensée représentative est tout ce qui se rapporte aux configurations comme telles, par opposition aux transformations. Guidé par la perception et soutenu par l'image, l'aspect figuratif de la représentation joue un rôle prépondérant (au sens d'abusivement prépondérant et aux dépens précisément des transformations) dans la pensée "préopératoire" de l'enfant de 2 à 7 ans, avant que se constituent les opérations... C'est ainsi que lorsqu'on transvase le liquide d'un récipient A dans un récipient B plus étroit et plus haut, l'enfant de 4-6 ans encore s'imagine en général que la quantité du liquide augmente parce que le niveau s'élève: il ne raisonne ainsi que sur les configurations en A et en B en les comparant directement sans passer par le système des transformations (qui lui fournirait la relation: plus haut × plus mince = quantité égale). Après 7-8 ans au contraire, il croit à la conservation de la quantité du liquide parce qu'il raisonne sur les transformations et leur subordonne les configurations.

L'aspect opératif de la pensée est relatif aux transformations et se rapporte ainsi à tout ce qui modifie l'objet, à partir de l'action jusqu'aux opérations.»   P.P.G. 78-79

Voir aussi:

Accommodation
Assimilation
Conservation
Image (s)
Intelligence
Pensée symbolique
Pensée intuitive
Pensée opératoire concrète
Pensée opératoire formelle
Représentation

● **PENSÉE CONCEPTUELLE**

Voir:

148

Pensée opératoire concrète
Pensée opératoire formelle

● **PENSÉE INTUITIVE OU PRÉLOGIQUE**

La *pensée* de l'enfant de 4 à 7 ans environ, c'est-à-dire celle qui précède la *pensée opératoire concrète*, est *intuitive ou prélogique*. Elle est caractérisée par le fait que l'*assimilation* et l'*accommodation* tendent à s'équilibrer, sans y parvenir, si ce n'est dans le cas où les sujets raisonnent sur certaines configurations ou structures perceptives, c'est-à-dire sur un ensemble d'objets ou d'éléments reliés entre eux par une forme simple constituant une *image*. Cette *pensée* s'appuie donc essentiellement sur la *représentation imagée* sans aucun recours à des *opérations logiques* permettant de structurer adéquatement les données d'un problème ou d'une situation. Elle marque toutefois un progrès par rapport à la *pensée symbolique* car contrairement à cette dernière, elle donne lieu à des *régulations* intuitives, c'est-à-dire à une *décentration* progressive de la *pensée* qui conduira peu à peu à l'*opération*.

La *pensée intuitive* consiste à appréhender un phénomène ou une situation sous une forme qui demeure globale et peu différenciée. Elle se manifeste par des *centrations* successives sur des configurations ou états particuliers de l'objet qu'elle ne parvient pas à relier entre eux par des transformations, faute d'*opérations logiques*. Elle reste donc limitée par le cadre de la *perception*, c'est-à-dire par les *images* ou configurations actuelles de l'objet ou de la situation. Si la *perception* des données est en gros exacte, elle donne lieu à des constructions intellectuelles incomplètes, car le sujet ne dispose pas encore d'*opérations réversibles* lui permettant d'envisager simultanément les états successivement centrés.

Par ailleurs, la *pensée intuitive* manifeste un défaut de différenciation entre le domaine *logico-mathématique* portant sur des objets discrets réunis sous forme de classes, sériés ou dénombrés et le domaine *infralogique ou spatio-temporel* constitué de parties ou éléments d'objets continus tels que l'espace, le temps, etc. Elle est cependant mieux articulée que la *pensée symbolique*, car elle ne porte pas uniquement sur des figures simples, mi-individuelles, mi-collectives (*voir préconcepts*) mais sur des configurations d'ensemble donc sur des structures perceptives. De plus, contrairement à cette dernière qui se caractérise par un primat alternatif de l'*assimilation* (*jeu*) et de l'*accommodation* (*imitation*), la *pensée intuitive* est capable de *régulations*. Celles-ci constituent un début de mise en *équilibre* entre l'*assimilation* et l'*accommodation* qui préfigure les *opérations*. Mais ce ne sont que des *régulations* représentatives et non pas encore opératoires. En effet, elles consistent à centrer successivement les données perceptives, donc à effectuer des *décentrations*, mais elles ne permettent pas encore de relier simultanément les états successifs par un système de transformations réversibles. C'est pourquoi elles donnent lieu à des évaluations erronées concernant, par exemple, la *conservation* de la substance, du *nombre*, de la longueur, etc., l'*inclusion* de la sous-classe dans la *classe* totale, la compréhension des notions de temps, de vitesse, etc.

Piaget distingue deux (2) formes d'intuition:

1- l'*intuition simple* qui n'est qu'une évocation par l'*image* d'une figure statique semblable à celle que fournirait la *perception*;

2- l'*intuition articulée* qui fait intervenir une *représentation* de transformations élémentaires et non plus simplement d'états. Elle résulte d'un progrès dans le sens de la *décentration* et c'est cette *décentration* progressive, liée à une plus grande mobilité dans les *centrations* successives, qui conduira peu à peu à l'*opération.*

Donnons quelques exemples de raisonnements enfantins fondés sur l'*intuition:*

1- Conservation du nombre

On aligne six jetons rouges sur une table et on donne à l'enfant une collection de jetons verts, en lui demandant de mettre autant de jetons verts qu'il y a de jetons rouges.

Vers 4-5 ans, l'enfant se contente de construire une rangée de même longueur, sans tenir compte du nombre des éléments qui la constituent. Il y a donc à la fois *centration* sur la longueur et confusion entre l'espace (distance entre les éléments extrêmes de la rangée) et le *nombre* (quantité d'éléments). C'est là une *intuition simple.*

Vers 5-6 ans, l'enfant parvient à construire une rangée identique en se fondant sur la correspondance terme à terme. Il placera un jeton vert devant chaque jeton rouge. Toutefois si l'on met en tas les éléments de l'une des séries l'enfant nie l'équivalence du nombre d'éléments. La relation logique d'équivalence s'appuie donc sur la correspondance optique des deux rangées. Lorsque celle-ci disparaît, l'équivalence est de nouveau niée. Il s'agit là d'une *intuition articulée*, faisant intervenir des *régulations* successives. Mais il n'intervient pas encore d'*opérations* qui, seules, rendent nécessaire l'équivalence quelle que soit la disposition des éléments.

2- Conservation du liquide

Soit deux verres de formes et de dimensions identiques, contenant la même quantité d'eau. On transvase le contenu de l'un d'eux dans un verre plus bas et plus large. Puis, on demande à l'enfant s'il y a la même quantité à boire dans les deux verres ou si l'un d'entre eux contient plus d'eau. Au niveau intuitif ou prélogique, l'enfant répondra qu'«il y a plus à boire dans celui-ci (plus haut et plus étroit) parce que c'est plus haut». Son raisonnement est fondé sur une *centration* sur l'une des dimensions en jeu: la hauteur.

Si maintenant, en prenant un verre plus haut et plus étroit, on amène le sujet à centrer son raisonnement sur la largeur, il renversera son jugement: «il y en a moins ici (plus haut et plus étroit) parce que c'est moins large». Le passage d'une seule *centration* (la hauteur) à deux *centrations* successives (hauteur puis largeur) constitue un autre exemple d'*intuition articulée* annonçant l'*opération*. Celle-ci interviendra lorsque le sujet, au lieu d'envisager successivement les relations en jeu, parviendra à les multiplier logiquement, donc à les envisager simultanément. Il dira alors que la quantité à boire est la même dans les deux verres parce que: + haut ×
− large = − haut × + large.

Pensée intuitive ou prélogique

«... *entre la pensée préconceptuelle, d'une part — caractérisée par une assimilation centrée sur un objet typique ainsi que par une accommodation symbolisant le schème d'ensemble par l'image de cet objet — et la pensée opératoire, d'autre part — caractérisée par la décentration et par l'équilibre permanent entre l'assimilation et l'accommodation — peuvent s'intercaler un certain nombre de termes intermédiaires, selon le degré de réversibilité atteint par le raisonnement. Ce sont ces intermédiaires que nous avons décrits, entre quatre et sept ans sous le nom de pensée intuitive et dont les formes supérieures sont constituées par des raisonnements d'apparence opératoire, mais liés à une configuration perceptive donnée.»* F.S. 258

«*De 4 à 7 ans, on assiste à une coordination graduelle des rapports représentatifs, donc à une conceptualisation croissante qui, de la phase symbolique ou préconceptuelle, conduira l'enfant au seuil des opérations. Mais... cette intelligence dont on peut suivre les progrès souvent rapides demeure constamment prélogique, et cela sur les terrains où elle parvient à son maximum d'adaptation: jusqu'au moment où le "groupement" marque l'aboutissement de cette suite d'équilibrations successives, elle supplée encore aux opérations inachevées par une forme semi-symbolique de pensée, qui est le raisonnement intuitif; et elle ne contrôle les jugements que par le moyen de "régulations" intuitives, analo-*

gues sur le plan de la représentation, à ce que sont les régulations perceptives sur le plan sensori-moteur.» P.I. 139-140

Pensée intuitive (articulation de la)

«... entre le préconcept et le système des concepts reliés opératoirement, on assiste à une articulation graduelle de la pensée intuitive. Ces intuitions articulées aboutissent à des constructions partielles, encore liées à la configuration perceptive et à l'image, mais déjà logiques à l'intérieur du domaine ainsi délimité.»

F.S. p. 244

Intuition simple vs articulée

«... (elle) reste phénoméniste parce qu'imitant les contours du réel sans les corriger, et égocentrique parce que constamment centrée en fonction de l'action du moment: elle manque, de la sorte, l'équilibre entre l'assimilation des choses aux schèmes de la pensée et l'accommodation de ceux-ci à la réalité.

Mais cet état initial qui se retrouve en chacun des domaines de la pensée intuitive, est progressivement corrigé grâce à un système de régulations, qui annoncent les opérations. Dominées d'abord par le rapport immédiat entre le phénomène et le point de vue du sujet, l'intuition évolue dans le sens de la décentration. Chaque déformation poussée à l'extrême entraîne la réintervention des rapports négligés. Chaque mise en relation favorise la possibilité d'un retour. Chaque détour aboutit à des interférences qui enrichissent les points de vue. Toute décentration d'une intuition se traduit ainsi en une régulation qui tend dans la direction de la réversibilité, de la composition transitive et de l'associativité, donc au total de la conservation par coordination des points de vue. D'où, les intuitions articulées, dont le progrès s'engage dans le sens de la mobilité réversible et prépare l'opération.» P.I. 148-149

Voir aussi:
Animisme
Artificialisme
Classification (s)
Conservation
Nombre (s)
Opération (s)
Pensée
Pensée symbolique
Réalisme
Régulation (s)
Réversibilité

Sériation

● PENSÉE OPÉRATOIRE CONCRÈTE

La *pensée opératoire concrète* est la première forme de *pensée logique* manifestée par l'*intelligence représentative*. La *pensée* de l'enfant devient *logique* lorsqu'elle s'appuie sur des *opérations*. Or, celles-ci se constituent aussitôt que les actions intériorisées du sujet se regroupent entre elles formant une *structure* d'*ensemble* composée d'*opérations* réversibles, interreliées et interdépendantes. C'est la constitution des *groupements d'opérations concrètes* (de *classes* et de *relations*) qui représente la première manifestation de la *pensée logique*. Avant le niveau des *opérations concrètes*, la *pensée* de l'enfant demeure prélogique, c'est-à-dire capable tout au plus de *décentrations* ou *régulations intuitives* conduisant le sujet à modifier peu à peu son *raisonnement* en fonction des modifications de l'*expérience*. Elle s'appuie donc sur des tâtonnements empiriques, structurant de proche en proche les données d'un problème. À partir du niveau opératoire concret, le sujet acquiert la capacité de structurer d'emblée, de façon adéquate, les données d'un problème ou d'une situation, grâce à l'emploi d'*opérations* permettant de coordonner entre eux les divers états ou aspects de la situation à laquelle il est confronté. Au lieu de procéder de proche en proche, il a recours à un plan d'ensemble (*par exemple:* dans le cas de la *classification* hiérarchique, il établit ses critères à l'avance et effectue ensuite le regroupement des objets en fonction des critères préalablement déterminés).

La *pensée concrète* manifeste donc un net progrès par rapport à la *pensée symbolique* et à la *pensée intuitive* caractérisées par l'indifférenciation des points de vue   et la *centration* sur certains états ou aspects de la situation. Son apparition résulte, pour Piaget, des mécanismes de *régulations* de la *pensée* qui conduisent à une *décentration* progressive par rapport au point de vue propre et à la configuration actuelle des données d'un problème. Sa caractéristique essentielle est de s'appuyer sur la *réversibilité opératoire*, qui représente l'aboutissement des *régulations* antérieures. C'est en effet cette *réversibilité* qui permet de promouvoir les actions au rang d'*opérations* déductives.

Toutefois, la *pensée opératoire concrète* présente certaines limitations par rapport à la *pensée formelle*. Si elle permet de structurer de façon logique et cohérente les données de la réalité perçue et d'effectuer des déductions correctes à partir des constatations effectuées, elle ne donne pas au sujet la capacité de construire un discours logique indépendamment de l'action. La *pensée concrète*, en effet, n'est pas indépendante de son contenu. Elle ne peut pas s'appuyer uniquement sur des *signes* (verbaux ou mathématiques) mais a besoin du support des objets.

Pensée concrète

«*... la pensée concrète demeure essentiellement attachée au réel et le système des opérations concrètes, qui constitue la forme finale d'équilibre de la pensée intuitive, ne parvient qu'à un ensemble restreint de transformations virtuelles, donc à une notion du ''possible'' qui prolonge simplement (et de peu) le réel. Ce caractère de la pensée concrète est particulièrement clair dans les... recherches, où l'on peut comparer sur chaque point la pensée concrète de l'enfant à la pensée formelle du préadolescent ou de l'adolescent: tandis que ces derniers commencent d'emblée par construire un ensemble d'hypothèses entre lesquelles il faudra choisir expérimentalement la bonne, pour résoudre le problème qui leur est posé, l'enfant du niveau concret ne fait pas à proprement parler d'hypothèses: il agit dès le départ et cherche simplement, au cours de son action, à coordonner les lectures successives des résultats qu'il obtient, ce qui revient à structurer la réalité sur laquelle il agit. Ou, si l'on convient d'admettre qu'il s'agit là d'hypothèses, il faut alors préciser que celles-ci consistent sans plus à esquisser des projets d'actions possibles, et non pas, comme chez l'adolescent, à imaginer ce que devrait être le réel si telle ou telle condition hypothétique était remplie.*»   L.E.L.A. 219-220

Pensée concrète vs pensée formelle

«*Avec la pensée concrète, ..., le système des régulations, jusque-là sans stabilité, parvient à une première forme d'équilibre stable: en atteignant le niveau de la réversibilité entière, les opérations concrètes issues des régulations précédentes, se coordonnent en effet en structures définies (classifications, sériations, correspondances, etc.) qui se conservent la vie durant, sans exclure la formation de systèmes supérieurs mais en restant actives sur le plan limité de l'organisation des données immédiates.*»   L.E.L.A. 217

«*L'équilibre atteint par la pensée concrète présente encore un champ relativement restreint et demeure par conséquent instable aux frontières de ce champ, ces deux circonstances étant précisément celles qui rendront peu à peu nécessaire l'élaboration de la pensée formelle.*

Le champ d'équilibre des opérations concrètes est limité en ce sens que... du point de vue de leur forme, les opérations concrètes ne consistent, en effet, qu'en une structuration directe des

données actuelles: classer, sérier, égaliser, mettre en correspon-
dance, etc. ce qui revient à introduire en un contenu particulier
(longueurs, poids, etc.) un ensemble d'emboîtements ou de rela-
tions se bornant à organiser ce contenu sous sa forme actuelle
et réelle... Du point de vue du contenu, la pensée concrète pré-
sente... cette particularité limitative de n'être pas immédiatement
généralisable à tous les contenus, mais de procéder domaine par
domaine, avec un décalage atteignant souvent quelques années
entre la structuration d'un contenu... et celle du suivant.»

L.E.L.A. 218-219

Voir aussi:
Connaissance (s)
Décalage (s)
Équilibre
Groupement (s)
Logique
Opération (s)
Pensée opératoire formelle
Schème (s)
Schème (s) opératoire (s) concret (s)
Schème (s) opératoire (s) formel (s)
Structures de l'intelligence

● PENSÉE OPÉRATOIRE FORMELLE

La *pensée formelle* constitue, pour Piaget, l'*équilibre* terminal des *opérations*, c'est-à-dire le résultat de la structuration progressive des actions et *opérations* de l'*intelligence*. Elle constitue à la fois un prolongement et un dépassement de la *pensée concrète* et caractérise les modes de *raisonnement* propres à l'adolescent et à l'adulte.

Elle présente certaines caractéristiques qui la distinguent de la *pensée opératoire concrète*.

1- Elle s'appuie sur un système d'*opérations* à la seconde puissance, autrement dit sur des *opérations* portant sur les *opérations* du niveau antérieur (en l'occurrence, les *opérations* de *classes* et de *relations*). C'est ainsi que la proportion, qui représente un rapport de rapport, ne se constitue qu'au niveau des *opérations formelles*.

2- Au lieu de porter directement sur les objets, elle porte sur des éléments verbaux (propositions) ou symboliques (signes mathématiques). Elle constitue donc une *logique* des propositions: elle substitue aux objets des énoncés, et aux classes et relations portant sur ces objets, des propositions reliant ces énoncés.

3- La *structure* des *opérations formelles* permet de constituer une *combinatoire*. Ainsi, au lieu de s'en tenir à une structuration directe des données perçues (comme c'est le cas pour la *pensée concrète*), la *pensée formelle* donne au sujet la capacité de construire, à partir des données du problème, l'ensemble des données hypothétiques compatibles avec celles-ci, en envisageant toutes les combinaisons possibles quoique non réalisées.

4- Elle comporte un plus grand nombre d'*opérations* et partant de possibilités opératoires, que la *pensée concrète*.

5- Grâce aux instruments logico-mathématiques dont elle dispose, elle permet donc d'acquérir un plus grand nombre de *connaissances physiques ou empiriques*.

Piaget considère que la principale caractéristique distinctive de la *pensée formelle* est la subordination du réel au possible. En effet, la *pensée formelle*, contrairement à la *pensée concrète*, est une pensée hypothético-déductive. Cela signifie qu'elle fait porter ses déductions sur des hypothèses, considérant les données réelles comme un cas particulier, une actualisation de combinaisons possibles. Cette méthode hypothético-déductive, propre à la *pensée formelle*, est essentielle à la démarche scientifique. Elle possède ses propres pouvoirs d'autocontrôle ou d'autocorrection consistant à vérifier expérimentalement la validité de chacune des hypothèses élaborées à partir des données du problème.

Pensée formelle

«Avec la pensée formelle... une inversion de sens s'opère entre le réel et le possible. Au lieu que le possible se manifeste simplement sous la forme d'un prolongement du réel ou des actions exécutées sur la réalité, c'est au contraire le réel qui se subordonne au possible: les faits sont dorénavant conçus comme le secteur des réalisations effectives au sein d'un univers de transformations possibles, car ils ne sont expliqués, et même admis en tant que faits, qu'après une vérification portant sur l'ensemble des hypothèses possibles compatibles avec la situation donnée.

La pensée formelle est en effet, essentiellement hypothético-déductive: la déduction ne porte plus directement sur les réalités perçues, mais sur des énoncés hypothétiques, c'est-à-dire sur des propositions formulant des hypothèses ou posant les données à titre de simples données, indépendamment de leur caractère actuel: la déduction consiste alors à relier entre elles ces assomptions en tirant leurs conséquences nécessaires même lorsque leur vérité expérimentale ne dépasse pas le possible. C'est cette inversion de sens entre le possible et le réel qui, plus que toute autre propriété subséquente, caractérise la pensée formelle: au lieu d'introduire sans plus un début de nécessité dans le réel, comme c'est le cas des inférences concrètes (fondées sur la transitivité des inclusions de classes et de relations), elle effectue dès le départ la synthèse du possible et du nécessaire, en déduisant avec rigueur les conclusions de prémisses dont la vérité n'est admise d'abord que par hypothèse et relève ainsi du possible avant de rejoindre le réel.» L.E.L.A. 220

Voir aussi:

Connaissance (s)
Équilibre
Intelligence
Logique
Mathématique (s)
Opération (s)
Pensée
Pensée opératoire concrète
Schème (s)
Schème (s) opératoire (s) concret (s)
Schème (s) opératoire (s) formel (s)
Structures de l'intelligence

● **PENSÉE PAR PARTICIPATION**

Voir:

Pensée symbolique ou préconceptuelle
Précausalité
Préconcept (s)

● **PENSÉE PRÉCONCEPTUELLE OU SYMBOLIQUE**

La *pensée préconceptuelle ou symbolique* caractérise la *représentation naissante* (2 à 4 ans environ). Elle constitue la première étape du niveau préopératoire qui marque à la fois l'avènement de la *représentation* et l'apparition du *langage*. C'est la première forme d'*intelligence représentative* manifestée par l'enfant. Elle succède donc à l'*intelligence sensori-motrice* et comme cette dernière, à ses débuts, elle présente un caractère fortement égocentrique. En effet, si la *représentation* naissante permet à l'enfant d'évoquer son vécu et d'anticiper certaines situations, sa *pensée* demeure centrée sur ses expériences subjectives et son point de vue propre. Tout comme l'activité sensori-motrice du nourrisson, à ses débuts, se confond avec les objets du milieu extérieur sur lesquels elle s'exerce, la *pensée* naissante confond, au niveau de ses *représentations*, les aspects subjectifs et les aspects objectifs de la réalité. L'enfant de cet âge ne dispose pas encore des outils intellectuels (les *opérations*) qui sont indispensables pour s'adapter à la réalité objective.

La *pensée préconceptuelle ou symbolique* se caractérise ainsi par un *déséquilibre* de l'*assimilation* et de l'*accommodation*. Il y a tantôt prédominance de l'*assimilation* (c'est le *jeu symbolique*) et tantôt prédominance de l'*accommodation* (c'est l'*imitation* plus ou moins exacte de modèles extérieurs). Durant cette étape, le *jeu symbolique,* système de *symboles* construits par le sujet lui-même pour exprimer son propre vécu, joue donc un rôle très important.

Sur le plan de la *pensée* adaptée, c'est-à-dire de la compréhension et de l'explication du réel, ce mode de *pensée* se caractérise par l'usage de *préconcepts* qui constituent les premières notions que l'enfant rattache aux *signes* verbaux dont il dispose. Ces *préconcepts* se situent à mi-chemin entre la *classe* générale (i.e. le concept) et l'individualité des éléments qui la composent. C'est ainsi qu'un objet ou une situation particulière deviennent, pour l'enfant, des sortes de prototypes d'autres objets ou situations présentant avec eux quelques analogies.

Piaget appelle *transduction* les *raisonnements* effectués par les sujets de ce niveau. Reliant entre eux des *préconcepts*, ces *raisonnements* conduisent à des généralisations indues à partir de cas particuliers. *Préconcepts* et *transduction* témoignent donc eux aussi d'un défaut d'*équilibre* entre l'*assimilation* et l'*accommodation* se traduisant par un manque de différenciation et de coordination entre le général et le particulier. Ils manifestent également une prédominance de l'*égocentrisme* enfantin, c'est-à-dire une *centration* sur le point de vue propre et l'*expérience* subjective.

Les ''mots poétiques'' des enfants de cet âge constituent un bon exemple de ce mode de *pensée* préconceptuel ou symbolique.

La *pensée préconceptuelle ou symbolique*, que Piaget qualifie aussi de *pensée par participation*, va se traduire, en outre, par des modes d'explication animistes et artificialistes des phénomènes extérieurs et par une conception réaliste ou matérialiste des phénomènes de conscience. Ils témoignent d'une confusion et partant, d'un défaut de différenciation, entre le physique et le psychique, la réalité objective et la perception subjective de cette réalité. Une telle confusion est liée, elle aussi, au caractère égocentrique de la *représentation* naissante.

Pensée préconceptuelle ou symbolique

«... la pensée naissante, tout en prolongeant l'intelligence sensorimotrice, procède... de la différenciation des signifiants et des signifiés et s'appuie par conséquent tout à la fois sur l'invention des symboles et sur la découverte des signes. Mais il va de soi que, plus l'enfant est jeune et moins lui suffira le système de ces signes collectifs tout faits, parce qu'en partie inaccessibles et malaisés à dominer, ces signes verbaux demeureront longtemps inaptes à exprimer l'individuel sur lequel le sujet reste centré. C'est pourquoi, tant que domine l'assimilation égocentrique du réel à l'activité propre, l'enfant aura besoin de symboles: d'où le jeu symbolique, ou jeu d'imagination, forme la plus pure de la pensée égocentrique et symbolique, assimilation du réel aux intérêts propres et expression du réel grâce à l'emploi d'images façonnées par le moi.

Mais même sur le terrain de la pensée adaptée, c'est-à-dire des débuts de l'intelligence représentative liée, de près ou de loin aux signes verbaux, il importe de noter le rôle des symboles imagés et de constater combien le sujet reste loin d'atteindre, durant les premières années, les concepts proprement dits. De l'apparition du langage jusque vers 4 ans, il faut, en effet, distinguer une première période de l'intelligence conceptuelle et qui est caractérisée par les préconcepts ou participations, et sur le plan du raisonnement naissant, par la "transduction" ou raisonnement préconceptuel.»

P.I. p. 137

Voir aussi:

Animisme
Artificialisme
Égocentrisme
Jeu (x)
Imitation
Préconcept (s)
Représentation
Symbole (s)
Transduction

● **PÉRIODE(S)**

Voir:

Stade (s)

● PERMANENCE DE L'OBJET

Piaget appelle *permanence de l'objet*, la capacité de conférer aux choses une existence propre et autonome, c'est-à-dire indépendante de l'activité exercée sur elles.

La *permanence de l'objet* constitue le premier invariant construit par la *connaissance*. Elle s'élabore durant la *période sensori-motrice*, en une série d'étapes correspondant à la différenciation et à la coordination progressives des *schèmes* du sujet en relation avec les objets du milieu sur lesquels ils s'appliquent. Elle est l'équivalent, au niveau de l'activité pratique ou sensori-motrice du sujet, de ce qu'est la *conservation* des totalités, au niveau de l'activité opératoire. Sa constitution est essentielle à la construction de l'espace sensori-moteur. En effet, sans *permanence de l'objet* il n'y a pas d'objets, c'est-à-dire de «*choses conçues comme permanentes, substantielles, extérieures au moi et persévérant dans l'être lorsqu'elles n'affectent plus la perception*», C.R. 11. Et sans objets, il n'y a pas d'espace unique et homogène puisque l'élaboration de celui-ci dépend étroitement de la coordination des objets entre eux, c'est-à-dire de leur mise en relation.

L'élaboration de la *permanence de l'objet*, qui sous-tend la constitution même de l'objet, est liée à l'évolution des *schèmes sensori-moteurs* qui vont peu à peu se différencier par rapport au milieu et se coordonner entre eux pour pouvoir s'appliquer à des situations toujours plus nombreuses et variées. Piaget distingue six étapes dans la constitution de la *notion d'objet*, en relation avec les six (6) *stades* de l'*intelligence sensori-motrice*.

Durant les deux premiers *stades*, l'univers enfantin est adualistique, c'est-à-dire que l'enfant ne distingue pas encore ce qui provient de son activité propre et ce qui est issu du milieu. Il n'y a donc ni *permanence* substantielle des objets, ni *organisation* spatiale, le milieu extérieur étant entièrement relatif à l'activité propre, sans aucune objectivation des choses extérieures au moi. L'objet qui disparaît cesse d'exister pour le petit enfant.

Les deux (2) premiers *stades* sont en effet caractérisés par l'absence de toute *conduite* spéciale à l'égard des objets qui disparaissent du champ visuel. Il y a tout au plus une certaine *permanence* affective ou subjective de l'objet qui n'implique ni substance, ni localisation dans l'espace. Ainsi, le nourrisson qui se met à pleurer lorsque sa mère disparaît après s'être occupée de lui, n'attribue à celle-ci aucune *permanence*.

À partir du troisième *stade*, l'enfant commence à saisir ce qu'il voit ou à porter devant ses yeux les objets avec lesquels ses mains sont entrées en contact. Ce sont les débuts de la *préhension*, liée à la coordination des *schèmes* visuels et moteurs (mouvements des mains). Celle-ci va marquer un progrès dans la solidification du monde extérieur. Les *conduites* observées à ce *stade* témoignent, en effet, d'un début de *permanence* accordée aux tableaux perceptifs mais cette *permanence* demeure encore subjective parce que relative aux *schèmes* activés. Elle consiste essentiellement en un prolongement des mouvements d'*accommodation* du *schème*. En voici quelques exemples.

1- L'*accommodation* visuelle aux mouvements rapides: elle consiste à prolonger l'activité du regard dans la direction de la chute d'un objet que l'expérimentateur laisse tomber sous les yeux de l'enfant; en ce cas, c'est l'*anticipation* des positions futures de l'objet, liées à sa chute, qui confère à celui-ci une certaine *permanence.*

2- La *préhension* interrompue: lorsque l'enfant perd l'objet qu'il tenait dans sa main ou qu'il était en train de saisir, il recherche cet objet; par ailleurs, il ramène devant ses yeux la main qui tenait l'objet ou s'apprêtait à le saisir.

3- La *réaction circulaire différée:* elle se manifeste par la reprise de l'action momentanément interrompue et partant, du contact avec l'objet alimentant cette activité.

4- La reconstitution d'une totalité visible à partir d'une fraction invisible: la vision d'un objet partiellement caché suffit à déclencher sa *préhension*; l'enfant est donc capable de reconstituer l'objet en sa totalité même s'il n'en perçoit qu'une partie. Il est donc capable d'utiliser des *indices* perceptifs.

5- La suppression des obstacles empêchant la perception: elle s'apparente à la recherche active de l'objet disparu derrière un écran. Celle-ci suppose la croyance en la *permanence de l'objet* en dehors de tout contact perceptif et n'apparaît qu'au 4e *stade*. Il s'agit ici de la *conduite* consistant à enlever un objet (par exemple: une couverture) placé sur le visage. Une telle *conduite* demeure toutefois centrée sur le sujet puisque l'obstacle supprimé est relatif à l'activité elle-même (percevoir) plus qu'à l'objet perçu.

À ce *stade*, la *permanence de l'objet* prolonge sans plus la *permanence* de l'activité à laquelle sert cet objet en une situation particulière.

Ces *accommodations* représentent néanmoins une étape importante dans l'objectivation des choses, puisqu'elles marquent les premières différenciations entre l'activité du sujet et les objets extérieurs qui servent à l'alimenter.

Au cours du 4e *stade* (8-9 mois à 12 mois) l'enfant acquiert la capacité de chercher la chose qui disparaît du champ visuel sans avoir été en contact avec les mains tôt auparavant. Il est capable d'effectuer une mise en relation non seulement entre l'activité (ou le *schème*) et l'objet qui l'alimente, mais entre les objets eux-mêmes, en l'occurrence, entre l'objectif et l'écran qui lui fait obstacle. C'est cette mise en relation nouvelle, fondée sur la coordination moyens-but propre à ce *stade,* qui fonde la *notion d'objet.* Car, pour que l'objet existe en tant que totalité autonome, extérieure au moi, il ne suffit pas qu'il soit mis en relation avec l'activité du sujet, il faut encore qu'il puisse être ordonné dans l'espace, c'est-à-dire mis en relation avec d'autres objets.

Toutefois, à ce *stade* de l'élaboration de la *notion d'objet*, la recherche active de l'objet disparu se fonde encore sur la perception immédiatement antérieure de celui-ci. Cette *conduite* nettement caractéristique du 4e *stade* et qui apparaît entre 9 et 11 mois, présente donc un aspect restrictif: l'enfant n'est pas capable de tenir compte de la succession des déplacements visibles de l'objet.

Par exemple, si l'on cache un objet sous A, devant l'enfant, celui-ci le retrouve aisément. On répète plusieurs fois l'expérience puis on le cache sous B. L'enfant continue alors à le chercher en A. Un peu plus tard, il en viendra à chercher l'objet en B, mais si l'on complique en ajoutant une 3e position C, il ira de nouveau le chercher sous A.

En somme, si la *permanence de l'objet* est désormais bien établie du point de vue du sujet, en ce sens que l'objet constitue une chose autonome et extérieure au moi, cette *permanence* demeure néanmoins contextuelle, relativement à l'espace, puisqu'elle est fonction d'une position privilégiée: celle où l'objet a été vu la première fois. C'est pourquoi l'enfant recherche l'objet toujours au même endroit.

L'*objet* de ce *stade* demeure, par conséquent, un objet pratique plutôt qu'une chose substantielle, le sujet n'ayant pas encore conscience des relations de positions et de déplacements. Si les déplacements de l'objet sont désormais dissociés de ceux du sujet, si l'espace est extériorisé, dans la mesure où les objets sont doués d'une existence propre, et si l'enfant a découvert la perspective et les changements de formes résultant des différentes positions de la tête, il n'est pas encore parvenu à se situer lui-même, à titre d'objet parmi les autres, dans un espace immobile le contenant.

Au 5e *stade*, l'enfant devient capable de tenir compte des déplacements visibles de l'objet. Il cherchera l'objet là où il a été vu pour la dernière fois. Cela marque un progrès dans la conquête progressive des relations spatiales. Toutefois, la *permanence de l'objet* au 5e *stade* reste pratique, c'est-à-dire liée à l'action et à la perception et ne fait intervenir aucune *représentation.*

Ce n'est qu'au 6e *stade,* qui marque l'achèvement de la *période sensori-motrice* et le début de la *période représentative,* que l'enfant manifeste la capacité de tenir compte des déplacements non visibles de l'objet. Il parvient à anticiper ou à imaginer la position de l'objet grâce à la *représentation* de ses déplacements non visibles. Il y a désormais *permanence représentative,* et non plus simplement substantielle, de l'objet.

Conservation de l'objet

«... la conservation de l'objet est le produit des coordinations de schèmes, en quoi consiste l'intelligence sensori-motrice. D'abord prolongement des coordinations propres à l'habitude, l'objet est donc construit par l'intelligence elle-même, dont il constitue le premier invariant: invariant nécessaire à l'élaboration de l'espace, de la causalité spatio-temporelle et, d'une manière générale, à toutes les formes d'assimilation dépassant le champ perceptif actuel.»

P.I. 119

Notion d'objet

«Au fur et à mesure... que l'action se complique par coordination des schèmes, l'univers s'objective et se détache du moi.

Le phénomène est bien visible tout d'abord, en ce qui concerne la notion d'"objet". C'est dans la mesure où l'enfant apprend à coordonner deux schèmes distincts, c'est-à-dire deux actions jusque-là indépendantes l'une de l'autre, qu'il devient capable de rechercher les objets disparus et de leur prêter un début de consistance indépendante du moi: chercher l'objet disparu, c'est en effet écarter les écrans qui le masquent et le concevoir comme situé derrière eux: c'est en bref le penser dans ses relations avec les choses actuellement perçues et non pas seulement dans ses rapports avec l'action propre.

Ce progrès dans la constitution de l'objet va de pair avec une élaboration corrélative du champ spatial.»

N.I. 189

Permanence de l'objet

«... la permanence de l'objet est due à cette déduction constructive que constitue, depuis le quatrième stade, l'assimilation réciproque des schèmes secondaires, c'est-à-dire la coordination des schèmes devenus mobiles. Jusqu'à ce niveau, l'objet prolon-

163

ge simplement l'activité propre: sa permanence n'est que pratique et non pas substantielle, parce que l'univers n'est pas détaché de l'action propre ni objectivité en un système de relations.»

C.R. 83-84

Schème de l'objet

«Qu'est-ce, en effet, que le schème de l'objet? C'est, pour une part essentielle, un schème de l'intelligence: avoir la notion de l'objet, c'est attribuer la figure perçue à un support substantiel, tel que la figure et la substance dont elle est ainsi l'indice continuent d'exister en dehors du champ perceptif. La permanence de l'objet envisagé sous cet angle, est non seulement un produit de l'intelligence, mais constitue même la première (des) notion(s) fondamentale(s) de conservation...»

P.I. 116-117

Voir aussi:

Groupes des déplacements
Intelligence sensori-motrice
Préhension
Réaction (s) circulaire (s)
Schème (s)

● PERTURBATION (S)

Voir:

Régulation (s)

● PRÉCAUSALITÉ

Voir:

Causalité

● PRÉCONCEPT (S)

Les *préconcepts* sont les notions dont use la *pensée symbolique* pour désigner et interpréter la réalité extérieure. Ils résultent d'une évolution des premiers *schèmes verbaux* dans la direction des *schèmes* proprement conceptuels. Ils se situent à mi-chemin entre le *symbole* qui est motivé et repose sur un lien de ressemblance entre le *signifiant* et le *signifié*, et le *signe* qui est arbitraire et repose sur une convention sociale. Ils présentent la caractéristique importante de demeurer inaptes à traduire à la fois l'identité individuelle et la *classe* générale. Ils sont donc mi-généraux, mi-particuliers et c'est la raison pour laquelle ils ne constituent pas encore de véritables *concepts*. Ainsi, pour le jeune enfant, sa petite soeur habillée d'une autre manière n'est plus la même personne mais une autre personne; inversement, la même lune, aperçue d'un autre lieu, est une autre lune. L'*assimilation* propre aux *préconcepts* demeure donc égocentrique, c'est-à-dire relative à un point de vue particulier du sujet ou à un état momentané de l'objet.

Les *préconcepts* sont bien des *schèmes* représentatifs puisqu'ils permettent d'évoquer plusieurs objets. Mais, au lieu de les évoquer à l'aide d'un *concept* abstrait, ils le font au moyen d'objets privilégiés, traduits sous forme d'*images* représentatives qui constituent une sorte d'exemplaire type de la *classe* des objets désignés. L'*image* ou le *symbole* conservent donc un rôle privilégié, au niveau du *préconcept*, puisqu'ils servent de substitut à la chose mi-générale, mi-particulière qu'ils désignent. Ils ne se réduisent pas à une simple illustration du *concept* comme ce sera le cas au niveau de la *pensée opératoire* (concrète et formelle).

Dans le *préconcept*, les objets sont assimilés les uns aux autres, de proche en proche, selon les ressemblances ou analogies qu'ils présentent entre eux, au lieu d'être intégrés en une *classe* générale et abstraite en fonction de critères communs. Toutefois, le *préconcept* est beaucoup moins attaché à l'action propre que ne l'est le *schème verbal* puisqu'il permet déjà la reconstitution d'actions passées ou l'*anticipation* d'actions futures. Ces *structures préconceptuelles*, qui caractérisent la *pensée symbolique* de l'enfant de 2 à 4 ans, sont d'ailleurs solidaires d'une évolution du *langage*: elles permettent les *conduites* de récit, c'est-à-dire l'évocation d'actions ou de situations antérieures, et elles accompagnent l'action présente non plus comme une partie intégrante de cette action, mais en tant que description doublant le *schème d'action* d'un *schème représentatif*.

Le *langage* préconceptuel propre à la *pensée symbolique* se situe donc à mi-chemin entre le *langage* égocentrique (symboles individuels) et le *langage* collectif (signes conventionnels). C'est à cet âge que l'enfant commence à poser les questions «qu'est-ce que c'est?», «c'est pourquoi?», etc. C'est aussi l'âge des ''mots d'enfants'' qui émerveillent les adultes par leur caractère si ''poétique'' et qui s'expliquent aisément par le caractère analogique ou de ''participation'' propre à l'*assimilation* préconceptuelle.

Préconcepts

«Les préconcepts sont les notions attachées par l'enfant aux premiers signes verbaux dont il acquiert l'usage. Le caractère propre de ces schèmes est de demeurer à mi-chemin entre la généralité du concept et l'individualité des éléments qui le composent, sans atteindre ni l'un ni l'autre. L'enfant de 2-3 ans dira indifféremment ''la'' limace ou ''les'' limaces, ''la'' lune ou ''les'' lunes, sans déci-

der si les limaces rencontrées au cours d'une même promenade, ou les disques vus de temps à autres au ciel, sont un seul individu, limace ou lune unique, ou une classe d'individus distincts. D'une part, en effet, il ne manie pas encore les classes générales, faute de distinction entre "tous" et "quelques". D'autre part, si la notion d'objet individuel permanent est achevée dans le champ de l'action propre, il n'en est encore rien quant à l'espace lointain ou aux réapparitions à durées espacées: une montagne est encore censée se déformer réellement au cours d'une excursion (comme antérieurement le biberon au cours de ses rotations) et "la" limace réapparaîtra en des points différents. D'où parfois de vraies "participations" entre objets distincts et éloignés les uns des autres.»

P.I. 137-138

«Or, ces deux caractères d'absence d'identité individuelle et d'absence de classe générale n'en font en réalité qu'un seul: c'est faute de classe à généralité stable que les éléments individuels, n'étant pas réunis en un tout réel qui les encadre, participent directement les uns des autres sans individualité permanente, et c'est faute de cette individualité des parties que l'ensemble ne saurait être construit en tant que classe emboîtante. Restant ainsi à mi-chemin de l'individuel et du général, le préconcept enfantin constitue une sorte de "participation" au sens de Lévy-Bruhl, si l'on convient de donner à ce genre de rapport le critère suivant: absence d'inclusion des éléments dans un tout, et identification directe des éléments partiels entre eux, sans l'intermédiaire de ce tout (par exemple: dans nos anciennes observations une ombre faite sur la table émane directement de celle des arbres ou de la nuit, sans passer par la classe générale des ombres définie par leur loi de formation).»

F.S. 240-241

Structures préconceptuelles

«Notons maintenant combien ces structures préconceptuelles, sans classes générales ni identités individuelles, sont parentes, sur le plan de la représentation cognitive ou de l'adaptation intelligente qui leur est propre, de la structure des symboles sur le plan ludique. Quelle est, en effet, la différence entre le fait de prendre un jardin pour un autre, de dédoubler son moi en plusieurs personnages ou de réduire plusieurs limaces en une seule, et le fait d'assimiler par jeu un objet à un autre et soi-même à autrui, sinon que dans un cas il y a croyance et effort d'adaptation à l'objet tandis que dans l'autre il n'y a que fiction et assimilation au moi? À part cette opposition fonctionnelle, le préconcept et le symbole ludique

procèdent tous deux par assimilation directe, sans identités ni gé-
néralités vraies, par "participation" prélogique et non pas par opérations.»   F.S. 241

Exemples

Obs. 105 - Vers 1;9 et 2;0 J. éprouve le besoin, lorsque quelqu'un
entre dans sa chambre, de lui présenter en quelque sorte les objets
et les personnes par leur nom: «Papa, maman, nez (de sa poupée),
bouche, etc.» Elle apporte souvent à ses parents une poupée en
disant "bonhomme", ou un objet en le désignant de son nom
"caillou", comme si elle voulait partager son savoir. Puis elle fait
participer l'entourage à tout ce qu'elle fait, en montrant les objets
et en racontant ses actions pendant qu'elle les accomplit en réalité. Mais elle procède exactement de même lorsqu'elle est seule
et c'est même, chose curieuse, au cours de ses monologues que
nous avons noté son premier «qu'est-ce que c'est?». À 1;9 (24) p.
ex.: je l'entends se dire à elle-même: «Qu'est-ce que c'est, Jacqueline, qu'est-ce que c'est?... Voilà (elle fait tomber un piot). Qu'est-
ce qui tombe? Un plot. (Puis elle touche un collier). Pas froid», etc.
                                                         F.S. 237

Exemple de mots poétiques liés à une pensée par participation

«J., à 3;6 voyant de petites vagues sur une place du lac faire avancer et reculer alternativement de petits cordons de sable, s'écrie:
«On dirait les cheveux d'une petite fille qu'on peigne.»

À 4;7 (26) encore, elle demande si le sirop qu'on peut faire avec
des baies d'épinette est «du sirop qui pique», ce qui est de l'analogie, agissante. Le même jour, devant un coucher de soleil:
«J'aimerais voyager dans des rayons et me coucher dans des draps
qui seraient les nuages», ce qui est une simple image. À 4;7 (22)
une herbe fine glissée dans une tige plus large donne lieu à des
images imitatives, mi-ludiques, mi-analogiques: «Tu vois c'est des
lunettes dans un étui» (allusion à une larve de phrygane dans un
ruisseau) etc. Une tige de bois courbé: «C'est comme une machi-
ne pour mettre la benzine» (robinet coudé). Quelques jours après,
au cours d'une dispute: «Alors on se sépare. Voilà une muraille
(geste de la main marquant une limite imaginaire) qui nous sépare». Puis, «Alors je rentre dans la coquille de cet escargot (igno-
re l'expression "rentrer dans sa coquille")». Les méandres d'une
rivière: «C'est comme un serpent», etc.

Voir aussi:

Image (s)
Pensée symbolique ou préconceptuelle
Représentation
Schèmes verbaux
Symbole (s)
Transduction

● PRÉHENSION

La *préhension,* c'est-à-dire l'activité consistant à saisir intentionnellement des objets, est loin d'être innée chez l'enfant. Elle se développe avec les progrès de l'*intelligence sensori-motrice* en une série d'étapes et sa constitution dépend étroitement de l'élaboration et de l'articulation progressives des divers *schèmes sensori-moteurs.* Elle est plus particulièrement liée à la coordination ou *assimilation réciproque* des *schèmes* visuels et moteurs.

En tant que *schème,* c'est-à-dire en tant que *conduite* structurée susceptible de se reproduire, de se généraliser à différents objets et de se différencier à leur contact, la *préhension* est constituée par un ensemble de mouvements interreliés et interdépendants: ce sont les mouvements agonistes et antagonistes impliqués dans l'acte de saisir et de lâcher. Tant que l'enfant n'est pas capable de lâcher, il n'y a pas *schème de préhension* mais simple réflexe. On ne parle en effet de *schème de préhension* que lorsque la *conduite* consistant à prendre un objet peut être répétée. Il faut donc que succède à la *préhension* proprement dite, ou saisie de l'objet, le mouvement inverse consistant à le lâcher.

La *préhension* une fois établie constitue l'un des principaux instruments dont se servira l'*intelligence.* Sa conquête marque également l'acquisition des premières *conduites* intentionnelles, l'élaboration de la *notion d'objet* (voir *permanence de l'objet*) et la découverte du corps propre.

Elle se développe en 5 étapes, allant de la *préhension* purement réflexe du *1er stade*, à la *préhension volontaire* qui débute vers 4 mois et se développe durant le 3e *stade.* La 1re étape correspond à des mouvements impulsifs des mains et du pur réflexe. C'est le *stade* de l'exercice fonctionnel des réflexes y compris ceux des mains. La main se ferme lorsqu'on exerce une légère pression sur la paume mais l'enfant ne sait pas lâcher. Il y a *préhension réflexe* et non pas *schème* (ou *conduite*) de *préhension.*

La seconde étape correspond aux premières *réactions circulaires* relatives aux mouvements des mains avant toute coordination des *schèmes* de motilité avec les *schèmes* de succion et de vision. L'enfant de ce *stade* saisit pour saisir les objets qui entrent en contact avec ses mains mais sans les regarder ni les porter à la bouche. Il est capable de gratter, frotter, remuer, etc. l'objet qui est en contact avec sa main; il peut aussi regarder ses doigts, les porter à sa bouche. Mais la main ne saisit pas les objets que suce la bouche et ne reproduit pas les mouvements des mains que regarde l'oeil. Il n'y a donc pas encore de coordination ou d'*assimilation réciproque* des *schèmes* de succion et de *préhension* ainsi que des *schèmes* de *préhension* et de vision.

La *3e étape* (vers 4 mois) est celle de la coordination *préhension*-succion: la main saisit les objets portés à la bouche et s'empare des objets sucés. L'enfant commence également à s'intéresser aux objets avec lesquels la main entre en contact. La vision, sans encore régler avec précision les mouvements de *préhension*, exerce cependant une influence sur les mouvements de la main. C'est ainsi que le fait de regarder la main tend à augmenter l'activité de celle-ci. Il y a *assimilation* de l'activité motrice par les *schèmes* visuels.

C'est le début de la *préhension*, caractérisée par l'intentionnalité practo-gnosique, c'est-à-dire par le fait que la vision d'un objet crée une intention relative à sa *préhension*.

Au cours de la 4e étape apparaît la coordination vision-*préhension*. L'enfant saisit les objets qui sont perçus dans le même champ visuel que sa main et avant de les saisir, il regarde alternativement sa main et les objets. Toutefois, il ne saisit pas l'objet si celui-ci n'est pas perçu dans le même champ visuel que sa main. L'enfant ne dispose encore que d'un *schème* global consistant à "regarder prendre".

Au cours de la 5e étape, l'enfant parvient à saisir tout ce qu'il voit. Le *schème* de *préhension* est désormais bien établi: cette acquisition est l'oeuvre du 3e *stade* (4 mois 1/2 à 8-9 mois).

Préhension

«... *Tout acte de préhension suppose une totalité organisée où interviennent des sensations tactiles et kinesthésiques et les mouvements du bras, de la main et des doigts. De tels schèmes constituent donc des "structures" d'ensemble, bien que s'étant élaborées au cours d'une évolution et à travers nombre d'essais, de tâtonnements et de corrections. Mais surtout, ces schèmes s'organisent en coordination avec des schèmes d'autre nature dont les principaux sont ceux de la succion et de la vision... cette organisation... est une adaptation réciproque des schèmes en présence avec naturellement accommodation mutuelle mais avec aussi assimilation collatérale. Tout ce qui est regardé ou ce qui est sucé tend à être saisi et tout ce qui est saisi tend à être sucé puis à être regardé. Or cette coordination, qui couronne l'acquisition de la préhension marque également un progrès essentiel dans l'objectivation: lorsqu'un objet peut être à la fois saisi, regardé et sucé, il s'extériorise par rapport au sujet tout autrement que s'il ne servait qu'à être saisi. Dans ce dernier cas, il n'est un aliment que pour la fonction même et le sujet ne cherche à le saisir que par besoin de saisir. Dès qu'il y a coordination, au contraire, l'objet tend à être assimilé à plusieurs schèmes simultanément: il acquiert ainsi un ensemble de significations et par conséquent une consistance, qui lui font attribuer un intérêt en lui-même.»*   N.I. 111-112

Voir aussi:

Intelligence sensori-motrice
Permanence de l'objet
Réaction (s) circulaire (s)

● **PRISE DE CONSCIENCE**

Voir:

Conceptualisation

● **PSYCHOLOGIE GÉNÉTIQUE** (ou psychologie de l'enfant)

Piaget considère que le *développement* de l'*intelligence* et des *connaissances* au cours de l'enfance et de l'adolescence ne consiste pas simplement à accumuler une série d'informations tirées des objets ou du milieu. Il ne se réduit pas non plus à un déroulement endogène, procédant par étapes, en fonction d'une programmation héréditaire innée et sans tenir compte de l'environnement. Il constitue le résultat d'une interaction continuelle entre un sujet structuré et un milieu également structuré. C'est cette interaction adaptative du sujet avec le milieu qui va amener le sujet à élaborer de nouveaux *instruments de connaissance (structures de l'intelligence)* lui donnant accès à de nouveaux contenus de *connaissance.*

La *psychologie génétique* a donc pour objet d'étudier comment s'effectue un tel *développement* et quels sont les mécanismes en jeu dans le passage, au cours de l'enfance et de l'adolescence, d'un niveau de *connaissance* à un autre plus élaboré.

Psychologie génétique

«... On appelle psychologie génétique l'étude du développement des fonctions mentales, en tant que ce développement peut fournir une explication ou tout au moins un complément d'information,

quant à leur mécanisme à l'état achevé. En d'autres termes, la psychologie génétique consiste à utiliser la psychologie de l'enfant pour trouver la solution des problèmes psychologiques généraux.»

P.E. 59

Psychologie de l'enfant

«... la psychologie de l'enfant constitue une sorte d'embryologie mentale, en tant que description des stades du développement de l'individu et surtout, en tant qu'étude du mécanisme de ce développement.»

P.E. 34

Voir aussi:

Connaissance (s)
Développement
Épistémologie génétique
Intelligence
Stade (s)

R

● **RAISONNEMENT(S) (conceptuel(s))**

Voir:

Schème(s) opératoire(s) concret(s)
Schème(s) opératoire(s) formel(s)

● **RAISONNEMENT(S) PRATIQUE(S) OU TÉLÉOLOGIQUE(S)**

Les *raisonnements pratiques ou téléologiques* sont propres à l'*intelligence sensori-motrice*. Ils ne font intervenir, par conséquent, ni *langage*, ni *représentation*. Ils consistent simplement en une coordination de *schèmes* sensori-moteurs ou pratique(s), les uns servant de moyens et les autres, de buts. Par exemple, l'acquisition de la *permanence de l'objet* au 4e stade de la *période sensori-motrice* implique le recours à un jugement pratique ou téléologique. En effet, lorsque l'enfant cherche à déplacer l'écran pour saisir l'objet caché derrière lui, il doit coordonner deux *schèmes* antérieurement différenciés, l'un servant de moyen (déplacer l'écran) et l'autre, d'objectif (saisir l'objet qui est derrière lui).

Ainsi, de même que les *schèmes* sensori-moteurs constituent l'équivalent fonctionnel des *concepts*, leur coordination donne lieu à des *raisonnements téléologiques*, qui constituent la contrepartie pratique ou sensori-motrice des *raisonnements opératoires*, reliant entre eux les *concepts*.

Raisonnement sensori-moteur

«... *les schèmes de l'intelligence sensori-motrice (constituent) l'équivalent fonctionnel des concepts et des relations et... l'assimilation sensori-motrice consiste en une sorte de jugement d'ordre pratique, les coordinations de schèmes entre eux équivalant alors à un raisonnement sensori-moteur.*» F.S. 252

Voir aussi:

Intelligence sensori-motrice
Schème(s)

● **RÉACTION(S) CIRCULAIRE(S)**

Piaget appelle *réaction circulaire*, la reproduction globale d'une activité et de ses résultats provoqués par hasard. Elle est donc essentiellement une *assimilation reproductrice*, liée à l'exercice fonctionnel des *schèmes sensori-moteurs*.

Il distingue en outre trois (3) types de *réactions circulaires* en relation avec l'évolution des *conduites* assimilatrices de l'enfant, au cours de son *développement sensori-moteur*.

Les premières débutent au second *stade* de l'*intelligence sensorimotrice* en relation avec la formation des premières habitudes acquises par l'enfant, telles que sucer son pouce. Piaget les appelle *réactions circulaires primaires*. Elles prolongent l'activité réflexe (succion) mais en y incorporant un élément nouveau (le pouce) acquis par expérience, ce qui suppose, en plus de l'*assimilation reproductrice*, une *accommodation* à des données extérieures aux *schèmes*.

Les secondes formes de *réactions circulaires ou réactions circulaires secondaires* apparaissent au troisième *stade*, caractérisé également par l'acquisition de la *préhension* liée à la coordination vision-préhension. Elles se manifestent par la tendance du sujet à répéter les gestes ayant produit, par hasard, des effets intéressants dans le milieu (exemples: frapper de la main les objets à proximité; secouer le berceau pour ébranler les objets qui y sont suspendus, etc.). L'enfant comprend alors que le résultat fortuit produit dans le milieu est dû à son activité. Il commence donc à différencier les moyens (activité) et les fins (effets produits) sans qu'interviennent encore, comme ce sera le cas au *stade* suivant (4e), des relations spatiales, causales ou temporelles entre les objets. Ces *réactions circulaires secondaires,* sans constituer de véritables actes d'*intelligence*, aboutissent déjà à l'établissement d'un rapport pratique entre l'acte (par exemple tirer) et le résultat observé (i.e. mouvements des objets).

Elles constituent par ailleurs une source importante de *permanence* élémentaire accordée aux objets, c'est-à-dire une existence autonome des objets, en dehors de tout contact perceptif. En effet, les *réactions circulaires secondaires* peuvent se présenter sous une forme que Piaget appelle ''*réaction circulaire différée*''. Celle-ci consiste en une reprise de l'activité reproductrice momentanément interrompue, sans aucune excitation extérieure. Ces réactions témoignent d'un début de permanence substantielle accordée aux objets dans le prolongement de l'activité (voir *permanence de l'objet*).

Les *réactions circulaires secondaires* donnent lieu à l'élaboration de *schèmes secondaires*, sortes de *concepts* pratiques résultant d'une *assimilation* et d'une *accommodation* combinées. L'enfant percevra ainsi un objet comme étant à ''frotter'', à ''tirer'', à ''secouer''. Mais ces *schèmes* secondaires demeurent rigides, c'est-à-dire qu'ils ne parviennent pas encore à se coordonner entre eux, faute d'une différenciation complète entre l'activité du sujet et les effets produits dans le milieu. La généralisation de ces *schèmes secondaires* à d'autres situations donnera donc lieu à ce que Piaget appelle des *conduites magico-phénoménistes.* Ainsi, l'enfant ébranlera le berceau dans le but de faire bouger des objets éloignés ou agitera les mains croyant pouvoir secouer des objets sans même les toucher. S'il y a bien compréhension d'un rapport d'efficacité entre les mouvements propres et ceux des objets, ce rapport n'est pas encore objectivé puisque l'enfant, manifestement, ne comprend pas encore en quoi il consiste.

Au cours du quatrième *stade,* les *schèmes secondaires* acquièrent une plus grande mobilité en ce sens que l'enfant parvient à les détacher de leur contexte habituel pour pouvoir les appliquer adéquatement à des situations ou à des objets nouveaux. C'est à ce *stade* qu'apparaissent les premières formes de *permanence de l'objet.* L'enfant devient capable de déplacer un écran pour saisir l'objet caché derrière lui. En présence d'objets nouveaux, il utilise les différents *schèmes* dont il dispose en essayant de les accommoder aux particularités de ces objets. Ces *conduites* donnent lieu à une seconde méthode de généralisation des *schèmes secondaires.* L'enfant devenant capable de coordonner ses *schèmes* entre eux, ne se contentera plus de répéter ses mouvements pour faire durer un spectacle intéressant, mais il cherchera réellement à s'adapter à des situations nouvelles. C'est alors qu'apparaissent les premières *conduites* intelligentes. Piaget qualifie de ''dérivées'' les *réactions circulaires secondaires* de ce *stade.* Si, par leur forme, elles sont identiques à celle du troisième *stade* (reproduction de l'activité dans le but de reproduire des résultats intéressants), elles en diffèrent par leur contexte qui en est un de recherche et d'expérimentation.

Les troisièmes formes de *réactions circulaires* ou *réactions circulaires tertiaires* caractérisent le 5ᵉ *stade* de l'*intelligence sensori-motrice* et précèdent l'apparition des premières manifestations de l'*intelligence représentative* propre au 6ᵉ et dernier *stade.* Si elles prolongent les *réactions circulaires secondaires* en tant que reproduction de l'activité en fonction des résultats observés, elles marquent néanmoins un progrès dans le sens d'une expérimentation plus active et plus poussée. L'enfant, au lieu de se contenter de reproduire les gestes qui ont abouti à un résultat intéressant dans le milieu, les fait varier au cours de ses répétitions, comme s'il cherchait à découvrir à quelles modifications des résultats conduit une modification particulière et intentionnelle de son activité propre.

L'évolution des *réactions circulaires*, qui va de pair avec une objectivation croissante des relations spatiales, causales et temporelles entre l'activité propre et les objets du milieu ainsi qu'entre ces objets eux-mêmes, est l'une des manifestations importantes des progrès accomplis par l'*intelligence sensori-motrice* au cours des 5 premiers *stades*. Elle montre en outre comment le *développement* des *conduites* assimilatrices conduit à des *accommodations* de plus en plus poussées puisque, en tant qu'*assimilation reproductrice,* la *réaction circulaire* intègre les deux pôles de l'activité: l'*assimilation* ou répétition de l'action, l'*accommodation* ou reproduction des résultats observés dans le milieu. Ces *réactions circulaires* constituent donc, en quelque sorte, des formes d'*apprentissage* puisque l'*assimilation reproductrice* qui les caractérise entraîne toujours des *accommodations* nouvelles aux données de l'expérience.

Réaction circulaire primaire

«La réaction circulaire est... à concevoir comme une synthèse active de l'assimilation et de l'accommodation. Elle est assimilation dans la mesure où elle constitue un exercice fonctionnel prolongeant l'assimilation réflexe... Mais la réaction circulaire est accommodation dans la mesure où elle réalise une coordination nouvelle, non donnée dans le mécanisme réflexe héréditaire.

La réaction circulaire est... un exercice fonctionnel acquis, prolongeant l'exercice réflexe et ayant pour effet de fortifier et d'entretenir, non plus simplement un mécanisme tout monté, mais un ensemble sensori-moteur à résultats poursuivis pour eux-mêmes. En tant qu'adaptation, la réaction circulaire implique... un pôle d'accommodation et un pôle d'assimilation.»   N.I. 64

Réaction circulaire secondaire

«Le 3ᵉ stade, qui apparaît avec la préhension des objectifs visuels, est caractérisé par l'apparition d'une conduite qui est déjà presque intentionnelle, ... qui annonce également l'intelligence empirique, mais qui demeure pourtant intermédiaire entre l'association acquise propre au second stade et l'acte vrai d'intelligence. C'est la "réaction circulaire secondaire", c'est-à-dire le comportement qui consiste à retrouver les gestes ayant exercé par hasard une action intéressante sur les choses.»   N.I. 135

«... dans les réactions circulaires que nous appellerons "secondaires"... les mouvements sont centrés sur un résultat produit dans le milieu externe et l'action a pour seul but d'entretenir ce résultat.»   NI.I. 141

«...la réaction circulaire secondaire ne débute que lorsqu'un effet fortuit de l'action propre est compris comme résultat de cette activité.»   N.I. 153

Réactions circulaires dérivées

«... lorsque l'enfant d'un stade ultérieur ou lorsque l'adulte découvrent un résultat fortuit, c'est presque toujours au cours d'un contexte de recherche ou d'expérimentation et dès lors l'action de reproduire l'effet obtenu ne constitue qu'une action dérivée.

Nous observerons... de telles réactions dérivées, au cours du 4e stade lorsque, en présence des objets nouveaux, l'enfant se livre à des "essais d'exploration". Si au cours de l'"exploration", l'enfant découvre fortuitement un résultat imprévu, il le reproduit aussitôt: un tel comportement est identique à celui de la réaction circulaire secondaire, mais est "dérivé".» N.I. 183

Réactions circulaires tertiaires

«La réaction circulaire tertiaire est... une "expérience pour voir" qui ne consiste plus à reproduire simplement un résultat intéressant, mais à le faire varier au cours même de la répétition.»
N.I. 228

«Le 5e stade... est avant tout le stade de l'élaboration de l'"objet". Il est caractérisé... par la constitution de nouveaux schèmes dus, non plus à la simple reproduction des résultats fortuits, mais à une sorte d'expérimentation ou de recherche de la nouveauté comme telle.» N.I. 232

«... la "réaction circulaire tertiaire"... dérive directement ... des réactions secondaires et des "explorations" auxquelles ces dernières donnent finalement lieu: la seule différence est que dans le cas des réactions "tertiaires" l'effet nouveau obtenu fortuitement n'est pas seulement reproduit, mais modifié dans le but d'en étudier la nature.» N.I. 232

Exemples

Réactions circulaires secondaires, *se prolongeant en procédé pour faire durer un spectacle intéressant.* N.I. 181-182 — Obs. 118

«Mentionnons ... la manière dont Laurent en est venu à utiliser ses mouvements de tête comme "procédés" chargés d'efficacité. Dès 0;3, Laurent est capable d'imiter un déplacement latéral de la tête. Or, à 0;3 (23), déjà, je le trouve en train de remuer ainsi la tête en face d'un hochet suspendu, comme pour lui exprimer un mouvement réel.

À 0;3 (29), il secoue la tête lorsque je cesse de faire balancer un coupe-papier. Les semaines suivantes, il réagit de même dès que s'interrompt un mouvement observé par lui.

À 0;7 (1), il le fait pour m'inciter à continuer de claquer mon médius contre mon pouce. À 0;7 (5), même réaction en face d'un journal que j'ai déplié et qui demeure immobile.

À 0;7 (7), il branle la tête de même qu'il secoue son bras ou se cambre en face d'une boîte en fer-blanc sur laquelle j'ai tambouriné.

Jusque vers 0;8, il continue ainsi à user de ce schème pour faire durer n'importe quel spectacle intéressant, qu'il s'agisse d'un mouvement perçu visuellement, quelle que soit l'orientation de ce mouvement, ou même d'un son (chantonner, etc.).»

Réactions circulaires tertiaires: N.I. 239-240 — Obs. 147

«Dans son bain, Jacqueline s'est livrée à de nombreuses expérimentations sur les jouets en celluloïd posés flottant à la surface de l'eau. À 1;1 (20) et les jours suivants, par exemple, non seulement elle laisse tomber de haut ses jouets pour voir l'eau gicler ou les déplace de la main pour les faire nager, mais encore, elle les enfouit à mi-hauteur pour les voir remonter.

À 1;7 (20), elle remarque les gouttes d'eau qui tombent du thermomètre lorsqu'elle le tient en l'air et lui imprime une secousse. Elle essaie alors de différentes combinaisons pour gicler à distance: elle brandit le thermomètre et s'arrête net, ou elle fait catapulte.

Entre un an et un an et demi, elle s'amuse à remplir d'eau des seaux, flacons, arrosoirs, etc., et à étudier la chute de l'eau. Elle apprend également à porter de l'eau avec précaution sans la renverser et en tenant la cuvette horizontale.

Elle s'amuse à remplir son éponge d'eau et à la presser contre sa poitrine ou au-dessus de l'eau; à remplir l'éponge au robinet; à faire couler l'eau du robinet le long de son bras, etc.

On voit la parenté de ces réactions circulaires tertiaires avec les réactions secondaires et même primaires. D'une part, en effet, le résultat nouveau est toujours découvert par hasard, puisque même en recherchant la nouveauté comme telle, l'enfant ne saurait la rencontrer que par tâtonnement. D'autre part l'"expérience" commence toujours par une répétition: pour étudier les changements de position, la trajectoire des objets lancés ou roulés, etc., il s'agit toujours de revenir aux mêmes mouvements, quitte à les varier peu à peu. L'"'expérience pour voir" est donc bien une réaction circulaire, d'un type supérieur sans doute, mais conforme en son principe aux réactions précédentes.»

Voir aussi:

Accommodation
Assimilation
Développement
Intelligence sensori-motrice
Permanence de l'objet
Préhension
Régulation(s)
Schème(s)
Stade(s)

● RÉALISME

Le *réalisme* enfantin qui caractérise la *pensée préopératoire* (de 2 à 7 ans environ) est le contraire de l'*objectivité*. Alors que celle-ci consiste à relativiser les choses, c'est-à-dire à tenir compte simultanément de la diversité des perspectives ou des points de vue et à reconnaître sa propre subjectivité dans la perception des phénomènes, le *réalisme*, au contraire, résulte d'une ignorance de l'existence du moi. Il aboutit à prendre la perspective propre pour objective et absolue.

Le *réalisme*, tout comme l'*artificialisme* et l'*animisme* d'ailleurs, est donc le résultat d'une indifférenciation entre le moi et le monde extérieur, au niveau de l'activité représentative. En effet, d'une part l'enfant a tendance à animer les corps inertes et les objets, à leur prêter des intentions (*animisme*), à leur assigner des objectifs ou une fonction déterminée (*artificialisme*), d'autre part il a tendance à réifier la *pensée* et les phénomènes psychiques. Tel est le *réalisme*. C'est ainsi que l'enfant croit que les noms sont, de toute éternité, une propriété des choses, que le rêve est situé dans la pièce où l'on dort, devant les yeux, etc. Bref, l'enfant situe dans les choses ce qui, en réalité, est dû à l'activité de son moi. Il confère donc une réalité objective aux aspects subjectifs de la réalité et prend pour absolu ce qui est relatif à sa propre perception des choses.

Réalisme

«Le réalisme... consiste à ignorer l'existence du moi et, dès lors, à prendre la perspective propre pour immédiatement objective et pour absolue. Le réalisme, c'est donc l'illusion anthropocentrique, c'est le finalisme, ce sont toutes les illusions dont foisonne l'histoire des sciences. Dans la mesure où la pensée n'a pas pris

> *conscience du moi, elle s'expose, en effet, à de perpétuelles con-*
> *fusions entre l'objectif et le subjectif, entre le vrai et l'immédiat;*
> *elle étale tout le contenu de la conscience sur un seul plan, sur le-*
> *quel les relations réelles et les inconscientes émanations du moi*
> *sont immédiatement confondues.»* R.M. 32

Réalisme enfantin

> *«L'enfant est réaliste, car il présuppose que la pensée est liée à son*
> *objet, que les noms sont liés aux choses nommées et que les*
> *rêves sont extérieurs. Son réalisme consiste en une tendance*
> *spontanée et immédiate à confondre le signe et le signifié, l'in-*
> *terne et l'externe, ainsi que le psychique et le physique.*
>
> *Or, les conséquences de ce réalisme sont doubles. D'une part,*
> *la limite entre le moi et le monde extérieur est beaucoup plus floue*
> *chez l'enfant que chez nous. D'autre part, le réalisme se prolonge*
> *en "participations" et en attitudes magiques spontanées.»* R.M. 102

Voir aussi:

Animisme
Artificialisme
Pensée intuitive
Pensée symbolique
Représentation
Symbole(s)

● RÉÉQUILIBRATION(S)

Voir:

Équilibration
Régulation(s)

● RÉGULATION(S)

Dans la perspective piagétienne d'un développement s'effectuant selon un principe d'*équilibration* progressive des *conduites*, l'élaboration des *structures opératoires* de l'*intelligence* repose sur l'intervention constante de *régulations compensatrices*. Celles-ci ont pour fonction de maintenir ou de rétablir l'*équilibre* dynamique entre l'*organisation* des *schèmes* ou *structures* du sujet et le milieu auquel ils doivent s'adapter.

La *régulation* consiste en une modification rétroactive du *schème* en fonction des résultats de son activité antérieure sur l'objet. Elle est donc indissociable de l'interaction sujet-milieu, *assimilation-accommodation*. Elle a pour fonction d'assurer des *compensations* actives aux désé-

quilibres engendrés par l'interaction conflictuelle des *schèmes* avec les objets. Ces *compensations* vont se manifester par des *accommodations* nouvelles, modifiant peu à peu la *structure* même des *conduites* pour les adapter au milieu. En effet, le milieu étant lui-même structuré, c'est-à-dire possédant sa propre *organisation*, il oppose parfois des résistances à l'activité assimilatrice des *schèmes* du sujet. Ces résistances correspondent à des perturbations pour les *schèmes* qui s'avèrent alors partiellement inadéquats. La *régulation* n'est ainsi pas autre chose qu'une réponse active du sujet à ces perturbations subies ou anticipées et elle a pour but de remédier à un *déséquilibre* actuel ou virtuel.

Prenons un exemple:

Dans l'épreuve, très classique, portant sur la *conservation* de la substance, où l'on demande à l'enfant d'évaluer l'égalité ou l'inégalité de deux boules de pâte à modeler, initialement identiques, mais dont l'une a été transformée en boudin. Les enfants diront ainsi qu'«il y en a plus ici (boudin) parce que c'est + long». Lorsque la saucisse devient très mince, le sujet, remarquant cette transformation, oscillera entre un jugement fondé sur la longueur («il y a plus») et un autre fondé sur la largeur («il y a en moins»).

La *régulation* se présente ici sous la forme d'une *décentration* progressive ou *centrations* successives sur deux états distincts qu'elle conduira peu à peu à relier sous une forme opératoire, chaque transformation étant alors conçue comme l'inverse de l'autre.

Tant que le sujet ne tient compte que d'un aspect de l'objet (longueur *ou* largeur), alors que les deux sont complémentaires (+ long × − large = − long × + large); il aboutit à une contradiction, traduisant un *déséquilibre* ou une inadéquation du *schème* à l'objet. En effet, la présence simultanée, dans un même objet, de deux aspects qui semblent contradictoires lorsqu'ils sont appréhendés séparément et successivement est source de perturbations conduisant à un *déséquilibre* des *schèmes* puisque ceux-ci sont alors eux-mêmes en contradiction. Le besoin d'une cohérence interne dans l'*organisation* de ses *conduites* conduira le sujet à les coordonner, c'est-à-dire à les mettre en relation. C'est cette coordination issue des *régulations* antérieures (les *décentrations*) qui constitue alors la *compensation*. Elle engendre une nouvelle *conduite* ou un nouveau *schème opératoire*, formé par la combinaison de deux *schèmes*, originairement indépendants, mais qui s'avèrent complémentaires à l'égard de l'objet appréhendé: l'activité ou l'*opération* consistant à transformer la boulette en saucisse sera désormais conçue comme l'inverse de l'activité consistant à transformer la saucisse en boulette.

De façon générale, toute *régulation* a donc pour effet de modifier l'activité initiale de façon à l'adapter aux exigences de la situation ou de l'objet particuliers auxquels elle s'applique. Elle fait donc intervenir alternativement l'action du sujet sur les choses (*assimilation*) et les modifications que le milieu lui impose en retour (*accommodation*).

De même que Piaget identifie plusieurs niveaux (*stades* et *périodes*) dans le *développement* des *structures* de l'*intelligence,* il distingue plusieurs formes de *régulations*. Celles-ci ont pour fonction d'assurer aux *schèmes* dont dispose le sujet, à chaque étape, des capacités d'*accommodation* ou d'*adaptation* variées.

Les premières formes de *régulations* identifiées par Piaget sont les *accommodations* auxquelles donne lieu l'*assimilation reproductrice* propre aux *réactions circulaires* (primaires, secondaires et tertiaires). D'abord issues de simples coïncidences entre certaines activités du sujet et certains effets produits dans le milieu, elles prennent peu à peu la forme d'un tâtonnement intentionnel et de plus en plus systématique, pour aboutir enfin, au terme de l'*intelligence sensori-motrice,* à des *accommodations* anticipées. Le sujet parvient alors à prévoir les *accommodations* (ou modifications) qu'il doit faire subir à ses *schèmes* pour les appliquer de façon adéquate à une situation ou à un objet précis: par exemple, l'enfant est capable de prévoir les détours (moteurs) qu'il doit faire pour atteindre un objet qui est hors de portée.

Au niveau de l'activité représentative, et non plus simplement sensori-motrice, les *régulations* vont se manifester tout d'abord par le passage de *centrations* à des *décentrations* (ou *centrations* successives) que le sujet sera peu à peu amené à relier. Ces *décentrations* prennent la forme de *rétroactions* et *anticipations* de plus en plus rapides. Les *rétroactions* vont consister à comparer et donc à relier les *centrations* actuelles avec les *centrations* antérieures. Elles conduisent à assimiler le passé au présent et réciproquement. De la même façon, les *anticipations* vont consister à prévoir de mieux en mieux les états futurs en fonction des états actuellement perçus, donc à assimiler le futur au présent. Ces *rétroactions* et *anticipations* sont sources d'*assimilations* et d'*accommodations* réciproques de *schèmes* initialement indépendants et marquent un progrès dans la mobilité des *conduites.* En effet, au lieu de fonder son jugement uniquement sur ses actions et perceptions actuelles, l'enfant devient peu à peu capable de relier entre elles ses activités passées et présentes et de prévoir ses activités futures. Il est donc beaucoup moins limité dans l'espace et dans le temps. Ce sont ces *régulations rétroactives* et *anticipatrices* qui, en coordonnant les *schèmes*, vont conduire aux *opérations*. Celles-ci permettront d'exprimer les transformations qui conduisent d'un état à un autre.

Piaget considère l'*opération* comme une *régulation* devenue parfaite parce que entièrement réversible. En effet, il y a *régulation* parfaite lorsqu'il y a *réversibilité*, c'est-à-dire lorsque à chaque *opération* directe correspond une *opération* (inverse ou réciproque) qui l'annule. La *réversibilité* est donc l'aboutissement des *régulations* auxquelles donnent lieu les *conduites* à tous les niveaux. Elle caractérise les *opérations logico-mathématiques* constitutives des *structures opératoires de l'intelligence*: ces *structures*, d'abord concrètes puis formelles, constituent les systèmes de *régulations* propres à la *pensée représentative* à différents niveaux. La supériorité des *structures opératoires formelles* par rapport aux *structures concrètes* tient à un progrès au niveau de la *réversibilité*. En effet, alors que les *structures concrètes* présentent une *réversibilité* soit par inversion (*groupements* de *classes*), soit par réciprocité (*groupements* de relations), les *structures formelles* réalisent la synthèse en un système unique (le *groupe INRC*) des inversions et des réciprocités.

La fonction des *régulations compensatrices* est donc, à tous les niveaux, de remédier aux *déséquilibres* résultant de l'inadéquation *schèmes*-objets, par l'élaboration graduelle d'actions et d'*opérations* inverses ou complémentaires, correspondant aux actions ou *opérations* directes effectuées par le sujet. Elles conduisent à une *réversibilité* croissante de l'action et de la *pensée*, ce qui a pour effet d'améliorer l'*équilibre* des *structures* de l'*intelligence*.

Lorsqu'un *schème* assimile un objet quelconque du milieu, il doit tenir compte de ses particularités, donc s'y accommoder. Or, un *schème* peut s'accommoder de façon plus ou moins complète engendrant ainsi un *équilibre* plus ou moins stable entre l'activité du sujet et le milieu sur lequel elle s'exerce. Tant que les *schèmes* n'ont pas atteint un *équilibre* stable et permanent, en regard du milieu avec lequel ils sont en interaction, ils demeurent sujets à des *déséquilibres.* Les diverses formes d'*accommodation* surgissant en réponse à ces *déséquilibres* constituent précisément le résultat des *régulations compensatrices* effectuées par le sujet. Elles auront pour effet de regrouper les divers *schèmes* en une structure d'ensemble comportant ses propres lois de composition, i.e. ses propres *régulations*. Non seulement elles rétabliront l'*équilibre* sujet-milieu, *assimilation-accommodation*, mais elles l'enrichiront de capacités adaptatives nouvelles (pouvoirs d'*accommodations*) en modifiant l'*organisation* antérieure des *schèmes* (*structures* d'assimilation).

Piaget distingue diverses formes de *conduites* régulatrices effectuées par le sujet pour s'adapter aux exigences du milieu. La succession

de ces *conduites* au cours du *développement* est l'expression d'un processus général d'autorégulation, l'*équilibration*, qui assure le passage
d'une forme d'*équilibre* et partant d'un niveau d'*adaptation* à un autre qui
lui est supérieur. En effet, l'intégration de ces *accomodations* nouvelles,
suscitées par les exigences adaptatives du milieu, va permettre au sujet de
passer de *régulations* rétroactives exogènes exercées par le milieu sur son
activité, à une *autorégulation* pro-active et endogène contrôlée par les
mécanismes internes de la *structure*, c'est-à-dire par les lois de composition ou de coordination entre les *schèmes* dont dispose le sujet.

Régulation

> «*Le propre d'une régulation est, en tous les domaines, d'informer
> un système en action sur le résultat de ces actions et de les cor-
> riger en fonction des résultats obtenus.*» B.C. 164

> «*Toutes les régulations sont du point de vue du sujet, des répon-
> ses à des perturbations.*» E.S.C. 21

> «*On parle de régulation, de façon générale, lorsque la reprise A
> d'une action A' est modifiée par les résultats de celle-ci, donc lors
> d'un effet en retour des résultats de A sur son nouveau déroule-
> ment A'.*» E.S.C. 24

> «*... toute régulation fait intervenir deux processus de sens contrai-
> res: l'un rétroactif conduisant du résultat d'une action à sa repri-
> se, et l'autre pro-actif, conduisant à une correction ou à un ren-
> forcement. Ces deux mouvements de direction opposée ne cons-
> tituent pas encore des opérations directes et inverses puisque leurs
> trajets diffèrent... mais pour ce qui est de leurs orientations, l'une
> est bien la négation de l'autre et il y a donc là une préparation
> à la réversibilité.*» E.S.C. 30

Voir aussi:

Accommodation
Adaptation
Assimilation
Équilibre
Équilibration
Opération(s)
Shcème(s)
Structures
Réversibilité

● **RELATIONS (asymétriques ou symétriques)**

Voir:

Sériation(s)

● **RENVERSABILITÉ**

Voir:

Réversibilité

● **REPRÉSENTATION OU PENSÉE REPRÉSENTATIVE**

La *pensée représentative* débute, selon Piaget, dès que dans le système des *"significations"* constituant toute *intelligence,* le *"signifiant"* se différencie du *"signifié"*.

Elle apparaît au terme de la *période sensori-motrice,* vers 1 an 1/2, 2 ans (6e *stade*), lorsque l'*assimilation* et l'*accommodation* après s'être différenciées puis coordonnées au niveau sensori-moteur vont à nouveau se différencier, doublant en quelque sorte l'*assimilation* et l'*accommodation sensori-motrices,* d'une *assimilation* et d'une *accommodation représentatives.* La première fournira à la *pensée* des *"signifiés"* et la seconde des *"signifiants"*.

Au cours de la *période sensori-motrice,* toute l'activité pratique de l'enfant, consistant aussi bien à conférer des *significations* aux objets ou aux personnes, qu'à en reconnaître, s'opère au contact de la réalité perçue sur laquelle le sujet peut directement agir à l'aide de ses divers *schèmes* perceptifs et moteurs. Mais il n'y a pas *"représentation",* c'est-à-dire évocation d'une réalité absente. Il intervient tout au plus des *indices* ou des signaux qui constituent de simples aspects ou parties de l'objet ou du *schème* d'action. Par exemple, dès le 2e *stade,* le son est perçu comme *"indice"* d'un tableau visuel et l'enfant tourne le regard dans la direction du son entendu. Un peu plus tard, la forme bombée d'une couverture sera l'*indice* de la présence d'un objet caché sous elle, sans qu'intervienne une *représentation* de l'objet.

La *représentation* naissante va entraîner des modifications importantes dans les domaines de l'*intelligence,* du *jeu* et de l'*imitation,* et modifier peu à peu le système des *significations.* En effet, à partir du 6e *stade* de l'*intelligence sensori-motrice,* l'*imitation* devient différée, c'est-à-dire capable de fonctionner en l'absence du modèle et le *jeu* sensori-moteur se transforme en *jeu symbolique.* C'est cette *imitation* différée qui, en s'intériorisant, fournira à la *pensée* des *signifiants* permettant l'évocation de situations ou de modèles absents. Et c'est le *jeu,* devenu symbolique, c'est-à-dire consistant à reproduire des *schèmes* en dehors de leur contexte et à l'aide d'objets servant de substituts qui, selon Piaget, fournira à la pensée des *signifiés.*

La *pensée représentative* consistera donc à doubler le système des *assimilations* et des *accommodations* puisque à l'*accommodation* actuelle aux données perceptibles s'ajoutera une *accommodation* imitative à des données antérieures (modèles imités) et que l'*assimilation* des objets actuels ou de la situation présente consistera à signifier des objets ou situations antérieurement assimilés.

Si la *représentation*, en tant que réunion de *signifiants* et de *signifiés*, est nécessaire au *langage*, elle le déborde largement puisqu'elle englobe toutes les formes de *pensée symbolique*. Elle fait partie d'une fonction plus large que le *langage*, que Piaget appelle la *fonction symbolique*. C'est elle qui permet l'évocation et l'anticipation de ce qui échappe à l'action et à la perception immédiates.

Lorsque l'enfant va accéder à la *représentation* et partant au *langage,* il devra reconstruire sur ce nouveau palier, c'est-à-dire en fonction de ce nouvel univers représentatif, les relations sujet-objets et les relations entre objets qu'il était parvenu à élaborer au plan de l'activité sensori-motrice, c'est-à-dire en rapport avec l'univers perceptif et moteur. L'évolution de la *pensée représentative,* tout comme celle de l'activité sensori-motrice d'ailleurs, va donc passer d'une phase d'*égocentrisme* et de confusion entre le sujet et l'objet à une phase d'objectivation complète de la réalité. La succession de ces phases correspond aux divers modes de *pensée représentative* identifiés par Piaget:

1- la *pensée symbolique* de 2 à 4 ans;
2- la *pensée intuitive* de 4 à 7 ans;
3- la *pensée opératoire concrète* de 7 à 11-12 ans;
4- la *pensée opératoire formelle* qui débute vers 11-12 ans.

Représentation

> «*Le propre de la représentation est... que les accommodations antérieures se conservent dans le présent à titre de "signifiants" et les assimilations antérieures à titre de significations... sur le plan représentatif, les accommodations sont donc doubles: actuelles (accommodations simples) et antérieures (imitations représentatives et images); et les assimilations également: actuelles (incorporation des données antérieures aux schèmes adéquats) et antérieures (connexions établies entre ces schèmes et d'autres dont les significations sont simplement évoquées, sans être provoquées par la perception présente).*» F.S. 256

> «*... le propre de la représentation est... de dépasser l'immédiat*

en accroissant les dimensions dans l'espace et dans le temps, du champ de l'adaptation, donc d'évoquer ce qui déborde le domaine perceptif et moteur. Qui dit représentation, dit par conséquent réunion d'un "signifiant" permettant l'évocation et d'un "signifié" fourni par la pensée.»

F.S. 286

«En plus des mots, la représentation naissante suppose donc l'appui d'un système de "signifiants" variables, à disposition de l'individu comme tel; et c'est pourquoi la pensée de l'enfant reste beaucoup plus symbolique que la nôtre dans le sens où le symbole s'oppose au signe.»

F.F. 287

«... les diverses formes de pensée représentative - imitation, jeu symbolique et représentation cognitive... sont solidaires les unes des autres et... (évoluent) toutes trois en fonction de l'équilibre progressif de l'assimilation et de l'accomodation.»

F.S. 286

Univers représentatif

«... pour constituer l'univers représentatif qui débute avec la coordination des images et des schèmes verbaux, deux sphères d'activités nouvelles sont à conquérir: 1- l'extension dans le temps et dans l'espace de l'univers pratique immédiat, c'est-à-dire la conquête des espaces lointains et des durées abolies, qui exigent les uns et les autres une représentation dépassant la perception, et non plus seulement le mouvement et le contact perceptif directs; 2- la coordination de l'univers propre avec celui des autres, autrement dit l'objectivation de l'univers représentatif en fonction de la coordination des points de vue.

Nous allons voir, que l'on trouve à la fois une reconstitution partielle et une extension progressive des schèmes sensori-moteurs, passant l'une et l'autre par des phases analogues à celles que l'on observe dans le développement de l'activité sensori-motrice.»

F.S. 276-277

Voir aussi:

Fonction symbolique
Image(s)
Imitation
Jeu(x)
Pensée
Pensée intuitive
Pensée opératoire concrète
Pensée opératoire formelle

Pensée symbolique
Préconcept(s)
Schèmes verbaux
Signe(s)
Signifiant(s)
Symbole(s)
Transduction

● **RÉTROACTION(S)**

Voir:

Régulation(s)

● **RÉVERSIBILITÉ**

Piaget définit la *réversibilité* par la ''capacité d'exécuter une action dans les deux sens de parcours, en ayant conscience qu'il s'agit de la même action''. Sa constitution résulte de l'ajustement réciproque de l'*assimilation* et de l'*accommodation* représentatives, c'est-à-dire de leur mise en *équilibre* progressive.

Toute la *période* de préparation des *opérations concrètes* (niveau préopératoire) est caractérisée par une marche vers l'*équilibre* se traduisant par une *réversibilité* croissante de la *pensée*. L'apparition de la *réversibilité* et celle de l'*opération* sont entièrement solidaires puisque la *réversibilité* se définit par l'inversion d'une *opération* directe en *opération* inverse, et l'*opération*, par une action devenue réversible. La *réversibilité* est propre à l'activité représentative. Aussi Piaget la distingue-t-il de la *renversabilité* au niveau de l'activité sensori-motrice, qui exprime simplement la possibilité d'un retour empirique au point de départ. Avant l'apparition de l'*opération*, il ne saurait donc y avoir *réversibilité*. On assiste tout au plus à des *régulations intuitives* conduisant peu à peu d'une *centration* sur les états ou configurations actuelles à une *décentration* permettant de relier entre elles les *centrations* successives. C'est cette *décentration* progressive de la *pensée*, se manifestant par des *intuitions articulées,* qui conduit à la *réversibilité opératoire*.

Cette *réversibilité* va se traduire par la capacité de percevoir sous une forme simultanée des états successifs par le recours à des transformations opératoires ou *opérations* permettant de passer d'un état à un autre et réciproquement.

Piaget considère la *réversibilité* comme le critère de la constitution des *opérations concrètes.* C'est le recours à la *réversibilité* qui permet, par exemple, la constitution des *notions de conservation* (par ex.: *conservation* de la substance, du poids, du volume, etc.). C'est elle, en effet, qui assure la *conservation* de l'objet, au travers des transformations qu'il subit.

La *réversibilité* est d'ailleurs l'un des arguments utilisés par l'enfant pour justifier la *conservation* d'une boule de pâte à modeler qu'on transforme en boulettes. Par exemple lorsque le sujet dit: «C'est la même chose parce que si on faisait de ça (les boulettes) une seule boule, elles seraient (les deux grandes boules) la même chose».

C'est pourquoi Piaget distingue la *renversabilité*, simple retour empirique au point de départ, sans *conservation* nécessaire, de la *réversibilité opératoire* qui s'accompagne d'un sentiment de nécessité *logique* lié à la conscience de la transformation reliant entre eux les résultats successifs (boule, boulettes puis à nouveau boule).

Il distingue également deux formes de *réversibilité*: l'une par inversion; l'autre par réciprocité. Ces deux formes de *réversibilité*, qui caractérisent respectivement les *groupements de classes et de relations*, se trouvent réunies dans la *structure de groupe INRC* propre au niveau opératoire formel, sous la forme d'un système de *double réversibilité*.

Réversibilité

> «*La réversibilité est le caractère le plus apparent de l'acte d'intelligence, qui est capable de détours et de retours. Cette réversibilité augmente donc régulièrement, palier par palier, au cours des stades... Elle se présente sous deux formes: l'une que l'on peut appeler l'inversion ou la négation qui apparaît dans la logique des classes, l'arithmétique, etc., l'autre que nous pourrions appeler la réciprocité, qui apparaît dans les opérations de relations. Dans tout le niveau des opérations concrètes, l'inversion d'un côté et la réciprocité de l'autre sont deux processus cheminant côte à côte et parallèlement, mais sans jonction en un système unique. Avec le groupe des 4 transformations INRC, au contraire, nous avons l'inversion, la réciproque, la négation de la réciproque et la transformation identique, c'est-à-dire la synthèse en un seul système de ces 2 formes de réversibilité jusque-là parallèles mais sans connexions entre elles.*»* P.P.G. 65-66

Réversibilité et conservation

> «*... C'est précisément la réversibilité qui engendre la conservation ... la réversibilité est le processus même dont la conservation est le résultat, et ce processus varie en degrés d'approximation, tant qu'il demeure à l'état de régulation au sens ordinaire du mot, d'où les réponses intermédiaires que l'on obtient entre la non-conserva-*

tion et la conservation... L'identité, en fait, devient un argument à partir du moment où elle est subordonnée à la réversibilité (+ P − P = 0 où 0 ou P⁰ = l'opération "identique" du système). C'est donc bien la réversibilité qui entraîne la conservation et non pas l'inverse.» B.C. 293

Réversibilité et équilibre

«Tout état d'équilibre est reconnaissable... à une certaine forme de réversibilité. Cette dernière constituera, par conséquent, dans le cas où l'équilibre atteint par la pensée est de nature opératoire, le mécanisme essentiel des structures d'ensemble qui répondent aux différentes formes d'équilibre. Or, du point de vue structural, la réversibilité qui est la possibilité permanente d'un retour au point de départ, se présente sous deux formes distinctes et complémentaires. On peut revenir au point de départ en annulant l'opération effectuée, ce qui constitue une inversion ou négation: le produit de l'opération directe et de son inverse est alors l'opération nulle ou identique. Mais on peut aussi revenir au point de départ en annulant une différence (au sens logique du terme), ce qui constitue une réciprocité: le produit de deux opérations réciproques est alors non pas une opération nulle mais une équivalence. L'inversion et la réciprocité se retrouvent sous des aspects variés à tous les stades du développement, puisqu'elles constituent les conditions d'équilibre des actions les plus élémentaires comme des opérations supérieures.» L.E.L.A. 240

Voir aussi:

Centration(s)
Conservation
Décentration(s)
Équilibration
Équilibre
Opération(s)
Régulation(s)

S

● **SCHÈME(S)**

- d'action
- d'audition
- d'habitude
- de l'objet permanent
- de motilité
- de phonation
- de préhension
- de succion
- de vision
- mobiles
- pratiques
- réflexes
- secondaires
- sensori-moteurs

Voir:

Intelligence sensori-motrice
Schèmes d'assimilation

● **SCHÈME(S) D'ASSIMILATION**

La notion de *schème d'assimilation* est centrale dans la théorie piagétienne. Elle ne désigne pas une action particulière mais la *structure* générale commune aux actions pratiques (i.e. *conduites* sensori-motrices) ou représentatives (i.e. activités symboliques, intuitives puis opératoires) que le sujet exerce sur les objets.

Le *schème*, en tant que *structure* d'une action, se caractérise plus particulièrement par le fait qu'il se conserve au cours de ses répétitions, qu'il se consolide par l'exercice et qu'il tend à se généraliser au contact du milieu, donnant ainsi lieu à des différenciations et à des coordinations variées. D'où l'apparition de nouvelles *conduites* qui s'élaborent à partir des *schèmes* initiaux et de leurs interactions adaptatives avec le milieu.

Exemples

Piaget appelle *schèmes réflexes*, les *conduites* héréditaires dont dispose le nourrisson à sa naissance, telles que la succion, la vision, la motilité, l'audition, la phonation, dès que ces réflexes donnent lieu à un fonctionnement systématique qui tend à la reproduction et à la généralisation, par ex.: sucer pour sucer, suivre du regard différents objets, reproduire différents mouvements, etc.

Le *schème de préhension*, au niveau sensori-moteur, désigne la *structure* commune à toute activité consistant à saisir, quelles que soient par ailleurs les particularités propres à l'objet saisi (par ex.: sa position dans l'espace, sa forme, sa dimension, etc.).

Un *schème symbolique* (niveau représentatif) correspond à la reproduction d'une *conduite* connue du sujet, mais en dehors de son contexte et en l'absence des objets appropriés (par ex.: faire semblant de dormir, de manger, etc.)

Le *schème de proportionnalité* (niveau opératoire) est la *structure* des *opérations* interreliées permettant d'effectuer des rapports ou des fractions et susceptible de s'appliquer à des problèmes ou situations variés, par ex.: pour découvrir que deux poids inégaux P et P' placés sur une balance à des distances inégales de l'axe, soit L et L', peuvent s'équilibrer, le sujet doit appliquer aux données du problème le *schème* de proportionnalité, soit: $P/P' = L'/L$.

De même pour comprendre que le goût en jus est le même dans deux mélanges A et B, composés respectivement de 3 verres de jus et deux verres d'eau (A = 3 + 2) et de 6 verres de jus et 4 verres d'eau (B = 6 + 4), le sujet doit également appliquer aux données du problème un *schème de proportionnalité*, soit $3/2 = 6/4$.

Il existe des *schèmes* de différentes natures (pratiques ou sensori-moteurs, représentatifs, etc.) et de différents niveaux (symboliques, intuitifs, opératoires, etc.) selon le type d'activité exercée par le sujet et selon son degré d'élaboration.

Tout *schème*, de quelque nature qu'il soit, lorsqu'il s'applique à un objet quelconque du milieu, doit s'accommoder aux particularités de l'objet qu'il assimile.

Les *schèmes d'assimilation* sont les *instruments de connaissance* dont dispose le sujet pour comprendre et interpréter la réalité extérieure. Cette compréhension ou structuration du réel ne sera donc pas la même aux différentes étapes du *développement* de l'*intelligence* puisqu'elle est entièrement solidaire des *schèmes d'assimilation* dont dispose le sujet à chaque *stade*. À tous les niveaux du *développement,* l'*intelligence* et partant les *connaissances* sont entièrement solidaires des *schèmes d'assimilation* qui définissent les pouvoirs d'action du sujet sur les choses.

L'évolution des *structures de l'intelligence* va consister en la construction de nouveaux *schèmes d'assimilation*, c'est-à-dire de nouveaux *instruments de connaissance* qui permettront au sujet d'acquérir de nouveaux contenus de *connaissance*.

Si Piaget considère que la *connaissance* a sa source dans l'action, c'est que les premiers *schèmes* dont dispose l'enfant sont précisément des *schèmes d'action*. C'est à partir d'eux et de leurs interactions adaptatives variées avec le milieu que s'élaboreront de nouveaux *schèmes d'assimilation*.

L'*intelligence sensori-motrice* est celle qui s'appuie sur l'utilisation de *schèmes pratiques* (perceptifs et moteurs). L'évolution de cette première forme d'*intelligence* est liée à la différenciation et à l'articulation progressives de ces divers *schèmes* au contact du milieu.

L'*intelligence représentative* (*pensée symbolique* et *intuitive*) s'appuie sur l'utilisation de *schèmes symboliques et intuitifs* permettant d'évoquer les situations ou objets non actuellement perçus et d'anticiper jusqu'à un certain point des états ou situations futurs.

Enfin l'*intelligence opératoire*, d'abord concrète puis formelle, repose sur la capacité d'effectuer des *opérations* ou actions symboliques qui présentent la propriété d'être réversibles (voir *réversibilité*).

Schèmes d'action

«Nous appellerons schèmes d'actions ce qui, dans une action, est ainsi transposable, généralisable ou différenciable d'une situation à la suivante, autrement dit, ce qu'il y a de commun aux diverses répétitions ou applications de la même action.»   B.C. p. 23

Schèmes d'assimilation

«Le schème tend toujours à s'alimenter au moyen d'éléments qui ne sont pas trop éloignés, sans quoi, il n'y a plus d'assimilation, ni trop répétés, sans quoi il n'y a plus d'activité mais désintérêt et ralentissement des actions.»   E.G.E. p. 54

«D'une part, en effet, l'intérêt est l'aspect motivationnel ou de valeur de tout schème d'assimilation, un objet étant intéressant pour le schème, dans la mesure où il peut l'alimenter. D'autre part, le besoin est alors l'expression du non-fonctionnement momentané d'un schème, et du point de vue cognitif, il correspond ainsi à une lacune ou à un déficit, c'est-à-dire à l'aspect négatif des perturbations.»   E.S.C. p. 85-86

«...les schèmes sont solidaires de continuelles assimilations et accommodations qui les généralisent ou les différencient, les mettent en relation ou les emboîtent hiérarchiquement.» B.C. p. 334-335

Schèmes (construction des)

«...un schème ne connaît jamais de commencement absolu mais dérive toujours, par différenciations successives, de schèmes antérieurs qui remontent de proche en proche, jusqu'aux réflexes ou mouvements spontanés initiaux... un schème comporte toujours des actions du sujet (de l'organisme) qui ne dérivent pas comme telles des propriétés de l'objet (du milieu).» B.C. p. 26

«L'apprentissage par tâtonnements ou essais et erreurs n'est pas autre chose que la construction progressive d'un schème mais par étapes ou régulations successives telles que le résultat de chaque action modifie la suivante en sens positif ou négatif.» B.C. p. 290

«...le problème de l'intelligence est avant tout celui de la construction des schèmes d'assimilation mentale. Or, cette construction est à la fois indéfinie (cf. la fécondité inépuisable des schèmes logico-mathématiques) et solidaire d'une organisation interne qui ne reflète pas simplement les propriétés des objets, mais avant tout, celles des coordinations d'actions.» B.C. p. 75

Schèmes (organisation des)

«...l'organisation des schèmes n'est que l'aspect interne de leur adaptation laquelle est à la fois accommodation et assimilation. Le fait premier est donc l'activité assimilatrice elle-même, sans laquelle aucune accommodation n'est possible et c'est l'action combinée de l'assimilation et de l'accommodation qui rend compte de l'existence des schèmes et par conséquent de leur organisation.» N.I. p. 38

Schèmes sensori-moteurs

Df. «Nous appellerons schèmes sensori-moteurs, les organisations sensori-motrices susceptibles d'application à un ensemble de situations analogues et témoignant ainsi d'assimilations reproductrices (répétition des mêmes activités), récognitives (reconnaître les objets en leur attribuant une signification en fonction du schème) et généralisatrices (avec différenciations en fonction de situations nouvelles).» E.E.G. II 46

Voir aussi:

Accommodation

● **SCHÈME(S) INTUITIF(S)**

Voir:

Pensée intuitive

● **SCHÈME(S) OPÉRATOIRE(S) CONCRET(S)**

Les *schèmes opératoires concrets* sont les *instruments de connaissance* adaptée qu'utilise la *pensée représentative* au niveau opératoire concret (7-8 ans à 11-12 ans). Ils sont formés d'un ensemble d'*opérations* interreliées et interdépendantes qui présentent cette caractéristique essentielle d'être *réversibles* (i.e. effectuées dans les deux sens en ayant conscience qu'il s'agit de la même action). Leur constitution est liée à la différenciation et à la coordination des activités représentatives effectuées par le sujet sur les objets. Elle résulte d'une *décentration* progressive de la *pensée,* initialement centrée sur un état momentané de l'objet ou sur un point de vue particulier du sujet.

Les principaux *schèmes opératoires concrets* sont:
- la *classification* et la *sériation* qui présentent une *structure* de *groupement* et
- le *groupe* arithmétique du système des *nombres.*

Ils réalisent, pour la première fois, au niveau de l'*intelligence représentative,* un *équilibre* entre l'*assimilation* des choses à l'activité du sujet et l'*accommodation* de celle-ci aux données de l'expérience. Ils permettent donc de structurer adéquatement la réalité. En effet, le recours à des systèmes d'*opérations,* c'est-à-dire à des actions intériorisées et réversibles, coordonnées entre elles, permet aux sujets de ce niveau de tenir compte simultanément de différents points de vue du sujet ou de différents états de l'objet, en les reliant entre eux. L'*assimilation* opératoire concrète cesse d'être déformante parce qu'elle n'est plus centrée mais au contraire décentrée. De même, l'*accommodation* opératoire concrète cesse d'être phénoméniste parce qu'au lieu de s'attacher uniquement aux états de l'objet, elle s'adapte aux modifications ou transformations reliant entre eux ces états successifs.

C'est l'emploi de ces divers *schèmes opératoires concrets* qui permet la constitution des différentes notions de *conservation* (du *nombre,* de la substance, du poids, etc.). Toutefois, ces *schèmes* demeurent limités à l'*organisation* des données concrètes (i.e. réelles) d'un problème ou d'une situation et ne permettent pas aux sujets de raisonner correctement sur des hypothèses ou des propositions. En effet, la *structure* de *groupement* qui les caractérise présente une limitation par rapport à la *structure* du *groupe INRC* propre aux *opérations formelles.* Faute d'un système unique reliant entre elles les *opérations négatives ou inverses* et les *opérations réciproques,* et faute d'une *structure* permettant de constituer, à partir des données concrètes d'un problème, un ensemble de données hypothétiques, les *schèmes opératoires concrets* ne permettent de raisonner logiquement que sur une partie de la réalité: celle qui est accessible à l'*expérience* immédiate et ne fait intervenir aucune donnée hypothétique.

Les *schèmes opératoires* concrets sont donc des *instruments de connaissance* logico-mathématiques, mais limités dans l'espace et dans le temps puisqu'ils ont besoin, pour s'exercer adéquatement, du support d'objets ou de situations concrètes.

Voir aussi:

Classification(s)
Groupement(s)
Nombre(s)
Opération(s)
Pensée(s) opératoire(s) concrète(s)
Pensée(s) opératoire(s) formelle(s)
Schème(s)
Schème(s) opératoire(s) formel(s)
Sériation(s)
Structures de l'intelligence

● SCHÈME(S) OPÉRATOIRE(S) FORMEL(S)

Les *schèmes opératoires formels* sont les *instruments* de *connaissance* de nature logico-mathématique auxquels ont recours les sujets de *niveau formel* pour structurer la réalité ou les données d'un problème. Ils représentent donc les raisonnements formels des sujets, c'est-à-dire la nature des mises en relation opératoires qu'ils sont capables d'effectuer. Leur utilisation implicite ou explicite par le sujet est, pour Piaget, l'une des principales manifestations de la *pensée formelle.* En effet, avant ce niveau, les sujets sont incapables d'effectuer ce genre de *raisonnements* car ceux-ci nécessitent l'emploi d'*opérations* propositionnelles engendrées par la *combinatoire* inhérente à la construction de l'"ensemble des parties" propre au niveau formel.

Les principaux *schèmes opératoires formels* identifiés par Piaget sont les suivants.

1 - Le schème constitué par les opérations combinatoires: ces *opérations* fournissent au sujet une méthode systématique lui permettant de constituer, à partir des données d'un problème, un ensemble de combinaisons possibles (hypothèses) et de déterminer quelles sont, parmi les combinaisons possibles compatibles avec les données du problème, celles qui sont effectivement réalisées. La *combinatoire* rend également possible la dissociation des facteurs, puisque cette dernière repose sur la combinaison d'un facteur variant avec des facteurs rendus invariants par le recours à la réciprocité (voir *réversibilité* et *groupe INRC).*

C'est le recours à ce *schème* qui intervient par exemple, dans l'épreuve d'arrangements de nombres ou de figures géométriques où l'on demande au sujet d'effectuer, à l'aide d'un certain nombre d'éléments pouvant être répétés, toutes les combinaisons de 4 ou de 5 éléments.

2 - Le schème de proportionnalité: les proportions consistent en double rapports ou rapports de rapports: $x/y = x'/y'$. Elles nécessitent le recours simultané aux 2 formes de *réversibilité* , par inversion ou négation et par réciprocité ou compensation. Ce *schème* présente une *structure* de *groupe INRC* ou *groupe de quaternalité:* par exemple, dans l'épreuve de l'équilibre de la balance, les sujets doivent avoir recours à un *raisonnement* proportionnel pour comprendre que l'on peut non seulement inverser l'*opération* (+ de poids → – de poids) mais que l'on peut aussi la compenser (+ de poids → – grande distance par rapport au fléau de la balance).

L'*épreuve des concentrations* de Noelting et al. 1978 (voir bibliographie) met clairement en évidence les différentes étapes de l'élaboration du *raisonnement* proportionnel chez l'enfant et chez l'adolescent.

Ces *schèmes opératoires* ou ensembles d'*opérations* interreliées peuvent être, en tant qu'*instruments de connaissance, appliqués* ou *attribués* aux objets (voir *opérations*).

L'*application* de ces *schèmes* à des objets ou aux données d'un problème conduit à l'élaboration de certaines notions logico-mathématiques telles que les *notions de probabilité et de corrélation* qui reposent à la fois sur la *combinatoire* et la *proportionnalité,* la notion d'équilibre qui repose essentiellement sur la proportionnalité, etc.

L'*attribution* de ces mêmes *schèmes* aux objets ou à la réalité sous-tend l'élaboration de *notions physiques* ou causales, qui sans être formelles en tant que notions, puisqu'elles sont surtout expérimentales, nécessitent pour être construites ou déduites par le sujet, le recours aux *opérations formelles.* Telles sont les formes de *conservation* dépassant l'*expérience:* la *conservation du mouvement rectiligne,* la loi de flottaison des corps, celle de l'égalité des angles d'incidence et de réflexion, le principe de l'égalité de l'action et de la réaction, etc. C'est ainsi qu'un *schème* tel que celui de la proportionnalité intervient de façon privilégiée dans la compréhension des notions physiques de temps, de vitesse, de force, d'accélération, etc.

En résumé, on peut dire que les *schèmes opératoires formels* sont les *instruments de connaissance* que les sujets élaborent, au niveau opératoire formel, grâce au processus de l'*abstraction réfléchissante* qui consiste à abstraire de l'information à partir de ses propres actions (ou *opérations*) sur l'objet et qui conduit à la constitution de nouvelles *structures* ou nouveaux *instruments de connaissance.* L'utilisation de ces *schèmes opératoires* sous la forme d'une application ou d'une attribution par le sujet de ses propres *opérations* aux objets, conduit à l'acquisition de nouvelles *connaissances* tant logico-mathématiques que physiques ou empiriques.

Schème

«... un schème, c'est-à-dire une manière de procéder ou une méthode, qui est tantôt adoptée spontanément en l'absence même de décision consciente ou explicite, et tantôt employée intentionnellement en présence de problèmes...» L.E.L.A. 277

Schèmes opératoires formels

«Il apparaît aux environs de 11-12 ans une série de schèmes opératoires nouveaux, dont la formation à peu près synchrone semble indiquer qu'il existe une liaison entre eux...tels sont les notions de proportion, les doubles systèmes de référence, la compréhension d'un équilibre hydrostatique, certaines formes de probabilité, etc.

Or, à l'analyse, chacun de ces schèmes se révèle comporter, soit une combinatoire (mais rarement à elle seule), soit surtout un système de 4 transformations qui relève du groupe de quaternalité...» P.E. 111-112

«...les schèmes opératoires formels,...(sont) les notions que le sujet est en état de construire, à partir du niveau formel, en présence de certaines données mais dont il ne manifeste pas l'acquisition en dehors de ces conditions...» L.E.L.A. 272

«...la pensée formelle marque sa présence, non seulement par l'emploi constant des 16 opérations propositionnelles binaires et de quelques combinaisons ternaires ou supérieures qui en dérivent, mais encore par l'élaboration sporadique d'un certain nombre de notions ou de schèmes inaccessibles au niveau concret parce que leur organisation suppose les opérations précédentes. Ces schèmes opératoires consistent en notions ou opérations spéciales (mathématiques et non exclusivement logiques) dont le sujet peut éprouver le besoin pour la solution de certains problèmes et qu'il parvient alors à élaborer spontanément...alors qu'il en était incapable jusque-là.» L.E.L.A. 272-273

Voir aussi:

Groupe INRC
Opération(s)
Pensée(s) opératoire(s) formelle(s)
Schème(s)
Structures de l'intelligence

● **SCHÈME(S) SYMBOLIQUE(S)**

Voir:

Jeu
Imitation
Pensée symbolique
Schèmes
Symbole

● **SCHÈMES VERBAUX**

Les *schèmes verbaux* sont les premiers mots utilisés par l'enfant à titre de *signifiants* pour désigner des objets ou situations signifiés. Ils apparaissent au *stade* 6 (1 1/2, 2 ans) de l'*intelligence sensori-motrice* qui marque l'achèvement de cette *période* et le début de l'*intelligence représentative* ou *pensée*. Ils sont donc contemporains des *premiers schèmes symboliques* et de l'*imitation différée*. Comme eux ils se situent à la frontière de l'*intelligence sensori-motrice* et de l'*intelligence représentative*.

Ils consistent essentiellement en onomatopées (i.e. vouaou, tch tch, etc.) ou en mots imités (papa, a plus, minet, chat, etc.) et sont caractérisés par le fait que la réunion entre eux des objets qu'ils désignent n'est pas fondée sur leurs ressemblances objectives mais sur leurs *significations* analogues par rapport à l'activité du sujet, c'est-à-dire sur une *assimilation* des choses au point de vue propre. Les premiers *schèmes verbaux* désignent donc plutôt les systèmes d'actions possibles, liés aux objets, que les objets eux-mêmes.

Schèmes verbaux

«...pour J. le signe semi-verbal "tch tch" s'applique à ce qui apparaît et disparaît vu d'une fenêtre (trains, voitures, etc.) ainsi qu'à son père quand il joue à cache-cache avec elle. Le signe "vouaou" désigne non seulement les chiens et ce qui leur ressemble, mais tout ce qui se voit du balcon comme le chien initial. Le vocable "panana" (issu de "grand-papa") désigne son grand-père, mais est en même temps un terme de désir employé pour obtenir ce que son grand-papa lui donnerait s'il était là.

... ces premiers schèmes verbaux ne sont que des schèmes sensori-moteurs en voie de conceptualisation et non pas des schèmes sensori-moteurs purs ni des concepts francs. Du schème sensori-moteur ils conservent l'essentiel, à savoir d'être des modes d'action généralisables et s'appliquant à des objets toujours plus nombreux. Mais du concept ils présentent déjà un demi-détachement par rapport à l'activité propre et une situation qui de l'action pure tend vers la constatation; en outre, du concept ils annoncent l'élément caractéristique de communication puisqu'ils sont désignés par des phénomènes verbaux les mettant en relation avec l'action d'autrui.»   F.S. 234

«...les premiers mots employés...sont...antérieurs aux "signes" proprement dits, c'est-à-dire aux éléments articulés entre eux d'un langage déjà organisé. Ils demeurent intermédiaires entre le symbole individuel ou image imitative et le signe proprement social. Ils retiennent en effet du symbole son caractère imitatif...et surtout...sa mobilité déconcertante par rapport à la fixité du signe.»   F.S. 235

Exemples

«À 1;2 (24), il dit "vouvou" à un chien (ce qu'il fait depuis quelques jours), mais aussi à une poule, à une cloche de vache, aux vaches elles-mêmes, à des cobayes et à un chat. À 1;3 (5), il dit même "vouvou" à tout ce qui remue, depuis une fourmi jusqu'à un tracteur en marche dans le champ. À 1;3 (13), par contre, il y a

différenciation: les vaches ainsi qu'une tête de biche et des cornes de cerf deviennent "moû" (ces dernières sont encore de temps en temps "vouvou"), le chat devient "minet" et des cochons en liberté tantôt "moû" tantôt "minet".

À 1;4 (22), "ali" (= l'oreiller) devient terme de succès, (comme "tata" à 1;0). À 1;4 (23), il dit "nono" en fermant les yeux pour agir sur une lampe (l'éteindre et la rallumer), mais à 1;5 (30), "nono" désigne toutes ses poupées (qui dorment quand il ne joue pas).

À 1;5 (19), "a plus" signifie un départ, puis le fait de lancer un objet à terre, et s'applique ensuite à un objet qui se renverse (sans disparaître). Il dit ainsi "a plus" à ses plots. Ensuite "a plus" désigne simplement l'éloignement (en dehors du champ de préhension), puis le jeu de tendre un objet pour qu'on lui relance. À 1;6 (23), il dit même "a plus" quand on a un objet en main et qu'il le demande. Enfin à 1;7, "a plus" est devenu synonyme de "recommencer".»   F.S. 132

Voir aussi:
Langage
Pensée symbolique
Représentation
Signe
Symbole

● SÉRIATION(S)

Les *opérations* constitutives de la *sériation* font leur apparition en même temps que les *opérations* constitutives de la *classification*. Elles reposent, en effet, sur une même *structure* de *groupement* qui caractérise le système des actions intériorisées et réversibles propre à la *pensée opératoire concrète*.

Alors que le critère de la *classification* proprement opératoire est l'*inclusion hiérarchique* des parties (ou sous-classes) dans le tout (ou *classe* totale) avec quantification correcte des relations parties-tout (B = A + A' $\Rightarrow$ A < B, A' < B et A + A' = B), le critère de la *sériation opératoire* est la transitivité. L'enfant doit comprendre qu'un élément B, situé entre A et C (soit: A < B < C) est à la fois "plus grand" que A et "plus petit" que C. D'où la nécessité d'effectuer simultanément deux comparaisons et de les relier au sein d'un système d'*opérations réversibles* (A < B < C $\Rightarrow$ A < C; A < B $\Rightarrow$ B > A   C > B et C > A).

Piaget distingue deux grands types de *sériation* correspondant aux *groupements* additifs et multiplicatifs de relations:

1 - Les **sériations additives** (asymétriques et symétriques)

a - *asymétriques:* elles correspondent à l'enchaînement des relations asymétriques transitives (par exemple: une série de bâtonnets d'inégales longueurs placés en ordre croissant ou décroissant);

b - *symétrique:* ce sont des compositions entre relations symétriques.

2 - Les **sériations multiplicatives** (bi-univoques et co-univoques)

a - *bi-univoques*: elles correspondent à une multiplication de deux *sériations* portant, soit sur la même relation (par exemple: une correspondance sériale entre 2 rangées distinctes d'objets ordonnés selon la même relation telle qu'une rangée de bonhommes de plus en plus grands avec une rangée de cannes de plus en plus grandes), soit sur deux relations distinctes (par exemple: des objets sériés simultanément selon la taille, de plus petit au plus grand et selon la teinte, du plus clair au plus sombre);

b - *co-univoques*: elles peuvent être représentées par un arbre généalogique.

Trois étapes marquent la constitution progressive de la *sériation opératoire* de l'âge de 2 1/2 - 3 ans à l'âge de 7-8 ans. Ces étapes correspondent aux *stades* de la *classification,* à savoir le niveau des *collections figurales,* celui des *collections non figurales,* enfin celui de la *classification* proprement opératoire.

La première étape correspond à la *pensée symbolique,* la seconde à la *pensée intuitive* et la troisième à la *pensée opératoire concrète.*

Au cours du *premier stade*, il y a échec. L'enfant ne parvient pas à effectuer de *sériation.* Il se contente d'effectuer des comparaisons de proche en proche.

Le second *stade* est caractérisé par une *sériation* tâtonnante qui témoigne d'un défaut de méthode opératoire et ne repose que sur des *régulations* de proche en proche. Dans le cas de la *sériation multiplicative,* l'enfant se montre incapable de réaliser la synthèse multiplicative de deux critères.

À la troisième étape, qui correspond au *stade* des *opérations concrètes,* l'enfant est capable d'anticiper les mises en relations qu'il devra faire. Il parvient à effectuer d'emblée la *sériation* correcte, grâce à l'emploi d'une méthode systématique consistant à prendre le plus petit de tous, puis le plus petit de ceux qui restent, etc. jusqu'à épuisement des éléments à sérier. L'emploi d'une telle méthode suppose l'utilisation de la transitivité qui fait elle-même intervenir un système d'*opérations* réversibles.

Sériation

«La sériation est une addition de différences par opposition à l'addition des classes qui est une addition d'éléments équivalents au point de vue donné.»   G.N. 226

«...la sériation complète...suppose une suite de comparaisons successives dans le temps, qu'il s'agirait de relier en un tout spatial actuel.»   G.S.L.E. 256

«...les structures sériales,...ne sont pas abstraites de formes perceptives qui seraient données indépendamment de l'action: elles sont dues à une organisation progressive des actions qui structurent les perceptions elles-mêmes en les utilisant de façon plus ou moins aisée selon les possibilités s'offrant dans la traduction des comparaisons successives en figures simultanées.»   G.S.L.E. 269

Sériation et classification

«L'enfant parvient à peu près au même niveau (7-8 ans) aux schèmes opératoires de la multiplication des classes et de celle des relations asymétriques transitives (multiplication sériale); mais le dernier, reposant à la fois sur les différences sériales et sur les équivalences soulève un problème spécial, non pas de structure, mais de symbolisme spatial.»   G.S.L.E. 279

«...malgré les différences assez considérables...entre la classification, la sériation simple et les systèmes multiplicatifs de classes ou de sériations, ces quatre grandes structures correspondant aux quatre principaux ''groupements'' de la logique des classes et des relations, se constituent ou plutôt s'achèvent à peu près au même niveau de développement...»   G.S.L.E. 279

«... les activités opératoires de classification et de sériation... aboutissent toujours...à subordonner les configurations à un jeu de transformations comportant leurs propres structures d'ensemble (''groupements élémentaires'' d'opérations...).»   G.S.L.E. 292

Voir aussi:
Classification(s)
Groupement(s)
Nombre(s)
Opération(s)
Pensée opératoire concrète
Schème(s) opératoire(s) concret(s)
Structures de l'intelligence

● SIGNE(S)

Le *signe* est un *signifiant* arbitraire et collectif. Le *langage,* par exemple, est un système de *signes* collectifs. De même, ce que l'on appelle "symboles mathématiques" sont en réalité des *signes* conventionnels. Tout comme le *symbole* ou l'*image,* le *signe* a pour fonction de représenter ou de signifier quelque chose par autre chose. Mais il s'en distingue par son caractère conventionnel et arbitraire, les *symboles* et les *images* constituant, au contraire, des *signifiants* motivés. Alors que les *signes verbaux,* que sont les mots du *langage,* permettent de signifier des *concepts,* c'est-à-dire les caractères généraux et abstraits d'un objet ou d'une situation, les *symboles* et les *images* ne permettent de désigner que l'objet lui-même, avec ses particularités perceptives et non la *classe* générale et abstraite dont il ne constitue qu'un élément. L'apparition des *signes verbaux* va donc de pair avec un progrès au niveau de la *représentation* cognitive. En effet, le *signe* se développe par l'intermédiaire de la socialisation et des échanges interindividuels. Tandis que le *symbole* sert plutôt à l'expression des sentiments, de l'expérience individuelle, etc., le *signe* constitue le mode d'expression privilégié de la *pensée* rationnelle. Les premiers *schèmes verbaux* utilisés par l'enfant (exemple: vouvou, nene, etc.) ne constituent pas encore des *signes* proprement dits, c'est-à-dire des éléments articulés entre eux d'un *langage* organisé. Ils se situent à mi-chemin entre le *symbole* individuel ou *image imitative* et le *signe* social.

Signe

> «*Un signe, tel que le conçoivent les linguistes de l'école saussurienne, est un signifiant "arbitraire", lié à son signifié par une convention sociale et non par un lien de ressemblance. Tels sont le mot ou le signe verbal, et le symbole mathématique (qui n'a donc rien d'un symbole dans la terminologie que nous faisons nôtre ici). Social, et par conséquent susceptible de généralisation à l'expérience individuelle, le système des signes permet la formation de la pensée rationnelle.*»   F.S. 179

> «*Le signe est un symbole collectif et arbitraire. Son apparition se fait durant la seconde année, avec le début du langage et sans doute en synchronisme avec la constitution du symbole.*»   N.I. 170

> «*...pour acquérir la fixité de signification des concepts et surtout leur degré de généralité, qui dépasse celle de l'expérience individuelle, les schèmes doivent donner lieu à une communication interindividuelle et par conséquent être exprimés par des signes. Il est donc légitime de considérer l'intervention du signe social comme marquant un tournant décisif dans la direction de la représentation,*

même si le schème devient déjà représentatif de lui-même dans les limites propres au stade VI.» F.S. 105

Voir aussi:

Langage
Pensée
Représentation
Schèmes verbaux
Signe
Signifiants
Symbole

● SIGNIFIANT(S)

Les *signifiants* ont pour fonction de signifier des objets, actions, événements ou situations. Tout comme les signifiés qu'ils servent à indiquer, évoquer ou représenter, ils se rattachent à un système de *significations,* c'est-à-dire à une *assimilation* active de la réalité par les *schèmes.* Ils sont donc présents à tous les niveaux du *développement* de l'*intelligence* puisque celle-ci consiste toujours à conférer ou à reconnaître des *significations.* Toutefois, la relation *signifiants*/signifiés se modifie progressivement au cours du *développement.* Il existe en effet différents types de *signifiants* selon le degré de dissociation qu'ils présentent avec les signifiés.

Au niveau sensori-moteur, *signifiants* et signifiés demeurent indifférenciés au sein d'un système unique de *significations* liées à l'activité motrice et perceptive du sujet. Ils consistent en *indices* ou signaux constituant une partie de l'objet ou de la situation qu'ils permettent d'anticiper.

Au *niveau représentatif,* les *signifiants* se différencient des signifiés rendant ainsi possible l'avènement de la *fonction symbolique.* Ils sont constitués par les *symboles* imagés liés à une *représentation* individuelle et motivée de la réalité qu'ils évoquent, ou par les *signes* linguistiques, permettant une *représentation collective* et rationnelle de la réalité.

Voir aussi:

Fonction symbolique
Jeu(x)
Image(s)
Imitation
Indice(s)
Langage

Représentation
Signe(s)
Signification(s)
Symbole(s)

● SIGNIFICATION(S)

La *signification* d'un objet, d'un événement, d'une situation, d'un énoncé verbal, etc. est entièrement relative aux *schèmes d'assimilation* dont dispose l'enfant pour les appréhender. Elle ne leur est donc pas immanente, puisque c'est le sujet qui confère des *significations* au réel en fonction de son activité assimilatrice. Ainsi, un même objet n'aura pas la même *signification* pour l'enfant du premier *stade* et du 4e *stade* de l'*intelligence sensori-motrice*. Un même mot ou *signe* verbal n'évoquera pas la même réalité à un enfant du niveau symbolique et à un enfant du niveau opératoire concret.

Il existe donc divers systèmes de *significations* aux différents niveaux du *développement* selon les types de *signifiants* dont dispose l'enfant tels que: les signaux sensori-moteurs, les *indices* perceptifs, les *symboles* imagés ou les *signes* du *langage* collectif.

Significations (système de)

> «*Si le langage constitue assurément le système le plus perfectionné des significations (à cause de la mobilité inhérente aux signifiants arbitraires que sont les signes verbaux), on trouve des significations à tous les niveaux de la hiérarchie des conduites (les indices ou signaux perceptifs et sensori-moteurs, les symboles représentatifs et imagés et les signes verbaux sont autant de signifiants relatifs à des signifiés distribués sur tous les paliers du développement).*»
> E.E.G.I. 32

Voir aussi:

Indice(s)
Intelligence sensori-motrice
Représentation
Signe(s)
Signifiant(s)
Symbole(s)

● STADE(S)

Les *stades* et *périodes* du *développement* constituent des découpages au sein de l'évolution psychogénétique. Leur détermination s'effectue en relation avec la formation progressive et l'achèvement des *structures* (sensori-motrices, opératoires concrètes puis formelles) de l'*intelligence*. Ces *structures* constituent, dans la perspective piagétienne, des paliers d'*équilibre*, correspondant à des modes d'*adaptation* particuliers du sujet à son milieu.

Le *stade* ne se définit pas par une conduite dominante mais par la *structure* générale commune aux conduites propres à un certain niveau du *développement*. Les critères utilisés par Piaget pour définir les *stades* et les *périodes* sont les suivants:
1- hiérarchie;   2- intégration;   3- consolidation;   4- structuration.

1 - Hiérarchie

Le fait que les *stades* et *périodes* de *développement* soient hiérarchisés signifie que l'ordre des acquisitions propres à chacun de ces *stades* ou à chacune de ces *périodes* est constant et invariant. On ne saurait donc atteindre le *stade* (ou la *période*) III sans être passé par les *stades* ou *périodes* antérieur(e)s. Par conséquent le *développement* de l'*intelligence* est ordonné, c'est-à-dire qu'il suit un chemin nécessaire, même si le rythme du *développement* peut varier d'un individu à un autre.

2 - Intégration

Les *stades* sont intégratifs en ce sens que les *conduites* d'un niveau ne se substituent pas à celle du ou des niveaux antérieurs mais les intègrent à titre de composantes de *conduites* plus évoluées. Par exemple, les acquisitions de la *période sensori-motrice* ne disparaissent pas avec l'avènement de la *représentation*. Elles sont simplement intégrées dans des *conduites* de niveau supérieur. De même, les *opérations* de *classes* et de *relations* du niveau opératoire concret sont une partie intégrante des *opérations combinatoires* caractérisant le niveau formel. Il y a donc conservation des *structures* anciennes dans les *structures* nouvelles.

3 - Consolidation

Les *stades* et *périodes* présentent tous un caractère de consolidation puisque les *conduites* qui les caractérisent n'apparaissent pas brusquement. En effet, elles comportent toujours une phase de préparation et une phase d'achèvement. C'est ainsi que les *stades* 2,3,4,5 et 6 de l'*intelligence sensori-motrice* s'étendent tous sur plusieurs mois. De la même façon, le *développement* des *opérations concrètes* puis celui des *opérations formelles* s'étendent sur plusieurs années. L'acquisition de *conduites* ou *opérations* nouvelles s'effectue donc par étapes et n'entraîne pas d'emblée leur généralisation à tous les contenus ou domaines de *connaissance*. Certains d'entre eux sont plus difficiles et par conséquent plus longs à être structurés par les *opérations* du sujet.

Ce critère de consolidation est lié à la notion piagétienne de *décalage horizontal* ou *développement* en extension qui exprime le caractère progressif de l'actualisation par le *schème* de ses diverses applications aux objets. Il implique également une certaine continuité tout au long du *développement,* le passage d'un *stade* à un autre ne s'effectuant pas par sauts brusques mais graduellement. En effet le passage d'un *stade* à l'autre fait intervenir une série d'interactions adaptatives entre les *schèmes* dont dispose le sujet et le milieu auquel ils s'appliquent. Celles-ci ont pour effet de développer de nouveaux *schèmes.*

4 - Structuration

La structuration des *conduites* propres à un *stade* ou à une *période* du *développement* est l'*organisation* commune aux *conduites* d'un même niveau. Elle constitue par ailleurs la condition essentielle à leur intégration. En effet, la structuration (ou *organisation*) des *conduites,* aussi bien pratiques qu'intellectuelles, implique que ces dernières ne peuvent être intégrées à d'autres plus évoluées à titre d'éléments que si elles forment elles-mêmes des totalités capables de se conserver au sein des *structures* nouvelles. Ainsi, lorsqu'un *schème* quelconque se modifie en s'accommodant à différents objets ou situations du milieu, il conserve néanmoins ses pouvoirs antérieurs d'*assimilation,* donc sa *structure.* De même lorsqu'un *schème* tel que celui de la *préhension* se coordonne à un autre (par ex.: la vision), il conserve la capacité de s'en dissocier pour fonctionner seul ou encore en relation avec un autre *schème* (par ex.: la succion). La structuration assure donc la conservation du schème (ou de la *conduite*) au travers des modifications accommodatrices qu'il subit. C'est pourquoi il y a intégration et non substitution des *conduites* antérieures par les *conduites* nouvelles.

Piaget distingue plusieurs niveaux dans la structuration des *conduites.* Ils correspondent aux différents *stades* et aux différentes *périodes* du *développement.* Par exemple, les *schèmes mobiles* représentent la structure commune aux *schèmes d'assimilation* dont dispose l'enfant au stade IV de l'*intelligence sensori-motrice.* Le groupe des *déplacements* représente la *structure* commune à l'ensemble des *conduites* pratiques qui apparaissent au terme de l'*intelligence sensori-motrice.* Tandis que les *schèmes* désignent l'*organisation* commune aux *conduites* d'un même *stade,* la *structure d'ensemble* est l'*organisation* commune à tous les *schèmes* qui se sont élaborés au cours d'une même *période* de *développement.*

Les *stades* et les *périodes* illustrent donc le caractère séquentiel du *développement.* Ils représentent les étapes de la construction progressive de nouvelles *structures* cognitives ou nouveaux *instruments de connaissance.* Cette construction suit un chemin nécessaire, c'est-à-dire qu'elle comporte un certain nombre d'étapes nécessaires dont l'ordre de succession est constant et invariant, les *conduites* propres à un *stade* étant à la fois le produit des précédentes et le point de départ des suivantes.

La distinction entre *stades* et *périodes* du *développement* a trait essentiellement a l'échelle des phénomènes considérés. Les premiers se réfèrent aux étapes de la différenciation et de l'*organisation* progressive des *schèmes* à l'intérieur d'un même champ ou domaine d'activités (par exemple, le domaine des activités pratiques). Les secondes représentent l'élargissement progressif du champ d'activités initial (par exemple, le passage de l'activité sensori-motrice à la *représentation* symbolique).

Piaget parlera donc des *stades* de la *période sensori-motrice* ou des *stades* de la *période opératoire concrète* pour désigner les étapes de la différenciation et de la coordination des *schèmes sensori-moteurs* puis des *schèmes opératoires concrets* en fonction de leur champ d'application respectif.

D'une certaine manière, la distinction entre *stades* et *périodes* va de pair avec la distinction entre *structures* en voie d'élaboration et *structures d'ensemble* achevées, si l'on entend par *structures* achevées l'*organisation* d'ensemble qui apparaît au terme d'une *période*. Ainsi, le caractère progressif de la construction des *structures* d'ensemble, telles que le *groupe des déplacements* au sensori-moteur ou encore les *groupements* et *groupes* des niveaux opératoires concret et formel, serait représenté par les *stades* de *développement*; le passage d'activités purement sensori-motrices ou pratiques à des activités représentatives (opératoires concrètes puis formelles) s'exprimerait sous la forme d'une succession de *périodes*.

En termes d'*adaptation* et d'*organisation*, on pourrait dire que les *stades* de *développement* constituent les étapes de l'*adaptation* progressive de *schèmes* de même nature, c'est-à-dire portant sur un même domaine d'activité: par exemple, l'*adaptation* des *schèmes sensori-moteurs* aux objets et à l'espace proches, qui aboutit, au terme de la *période sensori-motrice*, à une *structure* ou *organisation* d'ensemble de ces divers *schèmes*.

Les différentes *périodes* (par ex.: l'opératoire vs le sensori-moteur) au terme desquelles se constituent les *structures d'ensemble,* réalisent alors l'*adaptation* à divers milieux de contenus (représentatif vs pratique).

Le passage d'une *période* à la suivante est relié à la notion piagétienne de *décalage vertical* ou *développement* en compréhension qui exprime la nécessité de reconstruire sur un nouveau plan (par ex.: celui de la *pensée formelle* ou hypothético-déductive), l'*organisation* élaborée sur un premier plan (celui de la *pensée concrète).*

On voit donc en quoi la distinction entre *stades* et *périodes* du *développement* se rattache à la différence entre l'élaboration d'une seule et même *structure d'ensemble* (passage d'un *stade* à un autre au sein d'une même *période)* et les niveaux d'*organisation* représentés par les différentes *structures d'ensemble* (*groupements* et *groupes*) qui apparaissent au cours du *développement* (passage d'une période a une autre).

En effet, puisque les *structures d'ensemble* constituent des systèmes hiérarchisés englobant plusieurs *schèmes* ou sous-systèmes, il convient de distinguer:

a - les paliers d'élaboration de ces divers *schèmes* ou sous-systèmes (*stades),*

b - les paliers d'achèvement des systèmes ou *structures* d'*ensemble (périodes).*

De même qu'une *structure* d'*ensemble englobe plusieurs schèmes*, une *période* comprend plusieurs *stades.*

Parler de *stades* et de *périodes,* c'est envisager la dimension génétique des *structures de l'intelligence* en tant que résultat d'une *organisation* progressive de *schèmes* de même nature (par ex.: *schèmes pratiques),* en fonction de leurs nombreuses interactions adaptatives avec le milieu.

Piaget distingue essentiellement trois grandes *périodes* dans le *développement* de l'*intelligence.* Chacune d'elle englobe un certain nombre de *stades.* Ces *périodes* sont les suivantes:

I - La *période* de l'*intelligence sensori-motrice* qui s'étend de la naissance à 2 ans, donc jusqu'à l'apparition du *langage*; elle comprend 6 *stades:*
1 - l'exercice des réflexes de 0 à 1 mois environ;
2 - la formation des premières habitudes acquises par *réactions circulaires* de 1 mois à 4 mois 1/2;
3 - la coordination de la vision et de la *préhension* et les premières différenciations moyens-buts issues des *réactions circulaires secondaires*;
4 - la formation des *schèmes mobiles* par coordinations de *schèmes* secondaires et la coordination moyens-buts formatrice des *conduites* intentionnelles et par conséquent intelligentes (8-9 mois à 12 mois);
5 - les expériences pour voir, caractéristiques des *réactions circulaires tertiaires* qui entraînent la différenciation des *schèmes* et la formation des *conduites* instrumentales, liées à la découverte de moyens nouveaux (de 12 à 18 mois);
6 - la constitution de la *permanence représentative de l'objet* en relation

avec le *groupe représentatif des déplacements*. Ce *stade* marque à la fois l'achèvement du sensori-moteur (i.e. achèvement de l'*intelligence pratique*) et le début de l'activité représentative.

II - La *période* de préparation et d'*organisation* des *opérations concrètes* de *classes,* de *relations* et de *nombre* que Piaget divise en deux sous-périodes:

A - La *période* de l'activité représentative égocentrique, caractérisée par une pensée réaliste, animiste, et artificialiste, c'est-à-dire préopératoire:
1 - la *pensée préconceptuelle* (de 2 à 4 ans environ) caractérisée par l'usage de *préconcepts* donnant lieu à des *raisonnements transductifs;*
2 - la *pensée intuitive* non articulée caractérisée par une *organisation* des représentations s'appuyant sur des configurations statiques et sur une *assimilation* à l'activité propre; elle donne lieu à des intuitions globales et indifférenciées, fondées sur des *centrations* (4 à 5 1/2 ans);
3 - la *pensée intuitive* articulée caractérisée par les premières formes de *décentrations* qui vont peu à peu conduire à l'*opération* (5 1/2 à 7-8 ans).

B - La *période* de l'activité représentative d'ordre opératoire ou *pensée opératoire concrète* (7-8 à 11-12 ans):
1- concret inférieur,
2- concret intermédiaire,
3- concret supérieur.

III - La *période* des *opérations formelles* caractérisée par l'emploi d'*opérations* propositionnelles et hypothético-déductives. Elle s'étend de 11-12 ans à 14-16 ans. On peut distinguer, comme à la *période opératoire concrète,* 3 *stades* ou niveaux:
1- formel inférieur,
2- formel intermédiaire,
3- formel supérieur.

Stades (et périodes)

«*Sur le terrain de l'intelligence, nous parlerons...de stades lorsque les conditions suivantes sont remplies:*
1- que la succession des conduites soit constante indépendamment des accélérations ou des retards qui peuvent modifier les âges chronologiques moyens en fonction de l'expérience acquise et du milieu social (comme des aptitudes individuelles); 2- que chaque stade soit défini non par une propriété simplement dominante mais par une structure d'ensemble caractérisant toutes les conduites nouvelles propres à ce stade; 3- que ces structures présentent un processus d'intégration tel que chacune soit préparée par la précédente et s'intègre dans la suivante.» B.C. p. 37

Voir aussi:

Décalage
Développement
Intelligence sensori-motrice
Pensée opératoire concrète
Pensée opératoire formelle
Pensée intuitive
Pensée symbolique
Schème(s)
Structures de l'intelligence

● **STRUCTURE(S)**

- cognitive(s)
- d'ensemble
- logico-mathématiques
- opératoire(s)
- sensori-motrice(s)
- etc.

Voir:

Structures de l'intelligence

● **STRUCTURES DE L'INTELLIGENCE**

Les *structures de l'intelligence* représentent l'*organisation* propre à l'ensemble des *conduites* interreliées et interdépendantes qui caractérisent les différents niveaux (sensori-moteur, opératoire concret et opératoire formel) du *développement.* Elles sont constituées de *schèmes* de même nature, c'est-à-dire portant sur un même domaine d'activités (par exemple: l'ensemble des *schèmes sensori-moteurs* ou l'ensemble des *schèmes opératoires concrets*), et elles correspondent aux *instruments de connaissance* du sujet. Leur élaboration résulte de la différenciation et de la coordination progressives des *conduites* initiales du sujet au contact du milieu.

Piaget distingue trois grands niveaux dans la structuration de l'*intelligence,* correspondant aux trois grandes *structures d'ensemble* qui s'élaborent au cours du *développement.* Ces *structures* sont les suivantes.

1 - Le groupe des déplacements, lié à la *permanence des objets*: il représente l'*organisation* des *conduites* pratiques ou sensori-motrices, c'est-à-dire l'ensemble des liaisons ou combinaisons pouvant être effectuées entre ces *conduites.* C'est ainsi que chaque *schème* de vision, d'audition, de succion, de motilité, etc. peut donner lieu à une série de *conduites* spécifiques en fonction de la particularité des objets auxquels il s'applique. Ces *schèmes* peuvent également se coordonner entre eux (par ex.: la succion avec la vision, la vision avec la *préhension,* etc.), engendrant alors de nouvelles *conduites.* La *structure d'ensemble* des *conduites* sensori-motrices est donc l'ensemble des différenciations ou coordinations auxquelles peuvent donner lieu les divers *schèmes* perceptifs et moteurs.

2 - Les groupements de classes et de relations représentent la *structure* des *opérations concrètes* de *classification* et de *sériation.* Cette *structure* comporte un certain nombre de règles ou lois de composition permettant de relier entre elles les diverses *opérations.* Elle s'appuie sur la *réversibilité opératoire,* c'est-à-dire que chaque *opération directe* comporte une *opération* qui l'annule: *opération inverse* pour ce qui est du *groupement de classes* et *opération réciproque* pour ce qui est du *groupement de relations.* L'élaboration de cette *structure* s'effectue en un certain nombre d'étapes, représentées par les *stades* préopératoires et opératoires concrets du *développement* de l'*intelligence.*

3 - Le groupe INRC est la *structure propre* aux *opérations* combinatoires et propositionnelles du niveau opératoire formel. Cette *structure* s'élabore également par étapes conduisant du niveau des *opérations concrètes* à celui des *opérations formelles.*

La notion de *structure* est liée à celle d'*équilibre.* Pour qu'il y ait *structure,* c'est-à-dire *organisation* cohérente des *conduites* s'exerçant sur un même domaine d'activités, il faut que les divers *schèmes* s'équilibrent entre eux. La structuration progressive des *conduites* du sujet équivaut à leur *équilibration* graduelle fondée sur un ajustement réciproque de l'*assimilation* et de l'*accommodation.*

Structures opératoires de l'intelligence

«...sous leur forme la plus générale, les structures opératoires de l'intelligence sont des systèmes de transformations, mais telles qu'elles conservent le système à titre de totalité invariante...Cette conservation du tout au travers des transformations suppose alors un réglage de celles-ci impliquant un jeu de compensations ou de corrections régulatrices. Ce mécanisme régulateur correspond alors, nous l'avons déjà dit, à la réversibilité des opérations sous forme d'inversions ou de réciprocités qui permettent de remonter le cours des transformations sans être entraîné dans le flux irréversible de l'entropie croissante (au double sens de la thermodynamique pour la vie et des systèmes d'information pour la connaissance).»
B.C. 1973 p. 60-61

«...les structures opératoires de l'intelligence sont irréductibles à des "gestalts" perceptives: tout en constituant des totalités authentiques, en tant que possédant leurs lois à titre de systèmes indépendamment des propriétés des éléments, ces totalités compor-

tent une composition strictement additive et surtout sont réversibles, contrairement aux gestalts perceptives qui ne sont ni réversibles ni additives. Or, cette réversibilité constitue le point d'arrivée d'une équilibration par régulation, tandis que les régulations perceptives n'atteignent qu'une réversibilité très approchée.»

B.C. 1973 p. 347

Voir aussi:

Développement
Groupe des déplacements
Groupe INRC
Groupement(s)
Opération(s)
Régulation(s)
Réversibilité
Schème(s)
Stade(s)
Sujet épistémique

● SUJET ÉPISTÉMIQUE

Piaget appelle *sujet épistémique,* le ''sujet qui connaît '' ou plus précisément, la *structure* intellectuelle commune à tous les sujets d'un même niveau de *développement.*

L'évolution du *sujet épistémique* n'est donc pas autre chose que le *développement* progressif des *structures opératoires* de l'*intelligence* ou *instruments de connaissance* du sujet.

Identifier les *conduites* communes aux sujets d'un même *stade,* c'est déterminer le *sujet épistémique* propre à ce *stade.*

Sujet épistémique

«…il convient de distinguer le sujet individuel…et le sujet épistémique ou noyau cognitif commun à tous les sujets de même niveau.»

S. 120

Voir aussi:

Développement
Intelligence
Stades

● SYMBOLE(S)

Le *symbole* est un *signifiant* motivé, faisant intervenir des *représentations* individuelles. Par son caractère représentatif, il se distingue de l'*in-*

dice qui est un signifiant lié à la perception et à l'action sensori-motrice et ne fait intervenir aucune *représentation*. A ce titre, le *symbole* est plus proche du *signe* que de l'*indice*. *Symbole* et *signe* constituent en effet, l'un et l'autre, un moyen d'évocation puisqu'ils consistent à représenter quelque chose par autre chose. Mais alors que le *signe* est un *signifiant* collectif et arbitraire, le *symbole* au contraire est un *signifiant* individuel et motivé.

Les premiers *symboles* font leur apparition au 6e *stade* de l'*intelligence sensori-motrice* (qui marque en même temps les débuts de l'*intelligence représentative*) sous la forme de *schèmes symboliques* et de *symboles ludiques*.

En effet, lorsque l'enfant commence à faire semblant de dormir, de manger, de se laver, etc., non seulement il reproduit des activités connues en dehors de leur contexte et en l'absence de leurs objectifs habituels, mais encore il utilise des objets ou des actions à titre de substituts des objets ou actions représentés. Par exemple, un morceau de papier figurera une feuille de salade et le fait de frotter les mains l'une contre l'autre évoquera l'action de se laver les mains. Ces *symboles ludiques* font intervenir une *assimilation déformante,* principe du *jeu* (par exemple: le morceau de papier qui se transforme en feuille de salade) et une *imitation* représentative ou *accommodation* actuelle à des objets ou situations antérieurs (ainsi, l'enfant imite les activités de manger, de se laver, etc.).

L'évolution du *symbole* va se caractériser par une distanciation croissante par rapport au sujet et à l'activité propre. Après avoir imité ses propres activités, l'enfant projettera sur des objets (par exemple: une poupée) les *conduites* propres ou les *conduites* imitées d'autrui. Enfin, le *symbole* imaginatif deviendra de plus en plus un moyen d'expression et d'extension du réel plutôt qu'un but en soi.

Les premiers *symboles* sont contemporains des premiers *schèmes verbaux.* Mais au fur et à mesure des progrès de l'*intelligence représentative* (ou *pensée*) et du *langage,* le *symbole* individuel va peu à peu décliner au profit du *signe* collectif. En devenant de mieux en mieux adapté à la réalité extérieure et de plus en plus socialisé, l'enfant aura moins besoin du *symbole* pour exprimer son vécu. Il pourra aisément fonctionner à l'intérieur du système des *signes* collectifs. Cela ne signifie pas que le *symbole* disparaît complètement puisqu'il subsiste dans le rêve, l'imagination créatrice, etc. mais il cesse de devenir un mode d'évocation et d'expression privilégié, au profit du *signe*.

215

Symbole

«...en accord avec la terminologie des linguistes, il nous faut réserver le terme de symbole aux signifiants "motivés", c'est-à-dire présentant un rapport de ressemblance avec le signifié, en opposition avec les signes qui sont arbitraires, c'est-à-dire conventionnels ou socialement imposés.»   F.S. 68-69

Schème symbolique

«...si le "schème symbolique" appartient déjà aux jeux de symbole, il n'en constitue pas moins qu'une forme primitive, limitée par la condition suivante: il ne met en oeuvre qu'un schème attribué à la conduite propre. Autrement dit, l'enfant se borne à faire semblant d'exercer l'une de ses actions habituelles, sans les attribuer encore à d'autres ni à assimiler ainsi les objets entre eux comme si l'activité des uns était exercée par les autres. C'est ainsi que le sujet fait semblant de dormir (obs. 64 et 65), de se laver (obs. 64), de se balancer sur une planche (obs. 64 bis), de manger (obs. 65), d'apporter et de faire venir (obs. 74), autant de schèmes qu'il exerce, non seulement sans adaptation actuelle, mais encore symboliquement puisqu'il agit en l'absence des objectifs habituels de ces actions et même en l'absence de tout objet réel. Dans la suite, le sujet fera dormir, manger ou marcher fictivement d'autres objets que lui-même et commencera ainsi à transformer symboliquement les objets les uns dans les autres.»   F.S. 128

Jeu symbolique

«...le jeu symbolique est une assimilation libre du réel au moi, rendue nécessaire par le fait que, plus l'enfant est jeune, et moins sa pensée est adaptée au réel, dans le sens précis d'un équilibre entre l'assimilation et l'accommodation. Plus progresse, au contraire, cette adaptation et plus le jeu se réintègre dans l'intelligence en général, le symbole conscient devenant construction et imagination créatrice.»   F.S. 220

Symbole (formation du)

«...ce n'est pas le contenu qui explique la formation du symbole, mais bien la structure même de la pensée du sujet: qu'il s'agisse de rêves, d'images de demi-sommeil ou du jeu des enfants, il y a symbole parce que la pensée dans ses états de basse tension psychologique ou dans ses stades élémentaires, procède par assimilation égocentrique et non pas par concepts logiques.»   F.S. 164

Symbole ludique

> «...le symbole ludique repose sur une simple ressemblance entre l'objet présent, qui joue le rôle de "signifiant" et l'objet absent "signifié" par lui symboliquement et c'est en quoi il y a représentation...
>
> Le schème symbolique d'ordre ludique atteint donc presque le niveau du "signe" puisque, contrairement au cas des indices, dans lesquels le signifiant est une partie ou un aspect du signifié, il y a dorénavant dissociation nette entre les deux.» F.S. 103

> «La différence essentielle entre le symbole ludique et la représentation adaptée est...la suivante. Dans l'acte d'intelligence, l'assimilation et l'accommodation sont sans cesse synchronisées et par conséquent équilibrées l'une avec l'autre. Dans le symbole ludique au contraire, l'objet actuel est assimilé à un schème antérieur sans rapport objectif avec lui et c'est pour évoquer ce schème antérieur et les objets absents qui s'y rapportent qu'intervient l'imitation à titre de geste "signifiant". Bref, dans le symbole ludique, l'imitation ne se rapporte pas à l'objet présent mais à l'objet absent qu'il s'agit d'évoquer et ainsi l'accommodation imitative reste subordonnée à l'assimilation reproductrice.» F.S. 109-110

Voir aussi:

Fonction symbolique
Image(s)
Imitation
Jeu(x)
Pensée symbolique
Préconcept(s)
Représentation
Schèmes verbaux
Signe(s)
Signifiant(s)
Signification(s)

T

● TRANSDUCTION (OU) RAISONNEMENT PRÉCONCEPTUEL

La *transduction* est le raisonnement qui relie entre eux les *précon-cepts.* Il y a *raisonnement* lorsqu'interviennent des jugements qui dépassent le champ de la perception actuelle et qui sont liés à celle-ci par un lien de subordination nécessaire.

Ces premiers *raisonnements* utilisés par l'enfant s'apparentent aux *raisonnements téléologiques* constitués simplement par la coordination des *schèmes* d'actions (exemple: pour saisir l'objet situé à l'extrémité d'une couverture, l'enfant tire sur la couverture dans le but d'amener l'objet à lui). Deux différences essentielles séparent néanmoins ces premiers *raisonnements* des coordinations purement motrices ou pratiques:

1 - L'enfant ne se borne plus à raisonner en actes sur ce qu'il perçoit ou manipule mais il évoque, en *images* et en mots, le but poursuivi et les moyens employés.

2 - En dépassant le champ perceptif au moyen de la *représentation,* il lui est possible de déformer cette réalité représentée en fonction de ses désirs ou des buts qu'il s'assigne. C'est cette même déformation du réel, résultant de l'*égocentrisme* enfantin, qui intervient dans le *jeu symbolique* ou *jeu d'imagination.*

Les *raisonnements transductifs* peuvent être désintéressés ou au contraire intéressés. Dans le premier cas, il s'agit de *raisonnements* constatatifs consistant à relier entre elles des constatations et à en tirer des conclusions. Dans le second cas, ils seront influencés par les désirs de l'enfant, ses buts, ce qui les rapprochera encore davantage de la *pensée symbolique* et du jeu.

Les premiers *raisonnements* constatatifs sont de simples ''expériences mentales'' prolongeant les coordinations pratiques sur le plan de la *représentation*. Ils consistent donc à transposer les actions en *pensée,* ou si l'on préfère, à imiter intérieurement les actes et leurs résultats. Par leur caractère préconceptuel ou transductif, ils demeurent intermédiaires entre la *pensée symbolique* et la *pensée* proprement *logique.*

La *transduction* peut se définir comme une inférence (ou généralisation) non réglée, c'est-à-dire non nécessaire, parce qu'elle porte sur des *schèmes* à mi-chemin de l'individuel et du collectif: ce sont les *précon-cepts.* Faute des mécanismes opératoires permettant la *décentration* et la *réversibilité*, il y a, dans ce type de *raisonnement, assimilation* indue, soit de la *classe générale* à l'un de ses cas particuliers, soit d'un cas particulier à un autre, ou encore d'un point de vue à un autre. Cette forme d'*assimilation* propre à la *transduction* est par définition déformante et irréversible dans la mesure où elle est centrée. Elle ne deviendra *logique* et source d'emboîtements hiérarchiques ou de réciprocité que dans la mesure où la *décentration* la rendra réversible.

Transduction (ou raisonnement préconceptuel)

> *«...la transduction est un raisonnement sans emboîtements réversibles de classes hiérarchiques ni de relations. Etant un système de coordinations sans emboîtements, par connexion directe entre schèmes semi-singuliers, la transduction sera donc une sorte d'expérience mentale prolongeant les coordinations de schèmes sensori-moteurs sur le plan des représentations, et comme ces représentations ne constituent pas des concepts généraux, mais simplement des schèmes d'action évoqués mentalement, elles demeureront à mi-chemin entre le symbole imagé et le concept lui-même.»*   F.S. 248

> *«...la transduction, en tant que coordination sans emboîtements hiérarchiques, demeure à mi-chemin entre le raisonnement pratique, prolongeant les coordinations sensori-motrices et le raisonnement proprement logique. Les schèmes dont elle use sont le produit d'une assimilation directe et déformante, parce que centrée sur les éléments individuels intéressant le sujet...*

> *La transduction constitue... le résultat d'un équilibre incomplet entre une assimilation déformante et une accommodation partielle.»*   F.S. 251

Exemples

Raisonnement intéressé: Obs. 111, p. 245 *dans* F.S.

> *«À 2;0 (14), J. désire pour sa poupée une robe qui est à l'étage au-dessus. Elle demande "robe", puis, comme sa mère refuse, «Papa cherche robe». Comme je décline aussi, elle veut aller elle-même: «Dans la chambre de maman». Après plusieurs répétitions, on répond qu'il y fait trop froid. Suit un long silence. Après quoi: «Pas trop froid. - Où? - Dans la chambre - Pourquoi il ne fait pas trop froid - chercher robe». Donc, le jugement "pas trop froid" inventé pour les besoins de la cause, est subordonné au but pratique poursuivi: il y a encore là ce que nous avons appelé ailleurs un raisonnement sensori-moteur (coordination de schèmes en*

fonction d'un but), mais avec l'intervention d'une représentation transformant la réalité et servant d'intermédiaire pour atteindre le but.»

Raisonnement constatatif: Obs. 112, p. 245.

«Le bossu guéri de la grippe n'a plus sa bosse parce que l'enfant assimile les maladies l'une à l'autre au lieu de distinguer, dans la classe générale des maladies, celle qui a produit la bosse et d'autres possibles. La bicyclette que J. aura plus tard doit être petite, comme si ses tailles futures restaient conditionnées par sa taille actuelle. Le bébé qui ne parle pas n'a pas de nom, faute de dissociation entre le point de vue du sujet et celui de l'objet. Le père dont les fils sont petits doit être un grand-père comme si les âges correspondaient univoquement aux tailles. T. a deux soeurs et un petit frère qui est lui-même, faute de dissociation entre le point de vue de T. et celui de J. elle-même.» F.S. 249

Voir aussi:

Image(s)
Langage
Pensée symbolique
Préconcepts
Schèmes
Symboles

BIBLIOGRAPHIE
(des ouvrages cités)

A.V.P.I. "Adaptation vitale et psychologie de l'intelligence. Sélection organique et phénocopie". Hermann, 1974 (Coll. Actualités scientifiques et industrielles).

B.C. *Biologie et connaissance*. Paris: Gallimard, 1967 (Coll. Idées).

C.R. *La construction du réel chez l'enfant*. 5e éd. Neuchâtel et Paris: Delachaux et Niestlé, 1973.

D.N.T. *Le développement de la notion de temps chez l'enfant*. 2e éd.. Paris: P.U.F., 1973.

D.Q. *Le développement des quantités physiques chez l'enfant*. 3e éd. Neuchâtel et Paris: Delachaux et Niestlé, 1968.

E.E.G.I. "Épistémologie génétique et recherche psychologique". *Études d'épistémologie génétique I*. Paris: P.U.F., 1957.

E.E.G.II. "Logique et équilibre". *Études d'épistémologie génétique II*. Paris: P.U.F., 1957.

E.G. *L'épistémologie génétique*. Paris: P.U.F., 1970 (Coll. Que sais-je?).

E.G.E. *Épistémologie génétique et équilibration: Hommage à Jean Piaget*. Paris, Neuchâtel et Montréal: Delachaux et Niestlé, 1976.

E.S.C. *L'équilibration des structures cognitives*. Paris: P.U.F., 1975.

F.S. *La formation du symbole chez l'enfant*. 5e éd. Neuchâtel et Paris: Delachaux et Niestlé, 1970.

G.N. *La genèse du nombre chez l'enfant*. 4e éd. Neuchâtel et Paris: Delachaux et Niestlé, 1967.

G.S. *La géométrie spontanée chez l'enfant*. 2e édition. Paris: P.U.F., 1973.

G.S.L.E. *La genèse des structures logiques élémentaires*. 2e éd. Neuchâtel et Paris: Delachaux et Niestlé, 1967.

I.M. *L'image mentale chez l'enfant*. Paris: P.U.F., 1966.

L.E.L.A. *De la logique de l'enfant à la logique de l'adolescent*. 2e éd. Paris: P.U.F., 1970.

N.I. *La naissance de l'intelligence chez l'enfant*. 8e éd. Neuchâtel et Paris: Delachaux et Niestlé, 1975.

P.Cs. *La prise de conscience*. Paris: P.U.F., 1974 (Coll. Psychologie d'aujourd'hui).

P.E. *La psychologie de l'enfant*. 4e éd. Paris: P.U.F. 1971 (Coll. Que sais-je?).

P.I. *La psychologie de l'intelligence*. 4e éd. Paris: Armand Colin, 1967.

P.P. *Psychologie et pédagogie*. Paris: Gonthiers/Denoël, 1971.

P.P.G. *Problème de psychologie génétique*. Paris: Gonthiers/Denoël, 1972.

R.E. *La représentation de l'espace chez l'enfant*. 2e éd. Paris: P.U.F., 1972.

R.M. *La représentation du monde chez l'enfant.* 4e éd. Paris: P.U.F., 1972.

S. *Le structuralisme.* 5e éd. Paris: P.U.F., 1977 (Coll. Que sais-je?).

S.E. *Six études de psychologie.* Paris: Gonthiers/Denoël, 1964.

BIBLIOGRAPHIE
(des ouvrages de référence)

APOSTEL, L., MANDELBROT, B., PIAGET, J. "Logique et équilibre". *Études d'épistémologie génétique.* Vol. II. Paris: P.U.F., 1957.

BATTRO, M.A. *Dictionnaire d'épistémologie génétique.* Holland, Dodrecht: D. Reidel Publishing Company, 1966.

BETH, E.W., PIAGET, J. "Épistémologie mathématique et psychologie". *Études d'épistémologie génétique.* Vol. XIV. Paris: P.U.F., 1961.

FLAVELL, J.H. *The Developmental Psychology of Jean Piaget.* New York: Van Nostrand, 1963.

GOUSTARD, M., GRECO, P., MATALON, B., PIAGET, J. "La logique des apprentissages". *Études d'épistémologie génétique.* Vol. X. Paris: P.U.F., 1959.

GRECO, P., PIAGET, J. "Apprentissage et connaissance". *Études d'épistémologie génétique.* Vol. VII. Paris: P.U.F., 1954.

INHELDER, B., PIAGET, J. *La représentation de l'espace chez l'enfant* (2e édition). Paris: P.U.F., 1972.

INHELDER, B., SINCLAIR, H., BOVET, M. *Apprentissage et structure de la connaissance.* Paris: P.U.F., 1974.

KOUPERNICK, C. *Le développement neuropsychique du nourrisson* (2e édition). Paris: P.U.F., 1972.

MORF, A., SMEDSLUND, J., BANG, V., WOHLWILL, J.F. "L'apprentissage des structures logiques". *Études d'épistémologie génétique.* Vol. IX. Paris: P.U.F., 1959.

NOELTING, G., CLOUTIER, R. "Concentrations: échelle de développement cognitif portant sur la notion de rapport". *École de psychologie.* Québec: Université Laval, 1980.

PIAGET, J. "Le mécanisme du développement mental et les lois du groupement des opérations". *Archives de psychologie 28.* Genève, 1941.

PIAGET, J. "Les stades du développement intellectuel de l'enfant et de l'adolescent". Dans P. Osterrieth et al.: *Le problème des stades en psychologie de l'enfant.* Symposium de l'association psychologique scientifique de langue française. Genève, 1955, Paris: P.U.F., 1956.

PIAGET, J., INHELDER, B. "Les opérations intellectuelles et leur développement". Dans P. Fraisse et J. Piaget (Ed.): *Traité de psychologie expérimentale.* Fasc. VII: L'intelligence. Paris: P.U.F., 1963.

PIAGET, J., INHELDER, F. "Les images mentales" dans P. Fraisse et J. Piaget (Ed.): *Traité de psychologie expérimentale.* Fasc. VII: L'intelligence, Paris: P.U.F., 1963.

PIAGET, J. et al. "Logique et connaissance scientifique" (J. Piaget Ed.). *Encyclopédie de la pléiade* (R. Queneau éd.). Paris: Gallimard, 1967.

PIAGET, J. *Le langage et la pensée* (8e édition). Neuchâtel: Delachaux et Niestlé, 1968.

PIAGET, J. *Essai de logique opératoire* (2ᵉ édition du traité de logique: essai de logistique opératoire, 1949). Paris: Dunod, 1971.

PIAGET, J. *Les notions de mouvement et de vitesse chez l'enfant* (2ᵉ édition). Paris: P.U.F., 1972.

PIAGET, J. *Le développement de la notion de temps chez l'enfant* (2ᵉ édition). Paris: P.U.F., 1973.

PIAGET, J. et al. "Les différentes formes de contradiction". *Études d'épistémologie génétique*. Vol. XXXI: recherche sur la contradiction I. Paris: P.U.F., 1974.

PIAGET, J. et al. "Les relations entre affirmations et négations". *Études d'épistémologie génétique*. Vol. XXXII: recherches sur la contradiction 2. Paris: P.U.F., 1974.

PIAGET, J. et al. *Réussir et comprendre*. Paris: P.U.F. (Coll. psychologie d'aujourd'hui), 1976.

PIAGET, J. *Le comportement, moteur de l'évolution*. Paris: Gallimard (Coll. Idées), 1976.

PIAGET, J. "Le possible, l'impossible et le nécessaire". *Archives de psychologie XLIV-172*. Genève: 1976.

PIAGET, J. "Essai sur la nécessité". *Archives de psychologie XLIV-175*. Genève: 1977.

PIAGET, J. et al. "L'abstraction des relations logico-arithmétiques". *Études d'épistémologie génétique*. Vol. XXXIV: recherches sur l'abstraction réfléchissante I. Paris: P.U.F., 1977.

PIAGET, J. et al. "L'abstraction de l'ordre et des relations spatiales". *Études d'épistémologie génétique*. Vol. XXXV: recherches sur l'abstraction réfléchissante 2. Paris: P.U.F., 1977.

PIAGET, J. *Mes idées*. Propos recueillis par Richard T. Enaro. Gonthiers-Denoël (Bibliothèque Médiations), 1979.

PIAGET, J. et al. "Recherches sur la généralisation". *Études d'épistémologie génétique*. *Vol. XXXVI*. Paris: P.U.F., 1978.

INDEX